高校人力资源的有效性管理探究

唐建宁 著

中国广播影视出版社

图书在版编目（CIP）数据

高校人力资源的有效性管理探究 / 唐建宁著. -- 北京：中国广播影视出版社，2019.7
ISBN 978-7-5043-8319-8

Ⅰ.①高… Ⅱ.①唐… Ⅲ.①高等学校－人力资源管理－研究 Ⅳ.①G647.23

中国版本图书馆 CIP 数据核字（2019）第 131062 号

高校人力资源的有效性管理探究
唐建宁 著

责任编辑：许珊珊
封面设计：贝壳学术

出版发行：中国广播影视出版社
电　　话：010－86093580　010－86093583
社　　址：北京市西城区真武庙二条 9 号
邮　　编：100045
网　　址：www.crtp.com.cn
电子信箱：crtp8@sina.com

经　　销：全国各地新华书店
印　　刷：天津雅泽印刷有限公司

开　　本：710 毫米×1000 毫米　1/16
字　　数：251（千）字
印　　张：14
版　　次：2019 年 7 月第 1 版　2019 年 7 月第 1 次印刷

书　　号：ISBN 978-7-5043-8319-8
定　　价：58.00 元

作者简介

唐建宁，女，本科毕业于湖南师范大学，硕士毕业于华南理工大学，高校讲师，现为广东理工学院人事处处长。大学毕业后一直在高校任职，从事学科教师、学生管理等工作。2007 年开始任职人事部门，对高校人事管理有丰富经验和深入研究，先后发表论文十多篇，主持并参与了多个科研项目。

内容简介

本书针对高校人力资源的有效性管理展开，全书共分七章，分别介绍了高校人力资源管理理论、人力资源优化配置、教师培训与发展、管理激励机制、绩效管理、信息化建设、人事档案管理等，提出人力资源管理要从资源入手，注重人性管理，张扬人性优点，强调人的可持续发展，以实现团队的最大效益，具有很好的实践指导作用。

本书可供相关领域教师、研究人员、学生参考，对此领域感兴趣的读者也值得阅读。

目录

第一章

理论概述

第一节　资源与人力资源

资源是人类赖以生存的物质基础，一类是来自自然界的物质，称为自然资源，例如森林、矿藏、河流、草地等；另一类来自人类自身的知识和体力，称为人力资源。在很长一段历史时期内，自然资源都是财富形成的主要来源，但是随着科学技术的突飞猛进，人力资源对财富形成的贡献越来越大，并逐渐占据主导地位。

从财富创造的角度来看，资源是为了创造物质财富而投入生产过程的一切要素总和。马克思认为，生产要素包括劳动对象、劳动资料和劳动者，劳动者是生产力中最活跃、最具决定性的要素。著名的经济学家熊彼特认为，除了土地、劳动、资本这三种要素之外，还应该加上企业家精神。随着社会发展，信息技术的作用凸显，一些经济学家认为应当将信息加入生产要素。知识经济的兴起，知识在价值创造中的作用越来越重要，一些学者认为知识也是一种生产要素，需要加以重视。但是无论怎么划分，唯一具备劳动能力的人力资源是财富创造中不可或缺的一项重要资源。

一、人力资源

所谓人力资源，是与自然资源、物质资源或信息资源相对应的概念，有广义与狭义之分。广义的人力资源，是指以人的生命为载体的社会资源，凡是智力正常的人都是人力资源。狭义的人力资源，是指智力和体力劳动能力的总称，也可以理解为创造社会物质文化财富的人。

（一）人力资源的数量和质量

人力资源的数量可以从计量和影响因素两个方面来分析。

人力资源数量的计量：对企业而言，人力资源的数量基本就是其员工的数量；对于学校而言，人力资源的数量就是其教职工的数量；对于国家而言，人力资源的数量既包括现实人力资源数量，也包括潜在人力资源数量。

影响因素：人力资源数量受到很多因素的影响，概括起来主要有两点：第一，人口的总量。人力资源属于人口的一部分，因此人口的总量会影响到人力资源的数量。人口的总量由人口基数和自然增长率两个因素来决定，自然增长率又取决于出生率和死亡率。第二，人口的年龄结构。人口的年龄结构也会对人力资源的数量产生影响，相同的人口总量下，不同的年龄结构会使人力资源的数量有所不同。劳动适龄人口在总量中所占的比重比较大时，人力资源的数量相对会比较多；反之，人力资源的数量相对就比较少。

人力资源质量是指人所具有的脑力和体力质量，因此劳动者的素质直接决定了人力资源的质量。劳动者的素质由体能素质和智能素质构成，体能素质有先天体质和后天体质之分；智能素质包括经验知识和科技知识两个方面，而科技知识又可分为通用知识和专业知识两个部分。人类社会发展的历史表明，在人力资源对经济发展的贡献中，智能因素的作用越大，体能因素的作用就越小；智能因素中，科技知识的作用不断上升，经验知识的作用就会相对下降。

（二）人力资源管理

人力资源管理的概念于 19 世纪中期首次提出，虽然出现时间不长，但发展速度却非常快。对于它的含义，国内外的学者们也给出了诸多解释，综合起来，可以将这些概念归纳为五类。

第一类，从人力资源管理的目的出发解释，认为它是借助对人力资源管理实现组织的目标。主要观点为：人力资源管理就是通过各种技术与方法，有效运用人力资源来达成组织目标的活动；人力资源管理就是通过各种管理功能，达成人力资源有效运用的目标。

第二类，从人力资源管理的过程或承担的职能出发解释，把人力资源管理看成是一个活动过程。主要观点为：人力资源管理是负责组织人员的招聘、甄选、训练及支付报酬等功能的活动，以达成个人与组织的目标；人力资源管理指对全社会或一个企业的各阶层、各类型从业人员从招工录取、培训、使用、升迁、调动直至退休的全过程管理；人力资源管理是用来提供和协调组织人力资源的活动。

第三类，主要揭示人力资源管理的实体，认为它就是与人有关的制度和政策等。主要观点为：人力资源管理是对人力资源进行有效开发、合理配置、充分利用和科学管理的制度、法令、程序和方法的总和；人力资源管理包括一切对组织中的员工构成直接影响的管理决策和实践活动；人力资源管理包括影响到公司和员工之间关系的性质的所有管理决策和行为；人力资源管理是指影响雇员的行为、态度以及绩效的各种政策、管理实践和制度。

第四类，从人力资源管理的主体出发解释，认为它是人力资源部门或人力资源管理者的工作，持这种观点的人所占的比例不多。例如，人力资源管理指那些专门的人力资源管理职能部门中的专门人员所做的工作。

第五类，从目的、过程等方面出发综合解释，持这种观点的人占较大比重。主要观点为：人力资源开发与管理是指运用现代化的科学方法，对与一定物力相结合的人力进行合理培训、组织与调配，使人力、物力经常保持最佳比例，同时对人的思想、心理和行为进行恰当诱导、控制和调适，充分发挥人的主观能动性，使人各尽其才、事得其人、人事相宜，以实现组织目标；人力资源管理是对人力资源的取得、开发、保持和利用等方面所进行的计划、组织、指挥和控制的活动，是通过协调社会劳动组织中的人与事的关系和共事人的关系，以充分开发人力资源，挖掘人的潜力，调动人的积极性，提高工作效率，实现组织目标的理论、方法、工具与技术。

二、人力资源管理理论的发展演进

人力资源管理的实践活动作为一种科学的管理理论，是近代工业革命的产物。纵观人力资源管理的发展历史，它经历了经验管理、科学管理、现代人力资源管理（含人力资本理论）三个大的发展阶段。

（一）经验管理阶段

经验管理阶段主要在18世纪后期到19世纪末。蒸汽机的发明标志着第一次产业革命的产生，促进了资本主义工厂制度的兴起。以机器为主要特征的现代工业逐渐代替了工场手工业，工业逐步脱离农业成为一个独立的产业部门，从而导致大量的农村人口涌入城市，工厂开始面临大量的劳工管理问题，雇佣劳动部门因此而出现，劳工管理成为工厂管理的一个重要工作。由于这一阶段雇佣劳动相对过剩，资本相对短缺，企业主要依靠降低工资成本即减少对雇佣劳动的支付、提高机械设备等生产资料的使用效率来增加企业利润，因而这一阶段对雇佣劳动的管理更多地表现为简单的经验式管理。

在这一阶段，“人”被视为“物质人”，在雇主的眼里工人只是会说话的工具，完全忽视了工人的心理需求。每个工人都在特定的岗位上完成着简单而重复的机械劳动。雇主为了减少成本、增加利润，常常采用增加劳动强度、延长工作时间，甚至克扣工人工资等剥削手段。

（二）科学管理阶段

20 世纪初期，欧洲的工业革命形成了大机器生产方式，生产效率极大提高，劳动分工进一步明确，产生了对人员进行科学管理的需要，管理进入科学管理阶段。人事管理活动在第一次世界大战至第二次世界大战期间，发展成为一种专业的管理活动，在此期间，对产业关系、劳动关系的研究仍是人事管理的主要研究领域。

英国的罗伯特·欧文创建了最早的工作绩效评价系统，被称为“人事管理之父”。罗伯特·欧文将一个木块的四边涂上四种不同的颜色，分别表示四种不同的工作表现，并将其安装在机器上，每天将对应工作表现的颜色转向通道。通过这种方法，有效激发了工人的工作积极性。

美国的泰勒在其开创的科学管理运动中也包含了对人力资源管理的研究，提出了劳动定额管理和劳动计件奖励制度，他设计的工作程序、动作和工具相对合理，使劳动生产率得到极大提高。同时，泰勒还提出了工人体力和脑力应该与工作要求相匹配的思想。泰勒所开创的一系列科学管理活动对提高劳动生产率起到了极大的推动作用。

美国的乔治·埃尔顿·梅奥主持的霍桑实验以及其后形成的人际关系学说对组织环境与员工士气和生产积极性的关系进行了研究。

在这一阶段，人事管理理论和实践有了很大发展：通过对工人操作的科学化分析使劳动方法标准化；通过对工人工时消耗的研究，制定出劳动定额和时间定额制度；有目的地将培训引入企业，并根据工人特点安排工作；实行有差别的计件工资制，激励工人提高生产效率；明确了管理人员与工人的分工；出现了劳动人事部门。尽管这一阶段的人事管理活动和人力资源管理研究都集中在某一特定领域，没有形成完整的人力资源管理理论体系，但是这些理论和研究都为日后人力资源管理实践和理论体系的建立奠定了基础。

（三）现代人力资源管理阶段

第二次世界大战以后，人事管理进入飞速发展阶段。随着组织规模的不断扩张，人事管理逐渐形成较为完整的管理体系，并成为企业管理的一个支持系统。最初，人事管理工作的主要任务是人员招聘、工资支付、工作记录、档案管理等，随后人事管理又纳入了更多内容，如培训、劳动关系咨询等。这一时期，人事管理的主要特征是档案管理。

20 世纪 50 年代，哈佛大学的戴尔·约德教授创造了“人力管理”一词，用来描述产业关系和人事管理。随着企业规模的扩大，人事管理不断开拓其业务领域和研究范围，包括薪酬管理、基本培训和产业关系咨询等项目，但其管理活动仍停留在企业管理的战术层面，未能得到企业管理层的高度重视。

到了 20 世纪 70 年代，企业管理者开始意识到经济的高速健康发展并非是大量实物资本投入的结果，而是与技术、人才的有效运用密切相关，人事管理开始受到广泛重视，相关部门的人员数量逐日增加。伴随着战后长期的高速经济增长和繁荣，充分就业条件下的人力资源稀缺问题受到关注，企业对人的管理开始从吸引人、留住人、提高人到用好人转变，并制定了一系列技术方法和制度，对人事管理提出了更高的要求。

这时的人事管理的实践重心集中在建立从员工招聘、员工选拔、报酬、评估、开发、产业关系、抱怨与纪律等到员工退休、辞职、冗员裁减与辞退等的管理系统。人事部门在集体谈判、生产率提高等方面的重要性，使管理层认识到人事管理对实现企业目标的战略性意义。这一时期，来自其他社会科学领域如工业社会学、组织心理学、人类学以及工业工程学等的研究成果，大大开拓了人事管理领域的研究视角与实践活动。总的来说，在这一时期，人事管理的职能拓宽了，薪酬和福利管理、员工培训与发展等成为人事管理的主要职能。此时，人事管理的理念是以工作为中心，员工是企业的成本。人事管理的核心是如何最大限度地使用员工，在管理方式上强调监督与控制。

20 世纪 80 年代以后，人事管理进入了创新阶段，人力资源管理替代人事管理成为主流。前者随着市场经济和组织文化的变化而不断调整自身，并将其管理重心由解决劳资冲突转向通过提高员工归属感来改善组织绩效、追求卓越的管理过程。企业高级人事主管逐渐在决定公司未来发展方向、经营目标及其调整问题上实践其影响力。伴随着技术密集型企业兴起，有着高教育水平、创新能力和独立精神的新型劳动者在技术开发和生产率提高过程中发挥了日益重要的作用。环境和经济发展状况再次对管理理论发展产生重大影响，不断提升对人的管理水平，吸引人、激励人成为提高企业竞争力的前提条件。为了在竞争日益激烈的世界市场上保持竞争优势，各公司在管理、组织上更为灵活，管理重点在于发现、留住、有效使用关键员工，通过强化关键员工的归属感激发其优良工作业绩，管理目标也由单一目标转为实现企业和员工共同利益的双重目标。

人事管理发展到人力资源管理阶段，并且在组织中的地位不断提高。这种变化不是简单的名称变化，而是管理理念和管理方式的巨大变化。人力资源管理将员工视为组织中最重要的资源，重视对员工的长期开发和合理使用。在管理职能方面，人力资源管理不再仅仅承担单纯的行政事务性工作，更关注影响组织目标实现的长期战略性工作。在管理方式上，人力资源管理强调“以人为本”的管理理念，管理方法不仅科学化，而且更为人性化。从人力资源管理的发展来看，它的每一次发展变化对人力资源管理理念和管理实践都是创新和突破，是适应组织发展和环境变化的产物。

20 世纪 60 年代初，人力资本理论成为最重要的经济理论之一。人力资本理论开辟了关于人的生产能力分析的新思路，劳动力不再是生产发展的外生变量或生产的客体要素，而是生产发展的主体要素、经济增长的内生变量。所以，人的能力的形成与发展，为人们所格外关注。人力资本理论的形成，为确立人力资源在现代经济发展中的地位和作用以及开发人力资源提供了理论依据，成为现代人力资源开发与管理的理论基础。

所谓人力资本，是指通过费用支出（投资）于人力资源、而形成和凝结于人力资源体中，并能带来价值增值的智力、知识、技能及体能的总和。人力资本概念的涵义包含：人力资本是活的资本，它凝结于劳动者体内，表现为人的智能（智力、知识、技能）和体能，劳动者的智能真正反映了人力资本的实质，是人力资本的实质内涵；人力资本直接由投资费用转化而来，没有费用投资于劳动者，就没有人力资本的形成，这种投资在货币形态上可以表现为保健费用支出、教育费用支出和迁移费用支出等；人力资本与物质资源要素结合，转移价值、创造价值、产生新价值并增值，是其成为资本的根本所在。

人力资本内涵决定着经济关系，人力资本由实际的投资行为而形成，不可避免地存在产权归属关系，即存在人力资本产权关系，包含人力资本投资、使用及收益分配等一系列经济关系。人力资本具有一般资本的共性，但是，与物质资本相比，它也有其自有的特征：

第一，人力资本存在于人体之中，与人体不可分离，即不可剥离性。这种特性决定了人力资本不可能像物质资本那样直接转让、买卖（人身隶属、依附情形除外）和继承。

第二，人力资本是无形的，必须通过生产劳动才能体现出来。劳动者如果没有从事生产劳动，则体内的人力资本看不见、摸不着，自然也无法发挥作用，只能说具有潜在的人力资本。

第三，人力资本具有时效性。人力资本的形成和使用都有时间的限制。人力资本并非与生俱来，其形成有一个过程：体能随人的成长逐渐增强，而智力、知识、技能的提高，则需要接受数年的教育。

第四，人力资本具有收益递增性，其对经济增长的作用大于物质资本。人力资本既然是一种资本，自然具有收益性，而且在现代经济发展中，人力资本收益的份额具有递增性，即人力资本投资的收益率会越来越高。因此，人力资本是高增值的资本。美国著名经济学家舒尔茨认为，人力资本经济价值的上升，劳动的作用日益扩大，极有可能带来新的制度变革。

第五，人力资本具有无限的潜在创造性。人力资本是经济资本中的核心资本，是一切资本中最宝贵的，因为人力资本具有无限的创造性。

第六，人力资本具有累积性。一方面，表现于人力资本的形成需要多年的教育积累，而且还可以通过继续教育进一步扩大人力资本积累，增大人力资本存量。另一方面，表现于人力资本的使用上。在生产活动中，物质资本会因为使用而产生损耗，使用强度越大，损耗程度越高。人力资本的使用也不例外，它也会产生损耗，但通过消费生活资料、闲暇休息、不断再教育和培训等又可以予以补充。

第七，人力资本具有个体差异性。人力资本是蕴藏于人体内的智能、体能，这种不可剥离性决定了它必然会受人的个人特征等诸多因素的影响，从而产生个体人力资本的差异。不同个体有各自不同的成长环境、背景和经历，形成的心理、意识等品质特征也存在较大差别。

第二节　高校人力资源管理工作体系及规划

任何一个组织要实现自己的目标、使命和价值追求，就需要在企业的不同时期具备数量合适、质量恰当、结构合理的人力资源，高校也不例外。高校的一个重要职能是为社会培养人才，不同类型的高校为社会培养出不同类型的人才，是培养未来人才的基础，因此高校中最关键、最重要的组成部分就是人力资源，不仅是高校内最能创造出价值的部分，也是提高教学质量、提升科学研究水平、促进发展的关键性因素，更对国家社会经济发展起着基础性、战略性作用。所以，认真搞好高校人力资源战略规划具有重要的理论意义和现实意义。只有基于高校战略的人力资源管理，才能更好地实现高校的战略目标，是高校战略成功的重要保障。

人力资源是各类高等院校的核心竞争力，人力资源战略规划与学校事业发展战略规划紧密相关，既决定于学校的发展战略，又服务于学校的发展战略。人力资源规划可以促进高校人力资源供求平衡，为高校实现战略目标提供人力资源保障。人力资源规划作为人力资源管理的核心环节，为人才招聘、教职员工培训等具体活动提供了蓝图。

一、高校人力资源规划

高校人力资源规划，是指高校根据发展战略、办学目标及高校内外部环境的变化，预测未来高校组织的任务和高校经营管理环境变化对高校提出的各种要求。在提供人力资源完成高校发展使命和满足高校发展要求时，需要考虑学校在未来教育、教学、科研、运营管理中人力资源的供求状况，既而制定相应的政策和措施，以确保高校能在不同时间和不同岗位上获得所需的人才，同时充分满足高校和教职工的长远利益。高校人力资源规划，一方面，需要满足不断变化的高校经营管理环境对人力资源的需求；另一方面，需要最大限度地开发和利用高校现有的人力资源，使高校、教师都得到最大程度的可持续发展。

高校人力资源规划通常包含两个方向的预测：人力资源需求预测和人力资源供给预测。人力资源需求预测是指从高校的战略规划、发展目标和工作任务出发，综合考虑各种因素的影响，对高校未来人力资源的数量、质量和培养时间等方面进行评估和控制的活动。它是高校人才招聘选拔的基础，预测的准确性直接影响高校招聘选拔工作。人力资源供给预测是为了满足高校在未来一段时间内的人力资源需求，对高校能够获取的人力资源情况做出的预测（包括外部和内部的人力资源预测）。外部人力资源供给预测重点是分析当前人才市场的形势、高校能够获取各种人力资源的渠道及与本校人力资源竞争力相当的高校，从而预测出高校可能获得的各种人力资源的情况和获得这些人力资源需要付出的代价，以及当中可能会出现的困难和危机。例如，高校在进行引进人才政策制定时，需要充分考虑到其他高校在争取相同的人力资源时提供的优惠待遇、政策。内部人力资源供给预测主要是分析高校内部人员的情况，其中包括学校现有教职工的性别、年龄、学历及其素质，以及流动趋势、职称结构、缺勤率、工作士气等，决定完成学科建设、科研、教学、行政、财务及其他运营管理工作职位所需的不同学历、专业和职称等级的人才，从而对未来一段时间内内部留岗、晋升、可能跳槽的教职员工数量做出预测。

高等学校的人力资源涵盖教师、管理人员和工勤服务人员。教师资源是高校人力资源的核心。教师资源主要包括专任教师、专职科研人员、专职实验人员等。其中专任教师又分为以教学为主、以科研为主以及教学科研并重型教师，按学科还可以分为理科、工科、人文社科型教师；管理人员有行政管理人员和学工干部；工勤服务人员有后勤管理人员、技术工人和一般服务人员。教师资源的核心是专业教师，直接关系到学校的发展战略，是高校人力资源战略规划的重心。教师人力资源规划的内容有：各类教师的数量、学历结构、职称结构、学缘结构、年龄结构、专兼职教师等。

高校人力资源管理，主要研究高校人力资源管理活动中的内在联系和客观规律。高校人力资源管理有独特的管理对象：高校教学、科研、管理等活动中的教师以及教师与组织、环境、事、物间的相互联系。高校人力资源既在开发中得到提高，又在利用中得到增值，这样的提高与增值，一方面，可以促进人力资源的进一步提高与增值；另一方面，又对其他物力资源继续开发的深度与广度、效率与效果等起着决定性作用。

二、国外高校人力资源规划发展历程

从 20 世纪 60 年代起，人力资源规划才正式成为一个有着深厚理论基础的独立管理思想和管理内容。此后，越来越多的研究学者从事人力资源规划相关的研究，并取得了大量有价值的研究成果。国外对人力资源规划的研究主要集中在定义、发展历史和内容以及维度分析、操作细节、对组织绩效的影响、与战略的整合等方面。从人力资源研究历史脉络分析，人力资源管理及人力资源规划大致可以划分为以下四个重要的发展阶段。

（一）源起阶段

该阶段也称为人事管理阶段。在19世纪末至20世纪30年代这段时期，古典管理理论占主宰地位，这一阶段出现了人事管理学派，其显著特点是探寻“人”与“事”的科学配合。代表理论有法约尔古典功能理论、韦伯的古典组织理论和美国泰勒的科学管理理论。

在人事管理阶段，企业并不视员工为资源，所谓的人事管理只是单纯地体现在人事档案上。在这一阶段的初期并没有专门负责人事管理的人员，人事工作由主管人员兼任。直到20世纪初期，才逐渐出现专门管理人事的人员，他们的主要工作内容是保证员工按照企业规定的生产程序进行工作。在面谈和测试等方面的聘任要求出现后，人事管理工作开始在员工的甄选、培训和晋升等方面发挥积极作用，同时开始规划管理员工薪资福利。但在这个阶段它仅仅起到辅助性的作用，被限制在行政事务层面，也就没有人力资源规划的制订与施行。

（二）初期阶段

20世纪20年代至40年代，行为科学早期代表人物的梅奥提出了人不是单纯“经济人”而是“社会人”的观点，强调人的工作态度和士气在很大程度上决定了生产的效率，“非正式组织”影响着职工工作的积极性。20世纪50年代，彼得·德鲁克在《管理的实践》一书中首次提出“人力资源”的概念，将人事管理理论和实践推进到了一个全新的发展阶段，也就是人力资源管理阶段。

人力资源管理理论提出实现组织目标的“第一资源”是员工，所以应从资源的角度来看待组织中的“人事管理”。管理要从以事为中心转变为追求人与事的配合，在保证完成当下工作任务的基础上，充分发挥和利用人的才能和潜能以提高员工劳动生产率。同时人力资源管理方法也有了新的发展。人力资源管理中引入了心理学，为工作测试、分析、人员甄选、考核、调配和工作分配等方面提供了科学方法，员工福利待遇也越来越受到人事管理部门的重视。

人力资源管理的范围进一步扩展。人力资源管理不仅是人力资源部门的职责，还影响到组织战略决策的制定与实施。更重要的是，开始把人力资源管理的目标与组织发展目标、竞争战略和劳动力等联系起来，强调人力资源对组织发展战略的影响，强调人力资源管理应与其他管理职能处于同等重要地位。

这一阶段，人力资源规划的概念开始出现，尽管在实际操作和运用中还没有受到足够的重视。企业管理活动中开始出现部分阐述广义战略变化的人力资源规划，不过内容也仅限于类似人员日常管理、管理人员传承和未来人员配置等一些具体问题的规划。这一阶段很多人力资源规划都是由人力资源职能人员制定并服务于他们的职能，而不是由管理人员制定用于管理活动。

（三）发展阶段

20 世纪 60 年代初到 80 年代末，人力资源管理进入到发展阶段，人力资源管理的内容覆盖面更加宽泛，各种职能活动被细化，人力资源的系统化管理得到实现。这一阶段人力资源管理变化较多。

首先，在管理观念上对人性的假设出现多样性。西蒙在他的决策理论中阐述了新的人性假设，认为管理就是决策，并提出组织中不同层级的员工都在做决策，所以他们都是“管理人”。其次，人力资源管理理论开始多样化。通过吸收和印证自然科学和社会科学中有关学科的研究成果，人力资源观的内容不断地被丰富和完善，其研究重点也从原理、原则的探讨发展到经验实证研究。再次，人力资源管理理论的研究成果开始广泛运用。60 年代，人才测评技术提出后得到迅速发展，人力资源开发手段也呈多样化发展。除了传统的手段，如培训、职位晋升等，还提出了建设性的人力资源管理机制，如员工福利激励手段、职业生涯设计、绩效考核等。

这一阶段实现了人力资源的系统化管理，人力资源管理理论也形成了较为成熟的架构。同时，专门的人力资源管理部门也开始出现，主要负责人事政策的制定，根据上级要求进行人员招聘和管理，并参与到企业战略规划的实施中。在这一阶段，企业虽然意识到人力也是一种资源，但人力资源的地位并没有提高到战略性地位。把人力规划定义为管理人员决策组织应当怎样由当前状态发展到理想的人力资源状态的过程，并通过制定规划，管理人员努力实现“适当种类和数量的人，在适当的时间和地点，从事使个人和组织双方获得最大的长期利益”的工作。人力规划重心是人才的供需平衡，当时对人力资源规划的普遍观点是：“企业预测其未来的人力需求，以及预测其内部人力资源供给满足这些需求的程度，从而确定供求之间的差距。”

1977 年，美国成立了人力资源规划学会，并在亚特兰大该学会的第一次大会上，进行了有关环境、职业计划与发展、预测与规划、组织设计、工作绩效等其他主题的讨论。

（四）战略人力资源观阶段

战略性人力资源管理研究领域诞生的标志是《人力资源管理：一个战略观》一文的出现，此后，有关战略性人力资源管理的研究呈爆炸式增长，人力资源被人力资源管理称作组织的战略贡献者，人力资源管理正在逐渐向战略人力资源管理过渡。

在战略性人力资源管理阶段，战略目标的实现越来越依赖于组织快速的应变能力和团队的合作精神。人才逐渐成为竞争力的关键和保障，人力资源部门从决策被动接受者转变为决策的制定者和实施者。企业普遍开始制定人力资源战略并实施战略人力资源管理，将人力资源管理与企业战略目标联系起来，制定人力资源战略和具体的可操作的人力资源规划。

20 世纪 90 年代以来，制定人力资源规划的方法变得更加注重实效，不断尝试各种方法去测试企业需求、成本效益、对竞争优势的潜在影响等，开发出了将人力资源规划与战略计划结合起来的方法。开始出现在不同的环境和不同的时间下使用不同规划工具的意识。

总体来说，西方各国对人力资源规划的研究已有几十年的历史，人们对规划的认识比较统一。然而，通过实行人力资源规划取得实效的企业或组织却并不多，很多国家组织的人力资源规划正朝着实用、短期、灵活和更为追求企业效益的方向发展。

三、国内高校人力资源规划现状及问题

相较于国外人力资源管理的发展状况，国内的人力资源管理研究是在大量吸收和借鉴国外人力资源管理理论和经验之后才开始出现“中国化”的。随着国外理论和经验的成功实践，国内各领域管理者也开始开展人力资源规划的研究。高校领导者和管理者也越来越注重对高校人力资源的研究、开发和管理。

经过研究学者们的分析，高校人力资源管理的现状与存在的问题有：人力资源管理理念相对滞后、管理机制研究深度不够、缺乏合理配置、流动不畅

等。于是，针对存在的这些问题提出了相应的对策：努力实现观念的转变、制定合理的人力资源计划、建立健全的人才竞争激励机制、推行合理的人才流动机制、营造良好的工作环境、建设一支高素质的人力资源管理工作队伍等。高校人力资源的独特现状可归纳为：高校人力资源的人力资本量非常丰富、个人社会必要劳动难以精确计量、自主创造意识十分强烈、教学科研人员在人力资源中属稀缺资源、具有可共享性、流动性极强等。

国内广大学者在对高校人力资源管理进行研究的同时，意识到了人力资源规划的重要性，并从规划的原则、内容、方法、程序、形式等方面进行了一些研究，使得高校管理者对高校人力资源规划有了一个初步的认识和了解。

（一）对于规划的依据

高校人力资源规划，首先应以历史辩证唯物论和现代管理理论作为指导理论。其次要进行具体分析，了解学校的办学性质、师资队伍、发展规模的现实情况。最后，对高等学校教育事业的发展及教师的需求情况进行预测。

（二）基本原则

开展高校人力资源规划需要遵循三项基本原则：实事求是切实可行、保证重点全面安排、具体计划服务规划。黄修权则强调：充分考虑学校外部、内部环境的变化，确保学校发展所需的人力资源，建立学校与教职员工发展远景这三项原则。

（三）基本内容

师资规划要有明确的方向和目标，要制定出规划的基本指标，要确定实施规划的途径、步骤。杨广敏则提出不同的内容：即人力资源的补充计划、调配计划、发展培训计划、职业生涯发展计划、退休解聘计划、激励计划。

2012 年，随着《中华人民共和国民办教育促进法》的颁布实施，民办高校高等教育的地位与作用逐渐得到了政府和社会的认可，并发展成为高等教育事业的重要组成部分。知识经济的发展，也对高等教育和高校教师提出了更高的要求，民办高校适应市场办学，必须建立一支高素质的稳定教师队伍，这对学校发展具有决定性意义。但是，由于发展时间较短，教师人力资源管理依旧存在很多问题。

兼职教师过多：民办高校的专职教师队伍呈现出独特的复杂性，在很多高校中，兼职教师是教师队伍的主体，甚至全部是兼职教师。

教师的年龄结构不合理：在教师队伍中，55 岁以上的退休老年教师和 30 岁以下的年轻教师所占比例较大，中年教师相对较少，呈现“两头大中间小”的特殊结构。

考核和评价机制不科学：教师工作总体上分为教学和科研两大块，在评价教师的工作实绩时，基本是以这两方面的成果作为衡量标准。为了降低成本，很多教师都是满负荷上课，师生比往往达不到国家的规定，并且科研经费很少，在评价教师的成绩时，科研往往被置于忽视的地位。因此，这种一味强调上课而忽视教师科研能力、自身水平提高的情况，会导致教师队伍质量下滑，打击他们从事学术研究的热情。

此外，还有师资队伍不稳定、流失严重以及薪酬体系不合理等问题，需要引起重视。

第三节　规划的作用与任务

一、高校人力资源规划的作用

高校人力资源规划的作用总体上可以从战略作用、先导作用、控制作用、激励作用、协调作用、保障作用方面进行分析。

战略作用：任何学校都处在特定的外部环境中，而外部环境的各种因素均处在不断地变化和运动状态，其中某些因素会对学校人力资源产生直接的影响，如国家调整有关离退休年龄的规定。在动态的外部环境影响下，学校人力资源供求平衡不可能自动调节，因此需要分析供求差异，并采取恰当的手段调整差异。人力资源规划的基本职能便是预测并调整人力资源供求差异，使人力资源供求保持平衡。通过人力资源规划，一方面，可以分析学校人力资源现状，了解目前人事动态；另一方面，可以预测学校未来人力资源需求，学校人力资源的增减规划有了参考，制定人员增补与培训的规划可以确保学校在需要的时候所需人才能够及时到岗。

先导作用：人力资源规划具有先导性，通过对高校未来一段时间环境的预测，可以及时为组织人员的录用、晋升、培训、调整以及人工成本的控制等方面提供可靠的信息和参考。从目前人力资源的供应情况来看，在人才竞争日益激烈的今天，高校要寻找到有利于发展的高层次人才实属不易。而由于人的性格、天赋等难以改变，人的素养提高也是个长期过程，高校培养自己现有的人才，使之合乎高校发展需要也是滴水石穿，非一日之功。高校人力资源规划由于能提前了解高校发展对人才需求的动向，可以及早地引导高校开展相应的人事工作，避免环境变化时的猝不及防。所以，通过对高校人力资源的规划可以把握高校的发展方向，引导高校的人事决策，有助于高校帮助教师开展职业生涯规划和职业生涯发展规划。

控制作用：通过人力资源规划可以及时预测组织人力资源的潜在问题，从而及时调整现有人事结构匹配中技能、知识、年龄、个性、性别比例等存在的不合理分配，促进人力资源的合理调配，改善高校人力资源分布不均衡的状况，降低人工成本。高校人力资源规划，一方面，通过对现有人才结构的分析，可以预测和控制高校教师资源的变化，逐步调整人员结构，使之更加合理化，促进高校人力资源的高效使用；另一方面，通过有效的薪酬激励规划，可以充分发挥高校人力资源的作用，尽可能降低人工成本。如果高校没有进行人力资源规划，则无法预测未来的人工成本，可能会超出预算，降低效益。因此，在预测高校未来发展的前提下，有计划地逐步调整教师资源的分配状况，将人工成本控制在合理的范围，加强人力资源规划十分重要。

激励作用：人力资源规划不仅是针对学校的规划，也是针对教职工的规划。学校的发展和教职工的发展是互相促进、互相依托的关系。如果只考虑到学校的发展需求，而忽略教职工的发展需要，学校的发展就会受阻。合理的人力资源规划是紧密联系学校和教职工个体之间的桥梁，既能使每个教职工的才能得到充分的发挥，同时又使教职工知道自己在学校目前和将来工作中的适用性，明白自身水平与学校发展要求间的差距，从而促使其积极提高自身能力，使其在不断的努力中得到成长。

协调作用：高校人力资源的开发与管理是一个系统的工程，这一过程包括工作分析与设计、人力资源计划、人员招聘和选拔、人力资源开发、绩效管理等方面。高校人力资源规划与工作分析是人力资源开发与管理的基础，它将高校人力资源管理活动的方方面面串在一起，可以使高校的人力资源开发与管理工作在及时了解人力资源变化的基础上，协调高校各方面的关系，改进相应的策略，有效地利用人力资源，促进高校的健康快速发展。

保障作用：预测人力资源供求差异并调整差异，是人力资源规划的基本职能。高校的生存和发展与高校人力资源的结构、教师素质密切相关，高校人力资源规划保障了高校在生存发展过程中教师的需求数量、质量和结构。对处于一个动态发展的高校来说，高校的内外环境由于各种因素处在不停地变动之中，外界环境的变化、高校内部教师的离职等都会造成高校人力资源的短缺、需求与供给的不平衡。这种缺口和不平衡不可能自动修复，高校人力资源规划可以通过分析供给的差异，并采取适当的措施吸引和留住高校所需人员，以调整这种差异，保障适时满足高校对人力资源的各种需求。

二、高校人力资源规划的任务

高校人力资源规划的任务可以从以下几个方面分析。

第一，外引内培并重，优化教师资源的配置。坚持采取有力措施，建立灵活的人才引进机制，通过各种方法，吸引海内外优秀的专业人才到高校工作。根据教师队伍建设目标和《高等学校教师培训工作规程》的要求，制定切实可行的培训计划和政策措施，充分调动学校和教师个人的积极性、主动性。以中青年骨干教师为重心，着眼于加强师德教育，更新和拓展知识结构，提高教育教学能力。教师必须要有深厚的专业知识积累和终身学习的意识，掌握必要的现代教育方法，在教学科研工作中敢于探索创新。

第二，建立健全的高校用人制度。首先，全面实行聘任制度。进一步加强竞争机制，淘汰固定用人制度，改革职务终身制和人才单位所有制，根据“按需设岗、平等竞争、公开招聘、择优聘用、严格考核、合同管理”的原则，在高校工作者中全面实行聘任制度。其次，在高校教师及其他专业技术人员中开展职务聘用制度。将教师职务聘任制度和教师资格制度结合起来，坚持在具有教师资格的人员中聘任教师。专业技术职务岗位的聘用要弄清评审和聘任之间的关系，淡化“身份”评审，强调岗位聘任，探寻并建立以教师为主，相对稳定的骨干人员和出入有序的流动人员相结合的高校人才资源开发机制。再次，建立健全的解聘辞职制度。最后，根据国家政策和高校实际情况建立健全符合高校性质和工作特点的岗位管理制度，建立科研、教学、管理关键岗位制度，管理人员的教育职员制度，选人用人实行公开招聘和考试的制度等。

第三，健全人才流动机制。根据相关政策，各高校可以延聘和返聘专业水平高、教学能力强、身体健康的老教师继续在校工作。积极推动学校与学校间教师互聘联聘工作，充分利用教师资源，提高办学效益。同时面向社会招聘具备教师资格的专业人员担任专职或兼职教师。积极推进在校研究生兼任助教工作，以进一步减轻扩招后教师不足的问题。根据相关流出机制，对不能继续胜任研究和教学任务的教师，要做到坚决转岗或者淘汰。

第四，推进高校机构改革。首先，高校机构改革应该严格按照“总量严格控制、微观合理放权、规范合理、精简高效”的准则进行。理顺管理体制，实行国家制定编制的法规和实施宏观调控、高校主管部门贯彻编制的法规与进行检查评估、高校遵守编制法规和有效实施编制管理的管理办法。其次，根据高校科研、教学、校办产业、后勤服务等各部门的不同职能，推行不同的管理法则。再次，依据中国《高等教育法》和《中国共产党普通高等学校基层组织工作条例》的精神，以及高校本身实际发展的需求，合理设置学校各党政职能部门，合并主要职能相似的部门，对工作性质相近的机构可实行合并办公。最后，根据高校科研、教学发展的需求以及党建工作的需要，在上级主管部门规定的编制范围内，合理安排人员结构比例并合理配置各类人员，从而优化高校教师队伍。

第四节　规划的环境与原则

一、影响高校人力资源规划的因素

高校人力资源规划在客观上受到很多因素的影响和制约。在制定高校人力资源规划时需要研究其影响因素。影响高校人力资源规划的因素包括外部环境和高校内部因素，外部环境主要包括宏观经济形势、劳动力市场供求关系、国家劳动/教育政策及相关法律法规、教育技术的更换、社会科技经济发展对课程的要求、市场变化；内部因素包括学校的办学规模、学校的发展战略、学校类型/特色、人力资源机构体系、人力资源素质、人力资源部门人员的素质。

（一）外部环境

宏观经济形势：处在经济萧条时，失业率高，人力资源总体上供大于求；处在经济上升发展阶段，劳动力成本较高。

劳动力市场供求关系：包括总体的劳动力供求关系和各类人才的供求关

系，如果某类人员供不应求，则会在一定程度上限制外部人力资源的补充。

国家劳动/教育政策及相关法律法规：例如国家在改动福利保险制度、工资最低限制线、《中华人民共和国高等教育法》《中华人民共和国教师法》等相关法律法规时，高校人力资源规划就会受到影响。

教育技术的更换：激烈的市场竞争在很大程度上推动了教育技术的发展，一些新的、先进的教育技术的普及会促生新的职位，这样会改变高校原来的人力资源需求状况。

社会科技经济发展对课程的要求：随着社会科技经济的不断发展，不断涌现出新的学科领域，这些新兴的学科领域需要大量的相关人才投入，高校也就需要开设相关课程，因此需要引进新兴领域的专业人才。

市场变化：随着高校的扩招，国家对高等教育愈来愈重视，高校生源逐年增加。加之高校间的竞争愈演愈烈，使得高校人力资源的流动性大大增加。

此外，社会文化环境、地区经济差异等也是影响高校人力资源规划的外部因素。

（二）内部因素

学校的办学规模：高校的生源直接受到高校的办学规模影响，学校作为教书育人的所在，所开设的课程需要配备相应的专业教师。办学的规模与学校的后勤服务人员、行政管理人员的规模成正比。

学校的发展战略：人力资源规划是基于高校发展目标的基础上进行的，当高校调整了发展战略时，人力资源规划也要随着做出相应的调整。

学校类型/特色：高校的办学类型和特色决定了其下属院系的多少和规模，进一步决定了各个专业师资的比例。

人力资源机构体系：高校内部的组织机构、职位体系也影响了其人力资源的规划。

人力资源素质：高校教职工的职称比例、学历比例、年龄比例等。

人力资源部门人员的素质：人力资源部门人员是人力资源规划的分析者和具体计划的制定者，他们的素质很大程度上影响着人力资源规划的进行。

二、高校人力资源规划的制定原则

为了更好制定人力资源规划，还需要遵循一定的原则。

（一）全局性原则

人力资源的规划应该具备全局性，从横向上看，人力资源规划要涉及高校的人力资源、党政、院系等各个部门；从纵向上看，一般的人力资源规划只包含人员的配置计划，如人员补充、增长、调配和离职等方面的计划，但在竞争激烈且人力资源管理日渐成熟的情况下，只有这些计划是远远不够的，一套完善的高校人力资源规划体系还应该包括岗位职务设置规划、内部人员流动规划、外部人员补充规划、职业生涯规划、绩效考核规划、培训开发规划、薪酬激励规划、退休解聘规划等其他方面。因此，人力资源决策者在对高校人力资源进行规划时要注意各部门之间的内在联系，从全局的角度出发提出规划方案，协调各个方面的关系。

（二）系统性原则

一个高校在人员规模相同的情况下，用不同的组织架构联结起来，会形成不同的权责结构和协作关系，取得的效果可能完全不同。一个有效的人力资源规划能结合不同类型的人才，形成一个有机的整体，可以有力地发挥“系统功能原理”的优势，即整体功能大于个体功能之和。一般而言，系统性原则体现在性格、知识、能力、年龄等方面的互补性。

（三）与高校发展目标相适应的原则

人力资源规划是高校整体发展规划的重要组成部分，规划的首要前提是必须满足高校整体利益的需求，与高校发展目标相符，只有这样才能协调好高校的发展目标和高校资源，确保人力资源规划的准确性和有效性。比如，高校的自身定位如果是研究型，就应该以科研人员为主；高校的自身定位如果是教学，就应该以教学人员为主；大学的自身定位如果是教学研究型，就应注重科研人员与教学人员之间的相互协调。所以，人力资源规划的制定，应该与学校发展目标相一致、相适应。

下面分别介绍四种类型相互协调的人力资源规划方案：

研究型大学：这种类型的学校是培养高层次拔尖人才的摇篮，是自主创新的领导者，是培育和发展先进创新文化的发源地；富有自主创新能力，不断涌现先进的高水平科研成果；教师队伍强大，拥有一批世界公认的知名学者和学术权威；人才培养的重心是创新型高层次人才，硕士、博士研究生的数量占了较大的比重；学科门类齐全，拥有部分一流学科；科学研究和人才培养都有雄厚的财力支持；国际交流和合作活动非常活跃；崇尚学术自治与学术自由。这类学校人力资源规划方案的特点：稳定的总体规划。人员补充、配置、培训等规划的重要目的是提高创新能力；人员补充渠道以外部引进海内外优秀人才、内部培养学术带头人相结合；培训规划主要是服务于某一领域；十分重视人才的职业生涯规划；劳动关系稳定。

研究教学型大学：这类学校是介于研究型和教学研究型大学之间的高校，师资力量较强，拥有部分知名学者和一流专家；人才培养目标是具有研究潜力的应用型人才；人才的培养层次一般是研究生教育与本科教育并重，办学层次完整涵盖博士、硕士和学士；科研工作与教学工作并重，强调科学研究的重要地位；拥有一定规模的硕士生、博士生和博士后研究人员；承担一定数量的国家重大科研课题；有足够的科研经费和一定数量的具有标志性意义的科研成果；强调在研究中学习和在学习中研究，用科研促进教学；广泛开展国际交流与合作。该类学校人力资源规划方案的特点：灵活的总体规划。人员补充、配置和培训规划以自我学习能力强及激励能力强的教职员工为主体；人员补充渠道为外部培养和内部引进（如柔性引进）相结合；培训规划主要服务于某一领域；关注建立在个人需求之上的职业生涯规划；劳动关系稳定。

教学研究型大学：这类学校是介于教学型和研究教学型大学之间的高校，师资力量尚可，拥有小部分知名学者、专家；具有相对齐全的学科门类和少数优势学科；主要是本科教育，具有一定硕士与博士研究生培养能力；大力结合行业、地方经济文化需要开展科学研究，少数优势学科能产生高水平的科研成果；积极主动地为地方经济建设、区域经济和行业发展服务，培养大批高级技术应用型和创新型人才；积极开展国际交流与合作。该类学校人力资源规划方案的特点：适应性的总体规划。影响员工补充、培训规划的首要因素是科学研究能力；人员补充渠道以外部引进为主，内部培养为辅；培训规划主要服务于某一学科；充分重视人才的职业生涯规划；劳动关系比较稳定。

教学型大学：该类学校主要培养本科生，仅培养少量的研究生；立足于教学工作，目标是培养大量的高级专业人才；通过传播和应用知识与社会进行密切的联系，既要适应社会对各类人才的需求，又要适应社会发展的需求，在为社会发展服务的同时，也从社会中获得促进学校发展的活力和动力；在学科设置、科学研究、人才培养方面具有复合型特征；提倡办学区域化。该类学校人力资源规划方案的特点：周密的总体规划。人员补充、培训等规划的主体是教学效果好的员工；人员补充渠道为内部培养与外部招聘相结合；培训规划的主要内容为上岗培训和拓展训练；教职员工的职业生涯规划与学校发展需求相联系；劳动关系比较稳定。

（四）与内外环境变化相适应的原则

人力资源规划只有充分考虑了高校的内外环境变化，才能适应高校经营管理的需要，真正地做到为高校的发展目标服务。内部变化主要有在校生人数的变化、教师流动的变化、热门专业冷门专业的变化以及高校发展战略的变化，等等。外部变化主要包括国家的教育政策法规的变化、政府有关人力资源政策的变化以及教育市场的供需矛盾的变化等。为了能够更好地适应这些变化，人力资源规划应该对可能出现的情况及时做出准确的预测和风险分析，最好能有对付风险的应急策略。

第五节　规划的内容和程序

高校人力资源规划是指为了实现人力资源合理配置，而依据高校的发展战略和组织目标，以及高校内外部环境和条件的变化来预测未来高校的职能和面临的形势要求，然后确定高校需要什么样的人力资源结构并如何获得、使用这些人力资源的过程。

一、高校人力资源规划的内容

高校人力资源规划的最终目的，是确保高校在适当时间和不同岗位上获得适当的人选（包括数量、质量、层次和结构）。

（一）宏观内容

高校人力资源规划可以大体分为人力资源数量目标规划、人力资源结构优化规划、人力资源素质提升规划等若干子规划。只有制定出好的各个子规划，才能制定出科学合理且可行性强的人力资源总规划。

1. 人力资源数量目标规划

所谓人力资源数量目标规划，有学者也称之为岗位职务设置规划，是指为了实现“人适其事、事得其人、人尽其才、才尽其用”目标，而根据高校内外环境条件的变化和发展战略目标，通过科学的机构设置、定编定岗以及人员聘用等形式合理配置人力资源的规划。可分为机构设置规划、定编定岗规划、人员聘用规划等。

（1）机构设置规划：教育部相关文件精神指示，高等学校可以自主确定教学、科研、行政职能部门等内部组织机构的设置和人员配备，前提是遵循实际、精简、效能的原则。学校管理机构根据学校的层次和规模，原则上设10个到20个。如民办高校，可以通过将党办、校办、党委政策研究室合并组成学校办公室（党委政策研究室），将与本科生管理相关的职能部门学生处、武装部、校团委、艺术教育中心等合并组成“学生工作部”，将与国际交流相关的国际处、港、澳、台办公室、国际教育学院等合并组成“国际合作与交流处”，不仅可以实现机构和职位的大幅度精简，同时也可以防止机构人员臃肿，体现了精简、高效、一致的原则，而且建立了运行协调、行为规范、办公高效的管理体系。

（2）定编定岗规划：传统的定编定岗方法只是机械地套用主管部门下达编制数时附加的各种限制性规定，然后按照一定的比例划分给各个下级机构，最多在此基础上再按照各单位的现有人员数量和经验进行个别调整。最后必定会达到各单位满编的时候，就是整个学校编制数被突破之时。因此，各高校长期普遍存在不断忙于重新修订校内各单位编制（岗位职数）方案的问题。人力资源部门研究出一套新的定编定岗方式，就成了迫切的需要。

一般情况下，学校教学、科研和教学辅助人数所占比例应达到学校人员总数的80%以上，其中专任教师所占比例应超过60%，其他党政工作人员数量应不超过在校人员总数的20%。据此可以将总编制划分为教学科研人员编制和行政管理人员编制两大类。

各行政部门管理人员编制数的确定，高校可以根据国外及中国香港地区等地的大学经验，先设定人事改革的目标：首先，建立高校的组织机构，包括职位能升能降、人员能进能出，工作明确、责任明确、上级明确，薪酬基本与工作职责、能力相对应等；其次，具有中国特色，以能与国际接轨为原则，能与其他高校相对应等；最后，体现员工职业生涯路径，激励员工，包括多种发展路径基本明确，发展条件基本明确，提供交叉发展的机会等。为了更好地达到目标，需要分三个阶段来开展各项改革工作：第一阶段，岗位设定，包括岗位的横向、纵向分类，岗位职责的设定原则等；第二阶段，薪酬设定，包括薪酬组成与薪酬等级、岗位与薪酬对应等；第三阶段，绩效评估办法的制定等细微的工作，力求有效地解决目前存在的有关忙闲不均、工作可比性低而无法从整体评估、薪酬与工作量及质量不合理对应、薪酬方式与标准不统一等现象。

（3）人员聘用规划：首先，全面推行全员聘任制。在定编定岗的基础上，按照“岗位公开、双向选择、平等竞争、择优聘用、合同管理”的原则，实行全员聘任制。学校和教师按照国家的有关法律、法规，在平等自愿、协商一致的基础上，通过签订聘用合同或者签订聘约的形式确定事业单位和个人的基本人事关系，明确事业单位和个人的权利和义务。事业单位通过建立和实行全员聘用制度，可以实现用人的公平、公正、公开，也可以保障职工自主择业，促进事业单位自主用人，更能有效维护单位和职工的合法权益。同时对不称职而又教育无效的人员予以解聘下岗。其次，推行人事代理制度。人事代理制度是市场经济条件下产生的一种新的人事管理模式，运用社会化服务方式和现代化科学手段，按照一定的法律程序和政策规定代办有关人事业务。通过将人事关系管理和人员使用分离，实现了将“单位人”变成“社会人”，摆脱了人事关系、档案等的束缚，形成“能进能出”的良性机制，减轻了原所负担的各项社会福利保障职能的压力。最后，推行机关部处负责人竞争上岗制度。这样就可以为党政机关优秀骨干人员晋职、晋薪开辟渠道，建立富有活力的用人机制，避免党政机关工作人员熬年头，凭身份、资历获取报酬的弊病。

2. 人力资源结构优化规划

优化人力资源结构需要通过不断补充外部人员和引导内部人员流动来实现。相应地，人力资源结构优化规划包括外部人员补充规划和内部人员流动规划。

（1）外部人员补充规划：所谓外部人员补充规划，是指为了对高校中长时间里有可能产生的空缺职位进行补充，而根据高校内外环境条件的变化和发展战略，然后进行计划性的吸收高校外部人员的规划。比较预测的人力资源供求情况的结果，可以分析出将来高校有哪些岗位会空缺。如果有合适的内部人员接任，要考虑调动内部人员后将会出现的职位空缺，然后从外部吸收人员补充空缺的职位；假如没有合适的内部人员胜任这些岗位，则就要考虑从外部招聘人员进行补充。所以，一旦出现供小于求的情况，为了补充直接或间接空缺的岗位，就需要考虑吸收外部人员。有计划地吸纳外部人员补充未来空缺职位是制定外部人员补充规划的目的。外部人员补充规划不但需要计划引进人员的质量和引进人员的数量，还要配合现实情况制定出一系列的计划以确保可以招到合适的人员。依据规划的步骤和内容，可以将外部人员补充规划再分成招聘规划和甄选规划两个子规划。

（2）内部人员流动规划：所谓内部人员流动规划，是指为了实现在未来职位上配置内部人员，而在高校内外环境条件的变化和组织发展战略的基础上，进行有计划性的高校内部人员流动的规划。内部人员流动能促进高校的“血液循环”。

高校内部人员流动包括晋升、调动和降职三种类型。降职流动较少使用，而晋升和调动，尤其是晋升是经常出现的，这里主要介绍最为经常使用的晋升规划。晋升规划分为职务晋升和职称晋升两种。在职务晋升中，为满足职务对人的需求和教师追求实现自我价值的需求，要有计划地大胆起用那些管理能力出众、在学术上有建树的教师。在职称晋升中，为满足人才优化配置和机构合理性的需求，要为符合相应职称晋升条件的教师提供良好的晋升环境，创造积极向上的学术氛围。在晋升中，既要防止僵硬化，使教师看不到发展前途，挫伤教师的积极性；又要保证教师质量，避免名不副实。人尽其才，才尽其用，最大限度地发挥教师的积极性和能动性才是晋升规划的目的。

3. 人力资源素质提升规划

主要从职业生涯规划、培训开发规划进行分析。

（1）职业生涯规划是指教师根据自身兴趣、个性、能力和可能的机会制定个人职业发展规划；再依据高校内外环境条件的变化和组织发展战略引导教师职业发展方向；然后高校安排教职员工职业发展的规划。职业生涯规划有着明显的个人特征，使个人目标与组织目标达成一致是其目的。在设计职业生涯规划时，同时要考虑到环境、组织和个人三个层面。对于环境，必须积极配合；对于组织和个人，则可进行优化。它是一项系统的、长期的、持续的、有弹性的规划，影响员工未来行为和组织未来计划，因此，应有计划、有步骤地设计与实施。

首先，分析环境因素、组织因素、个人因素。分析宏观环境，预测未来人力资源市场的供给与需求，重点关注那些可能是稀缺专业的人力资源，同时，分析未来的外部环境，预测高校可能发生的重要变化；分析组织的发展战略和与之相适应的高校人力资源规划，从大体上制定为二者服务的职业生涯规划，同时关注高校其他方面可能的变化，预测对教师职业生涯发展的影响；通过教师自我分析和组织的测评，掌握教师的基本情况，包括教师的人格（人格是个人相对稳定、比较重要的心理特征综合，包括个人能力、气质、兴趣、爱好和倾向性等）、知识、能力和意愿等，这是量身定做教师职业生涯规划的根本保证。其次，设计职业生涯规划。根据职业生涯各阶段的特征和规律，结合教师的个人情况，设计符合高校发展需要的职业生涯发展规划，促使高校发展和个人发展相一致。再次，执行规划。组织应制定切实可行的执行程序，提供相应的资源、方法和方案。为了促使教师实现个人目标，组织可提供相应的支持，如相关信息、必要培训、晋升机会等。组织引导和支持教师实现个人目标的同时，实际上也是支持组织目标的实现。最后，评估规划。定期将执行结果与规划目标相比较，寻找两者之间差距，一方面，要分析产生差距的原因，另一方面，要根据现实情况调整职业生涯规划，保证规划切实可行而又有鼓励作用。要总结经验和教训，提高高校未来制定和实施职业生涯规划的水平。

（2）培训开发规划是指为了使教师可以适应未来岗位，而根据高校内外环境条件的变化和高校组织发展战略考虑教师自身发展需求，然后对教师进行计划性地开发与培训，进一步引导教师的态度、提高教师能力的规划。培训与开发是两个既有联系又有区别的概念，它们各有偏重。一般而言，培训主要针对普通员工，而开发主要针对管理人员等核心成员。但二者的目的一致，即提高能力和转变态度。任何一个寻求发展的组织都应该合理地培训与开发，因为它是高额回报的投资。

在培训开发需求分析的基础上，制定培训开发规划。

首先，要测算成本效益，规范培训经费的投入方向。具体来说，为实现经费投入的最优化产出的保证，培训规划应结合学校的教师队伍结构现状、物力、财力，以及学校的远景规划等实际情况来制定。与此同时，培训规划还要以学科建设为核心，以保证培训有利于学校的发展；有利于建设学科梯队；有利于教师整体素质的提高；有利于培养骨干教师和学科带头人；有利于师资队伍学历、职称结构的改善。

其次，确定培训形式。要采取定期与不定期、短期与长期、校内与校外、国内与国外、学历与非学历等相结合的多样化培训模式，根据学校实际具体情况而采取多种形式实施培训，按照理论联系实际，实事求是的原则，针对不同层次的教师要进行不同形式和内容的培训，增强培训的针对性，以促进形成多层次、多渠道、全方位的培训格局。对于新进的青年教师，为使其尽快掌握教学与管理工作，要对他们进行岗前培训、教学和管理的基本技能培训，尽快提高他们的教学与管理水平。同时，要鼓励青年教师参加更高层次的学历培训，鼓励他们考研究生。对讲师或副教授等骨干教师和学科带头人、中层以上管理人员应积极组织参加高层次的研修班及EMBA、MBA课程班，促进其及时更新教育思想、管理观念和专业知识，了解学科发展的前沿动态，学习新的管理方法，进一步提高其教学、科研和管理水平。同时还可发挥学术研究会的作用，将一批重要的学科和专业列入研究范畴。若是让教师不用走出家门，就能在参与学术活动中增长知识、开阔视野，就可以用专题学术报告的形式或者邀请知名专家学者来高校做报告、演讲。

再次，激发培训主体的自发性。培训既是国家、学校及教师个体行为的整合，也是高校教师成长的必要阶段。加大对教师的鼓励与引导，能让教师产生学习的内在动力，把不断学习进步当成义务，能牢固树立“活到老，学到老”的积极观念，一步一步把培训自身转换为自发行动。大多时候人们往往会受制于自己的心态和周围的环境，所以激发培训主体的自发性要从改变培训理念开始，唯有自发意识下的培训行为才能达到最好的培训效果。

最后，考核培训绩效。目前，教师的培训学习积极性并不高，是因为培训有时被当成休假、福利，最重要的是教师培训大多是有组织无考核，并且有的培训并不是和教师自身的意愿一致。因此，为了保证培训的有效性，避免资源浪费，要尽快对教学方法、学历学位、科研成果、知识结构等方面进行量化式考核，而考核的结果要与职务聘任、提高待遇、经费报销等结合在一起。只有通过考核评估，才能清楚地知道培训开发活动是否有效，才能为今后制定和实施该方面活动提供有益的参考。

（二）微观内容

1. 定编定岗规划、岗位职务设置规划

所谓岗位职务设置规划，是指根据高校内外环境变化和发展战略目标，通过科学合理的机构设置、定编定岗、人员聘用等方式实现人力资源的科学合理配置，分别为机构设置规划、定编定岗规划、人员聘用规划等。

（1）机构设置规划：高等学校机构设置应根据学校层次和规模，遵循精简、统一、高效的原则，科学合理确定内部组织机构的设置和人员配备。首先，高校机构设置要有章可循，实现科学化、制度化，通过制定相关政策来规

范高校机构设置。高校增减机构要深入调研，论证增减的依据与必要性。其次，优化机构间重复交叉职责，按照国家“大部制”精神，该合并的合并，该撤销的撤销。最后，明确机构岗位职责，通过建章立制，坚持职、责、权一致的原则，明确岗位职责。

高校机构设置要进行改革。在改革的进程中，既要推进积极，又要实行稳妥，处理好改革发展与保持高校整体稳定之间的关系，这是因为高校机构设置的改革和调整关系到广大教职员工的切身利益，也需要政府部门的系列配套政策作为支撑。同时，确保了机构改革有利于教育资源的合理配置；有利于学校充分地调动教职工的积极性和主动性；有利于提高教育的总体质量和培养创新型人才。

（2）定编定岗规划：高校和政府是编制管理的两个主体，高校应以强化编制核定与内部编制管理作为主要任务，而政府主管部门应以总量控制和分类指导作为主导思想。岗位设置应具有一定的现实意义，而编制管理应具有一定的前瞻性和宏观指导作用。高校应加强编制核定与岗位设置的相互促进作用。在设岗时应以编制控制数量为上限，在定编时应仔细考虑岗位设置的实际需要，合理定编是科学设岗的前提，科学设岗是合理定编的基础，二者相辅相成，可以互相检验。

职员编制是高校从事行政管理工作的人员编制，职员编制越精简，管理队伍的专职化程度越高，所占总编制的比例就越低，因此高校是否推行职员制或者管理队伍的专职化程度是影响高校职员编制的重要因素。高校是否推行校、院两级管理或两级管理重心下移程度是影响职员编制的主要因素之一。为有效减少高校职员编制总数，可以实行校、院两级管理，且二级单位包含经费支配权、初中级职称评聘权、内部人员岗位调整权、教学及学生日常事务决定权等。对学校职员编制产生一定影响的因素包括：高校管理制度是否健全、管理手段的信息化程度、业务流程设计是否合理、学校中层职级授权情况、激励机制是否有效、薪酬分配是否公平、员工是否有归属感等。

（3）人员聘用规划：首先，全面推行全员聘任制。在定编定岗的基础上，按照“岗位公开、双向选择、平等竞争、择优聘用、合同管理”的原则，实行全员聘任制。学校和教师按照国家的有关法律、法规，在平等自愿、协商一致的基础上，通过合同契约明确事业单位和个人的基本人事关系，明确事业单位和个人的权利与义务。事业单位通过建立和实行聘用制度，从而实现用人上的公开、公平、公正，也可以保障职工自主择业，促进单位自主用人，更能有效维护单位和职工双方的合法权益。同时对不称职而又教育无效的人员予以解聘下岗。

其次，推行真正意义上的“人事代理制度”。人事代理制度是社会主义市场经济的必然要求，在法律法规的基础上，运用社会化服务的方式，对人事业务实行代理，实现人事关系管理与人员使用分离，变单位人为社会人，使人才享有公平、自主的择业权利，实现人才合理流动，最大限度地发挥人才的作用和潜力。

最后，推行机关部处负责人竞争上岗制度。这样就可以为党政机关优秀骨干人员晋职、晋薪开辟渠道，建立富有活力的用人机制，避免党政机关工作人员熬年头，凭身份资历获取报酬的弊病。

2. 人力资源引进规划

人力资源引进规划是指高校根据制定的战略发展目标，并结合学校内部及外部环境，制定有计划的人才引进方案，从外部遴选符合自身发展所需人才、补充空缺岗位的过程。高校间的竞争归根到底是人才的竞争，人力资源的水平直接决定了高校的水平，人才的引进是高校人力资源队伍建设的重要环节，因此，制定科学合理的人力资源引进规划对高校的可持续发展至关重要。

一般来讲，人力资源引进规划的内容应包括：引进人员的类型、数量、各岗位的要求，以及为引进合适的人而制定的一系列宣传计划、遴选程序等。根据规划的实施步骤，可以将人力资源引进规划分为招聘规划和遴选规划两部分。

（1）招聘规划是指学校根据发展需要和实际情况，对招聘的岗位类型、数量和各岗位的具体要求做出的具体规划，是根据对高校人力资源的预测来制定的。由各用人单位具体制定，人力资源部管理部门对其进行审核后实施。

岗位要求除了要明确该岗位需要具备的专业技能和综合能力外，还应符合如《劳动法》《合同法》《妇女权益保护法》等法律的要求及上级教育部门的相关要求；招聘数量在学校空余岗位数内有计划地分年度实施，要考虑到学科间及人员层次等的平衡；招聘渠道的选择要通过分析潜在应聘者的信息获取渠道而确定，通常的渠道包括平面及网络媒体、宣讲会、双选会及有针对性的猎头等，如招聘海外人才，可以选择在相关学科人才聚集度高的地域的媒体或国际知名学术刊物上进行宣传。目前，随着高校招聘标准的提高，尤其是对海外优秀人才的迫切需求，高校越来越注重拓展新的招聘渠道，如建立海外人才工作站、搭建青年学术论坛等都是有效的渠道。

（2）遴选是指从所有应聘者中选择与招聘岗位最匹配人选的过程，是人力资源引进中的关键环节，决定着人才引进的成败。用人理念、招聘规模、岗位性质等因素左右着遴选规划的制定，但一般来说，遴选规划应该包括遴选标准、遴选程序、遴选方法等内容。

遴选标准是对拟招聘岗位进行工作分析后，根据岗位需要制定的能满足此岗位工作的人员应具有的各类标准，可以分为生理标准、技能标准、心理标准。生理标准主要是指年龄、健康等标准，可以通过应聘申请表、体验报告等来进行筛选，对于一些特殊标准，还可增加相应测试。技能标准包括学习经历、专业背景、工作经验、资格证书、工作能力等标准，是遴选的核心标准。技能标准的制定要考虑到高校自身的发展阶段、发展水平和供需关系。大学水平越高，一般对引进人才的技能标准要求也越高，即便是在同一所高校，岗位不同对应聘者的技能要求也有不同。对应聘者技能标准的考察，不仅要通过应聘申请表，还要通过笔试、面试、试讲、实践等多个环节进行。心理标准指岗位要求的心理素质和心理特征，对应聘者的心理健康程度，可以利用心理学领域的各种测试来进行，但对于忠诚度、努力程度及责任心则只能通过个人经历及应聘中的表现来推断。

遴选程序是通过一定的组织程序，以保证遴选标准能得到严格执行。遴选程序的设计一定要坚持公平、公正、公开的原则，才能充分发挥招聘的竞争性，确保遴选到符合标准的人才。在招聘中，学校人力资源部门和学院之间要合理划分责权，分别成立招聘专家小组，专家小组的人员组成可以由负责相关工作的领导和富有经验的教师组成。学院招聘专家小组根据应聘者提交的简历进行初步筛选，然后通过笔试、面试、试讲等环节对应聘者能力进行全面考察（笔试也可由学校统一组织），提出推荐人员，并提交学院党政审查。对涉及引进有副高级及以上职称的人员，在学院党政审查前，还需院级专业技术职务聘任小组对拟聘人进行评审。对学院提出的推荐人员，学校应组织校级招聘专家小组进行评审，学校可以根据学院招聘的岗位数，要求学院按一定差额推荐人选。对通过校级评审的人员，学院可以组织其实习考察，实习考察通过后报学校人事人才工作领导小组，或分管校领导对结果进行审核。此外，为确保招聘过程的公开，应对人员情况进行公示，公示可以安排在学院评审环节，也可以安排在校级评审环节。

遴选方法是在遴选过程中具体的遴选实施方法，不同的遴选过程选择不同的遴选方法，以达到该过程的目的。首先，是简历筛选。简历筛选主要是根据招聘岗位设置的部分生理、技能标准，如年龄、学历、专业、工作经历、专业水平等，对应聘者进行初步的遴选。为了更准确、快速地进行筛选，可以采用在线填写简历的形式，通过设置筛选条件进行电子化的筛选。其次，是笔试，一般采取集中的形式进行，多用于高校管理及辅导员岗的遴选中，其目的，一是为了考察应聘者的文化、专业知识、思维方式、公文写作等能力，还可以通过引入心理测量的方法，对应聘者的人格、性格、兴趣、价值取向等进行测试，为招聘者提供更进一步的遴选依据。面试是整个遴选程序必不可少的环节，通过面对面的交流互动，不仅是对应聘者专业能力、思维方式的深入考察，还可以更直观、更真实地对应聘者的心理素质、表达能力、应变能力、自我控制能力等多种素质进行考察，这是在简历筛选和笔试中很难做到的。面试可以根据不同的考察对象、不同的目的，而设置不同的面试，且可在遴选过程中设置多次面试环节，如在引进教师时，试讲可以考察应聘者的基本教学素质，研究报告可以考察应聘者的专业能力和学术水平。此外，面试的形式也可多种多样，如按照实施方式，可分为单独面试和小组面试；根据面试的标准化程度，可分为结构化面试和非结构化面试；根据面试的目的，可以分为压力面试和非压力面试等。在面试中，可以采用多种方法以达到考察的目的，如电话/视频面试、专题演讲、小组讨论、情景模拟等。最后，身份审查也是遴选的关键一环，尤其现在伪造学历、捏造学术成果行为常有发生，因此，高校在招聘时，应该严格对应聘者的学习经历、学术成果等进行审查，并对有伪造行为的应聘者进行一票否决。在招聘教师时，除了让应聘者提供必要的个人证明材料之外，还要提供同行专家学者的推荐信或评价材料作为参考。

3. 培训发展规划

当前世界正处于一个“知识大爆炸”的时代，知识老化周期正在迅速变短，一次性终结型的教育模式已经无法适应时代的发展，不断学习对于处在科学文化前沿的大学教师也显得尤为重要，大学教师在职培训的终身化已经成为一个不可阻挡的趋势。而大学教师作为社会高文化群体的代表有其显著的特点，制定相对应的科学的培训发展规划就显得尤为重要。

美国教育心理学家诺尔斯最早提出了成人学习理论；美国心理学家柯尔柏

针对成人培训的特点，提出了“经验培训圈”理论；中国的林崇德教授提出了“知识基础”这一概念，他总结了教师职业所需的知识结构并把它们分为学科知识、教育心理学知识、实践性知识和文化知识四个方面。根据他们的观点不难得出高校教师培训的基本方针，必须考虑高校教师的学习特点以及培训对于他们实际工作的意义，根据高校教师学科知识和文化知识充足的现状，把培训重点放在教育心理学和实践性知识方面，最终使高校教师能够运用自己已有的知识结构消化和吸收新的理念，并在实际工作中运用这些新的知识和经验进行决策，解决实际问题。

根据对高校教师素质的研究，结合高校教师的实际情况，培训的基本方针主要概括为专业化、现代化、多元化、个体化四个方面。

专业化：毫无疑问，高校教师是一种专业化的职业，这个专业化不只限于教师的学术研究方向，还应更多地注重教师传授专业知识的能力，比如说，系统的规划教学课程的能力。通过培训应该让高校教师能够从自身特点出发，提高教师的职业化意识和水平。

现代化：当前是知识更新无比迅速的时代，对教育也提出了现代化的要求，所以对高校教师的培训内容也提出了现代化的要求，通过培训更新高校教师的教育观念，使得高校教师群体能够不断吸收新的教育理论，同时能够掌握不断进步的现代化的教学和科研手段。

多元化：在全社会强调创新型人才培养的背景下，教师的培训体系也必然呈现出开放化的趋势和很多新颖的形式，包括校内的培训、跨校的交流式培训、远程网络培训，等等。在这种多元培训体系的条件下，应当注重加强对不同体系的宏观监管，强调不同培训体系之间的相互沟通与衔接，才能发挥出最好的培训效果。

个体化：在对高校教师进行培训的时候，应当要依据教师的个体差异、学科差异、教学风格等，采取不同的培训方式，使每个高校教师的风格能够得到充分的发挥，而且技术的进步也使得这种培训方式个体化的实现成为可能，高校教师可以通过多样化的方式，比如远程网络教育等来获得不同的培训内容和相应的培训方式。

4. 考核评估规划

所谓绩效评估规划，是指根据高校内外环境条件的变化和发展战略，制定一系列的考核标准和程序来评估教师的工作表现、工作态度、工作能力、工作结果以及人际关系等方面，目的是实现组织目标、部门目标、个人工作目标三者的紧密结合，从而形成一个高效的目标工作系统，以确保实现整体目标的规划。绩效评估不仅是检验人力资源管理活动的方式，还为人事决策和改进人事管理提供了依据。我们要在综合分析的基础上，努力建立起一种适应不同类型的、不同层次的、科学的绩效评估规划。

首先，建立科学合理的绩效评估指标体系。绩效评估指标体系的建立既要考虑经济效益又要兼顾社会效益，既要考虑基础学科又要兼顾前沿学科，能量化的指标要量化，定性的指标也应以分值和权重对应。另外，随着时代的发展变化，指标还需要动态化。

其次，科学地组织绩效评估程序。绩效评估指标要通过“自我评估—学生（群众）评估—基层组织评估—单位评估小组评估—校评估领导小组审核—公布评估结果”等步骤对全校人力资源进行科学合理的全方位评估。为便于被考评对象不断调整自身、优化自身，不断向发展目标接近，从而实现人力资源的优化配置，因此在每一步的评估中都应把相关信息迅速反馈给个人和基层组织，使评估程序公开透明，做到公正、公平、公开。

最后，建立与绩效评估相结合的奖惩机制。学校应该将评估结果与体现个人价值的职称聘任、个人收入、选拔学科带头人等联系在一起，再结合评估的结果建立起评估激励机制。对成绩突出的要重奖，不合格或不能完成任务的要受到相应处罚。但所谓的奖惩并非都是物质利益，有时荣誉更会带来高于一切的效益。

5. 薪酬激励规划

自人事部、财政部和教育部联合印发了《高等学校贯彻〈事业单位工作人员收入分配制度改革方案〉的实施意见》后，高校的工资制度从职务等级工资制度逐步发展为岗位绩效工资制度。随着高校管理自主权的不断扩大，高校发展战略正逐步将薪酬规划管理纳入自身体系中，探索建立完善的薪酬制度，更好地发挥薪酬这一重要激励手段作用，对于有效吸引和保留杰出教学科研人才是必不可少的步骤，也是推动实现高校战略目标的强有力工具。

薪酬与每位教师的切身利益息息相关，不仅为教师提供基本的生活和发展保障，更是对其能力、价值和贡献的一种评价和认可。薪酬与高校人才的引进、稳定、考核和激励等各个人力资源管理环节相辅相成，共同促进人才强校战略目标的实现。

合理科学的薪酬管理有利于促进高校教师资源优化配置。薪酬对高校人才资源的优化配置起着基础性导向作用，对外保持薪酬的竞争力，有利于高校现有教师队伍的稳定，招聘适用的优秀人才；薪酬的稳定和增长，能增强教师工作的安全感，培养教师对学校的归属感；科学合理的薪酬差别可促进高校内外部人力资源的合理流动，尤其是高层次人才的流动，适时淘汰不适用人员，实现资源优化配置。

薪酬激励是最基本的人才激励办法，更是高校激励机制的核心部分。薪酬管理必须将以人为本作为出发点，充分发挥广大教师的积极性和创造性，从而营造积极进取、和谐向上的高校组织文化，形成公平竞争、共同发展的良好工作氛围，实现高校战略目标与教师发展目标的客观统一。

合理科学的薪酬规划管理需要高校根据自身的实际情况，结合教师的实际需求，从薪酬水平、机制、结构等方面进行规划制定，增强学校教师队伍的凝聚力和向心力，推动高校的科学发展。

提高高校教师薪酬水平，建立稳定增长机制。高校应在严格的甄选机制下，提高对教师学术科研的资助和奖励，鼓励教师从事学术和科研活动。提高教师薪酬水平能够保证教师队伍的优秀和稳定。

适应市场经济发展，增强对外竞争力与内部公平性。高校教师薪酬在制定的时候，应注意拉开重点高校与一般高校教师之间的薪酬差距，拉开热门学科与普通学科教师之间的差距。

调整薪酬结构。国外的薪酬结构项目相对精确和简单，激励效果更明显。随着中国高校内部分配制度改革的深化，教师的工资项目繁杂，有国家工资、校内津贴、房租补贴、住房补贴、政府津贴、高层次人才津贴以及奖金等，国家工资占教师薪酬的比例不断降低，工资外的收入比例越来越高，由此导致教师对本职工作积极性不高。

建立有效的激励机制。从发达国家的高校薪酬制度中，我们可以看出其充分有效的激励和竞争效果。薪酬福利对教师有着重要意义，既是物质上的满足，也包含着成就和地位激励。合理的薪酬福利管理不仅有利于调动教师的积极性，还能吸引到国内外的优秀人才，为高校发展提供人力资源。同时要注意的是，实现教师的薪酬增长不能完全以职务的提升为标准，要充分体现教师的工作绩效和能力。

建立以人为本的薪酬福利管理。推进“政校分开，管办分离”，高校自主决定内部收入分配，积极探索丰富灵活的薪酬福利管理办法，满足教师需求的多样性与动态性。例如，为年轻教师提供继续学习的机会，对年长教师设计更多养老方面的福利，灵活安排休假时间等，满足教师在荣誉、发展和生活等方面的需求，让教师体会到高校无微不至的关怀。

6. 流动退出机制

中国高校在人员的流动退出机制上经历了几个时期，一是聘用制度实行前，事业编制人员流动只能在事业单位内部同性质岗位之间进行，很难实现流动；退出则只有违反了国家、高校的管理规约以“除名”的形式实现。高校自 2002 年以后实行了人事聘用制度改革，这个时期新进的事业单位员工实施了聘用合同管理模式，事业编制人员的自身主动流动性增大，但局限于合约条款、考核、社保很多配套制度的不健全，真正意义上的流动退出机制并没有建立，仍然存在着“只进不出”“出不去流不动”的问题。目前，国家实行养老保险改革，在大环境的建设中使得流动退出的外部环境一体化，减少了外因的阻碍，高校只要合理利用合约管理，分类型、分层次建立考核要素，就能够建立合理的流动退出机制，理顺用人关系，搞活用人机制，提高用人效率，走出高校人事制度改革的重大一步。

流动退出机制的建立主要在于三大因素的合理利用：合约管理、岗位聘任、考核体系。当前大部分高校的岗位设置分为专业技术岗位（专业教师、专职实验、专职科研）、管理岗位、工勤岗位。

合约管理是流动退出机制建立的根本法律基础。高校聘用制实行以来，合约共性和个性化条款的有机结合，难以在流动退出中形成铁一样的证据，失去主动性。真正的法律基础应该是包括了任何涉及教职工切身利益的事项。

从岗位聘任来讲，所有的教职员工应当实行岗位聘任，并且签订《岗位聘任责任书》，明确不同岗位的聘任条件、聘任时间、工作责任、流动退出条件及路径。例如，专业教师应该是集教学、科研、实验、社会服务为一体的岗位特性，当该岗位上的人员不具备任何一个要素后，可根据自身选择流动至只有科研特性的专职科研岗位，或者是社会服务管理特性居多的管理岗位，实现内部、外部不同岗位间的流动；当该岗位上的人员几大要素的完成量未达到最低标准时，则应该退出岗位，进入待岗学习阶段，直至退出高校。

考核是流动退出制度的抓手，任何岗位上的员工是否符合岗位的要求都要依靠考核的衡量。例如，管理岗位分类中提到核心岗位的职责包括了岗位工作内容的上级政策研究、分析、解剖；本级政策的制定、解读；下级执行、理解政策的指导。考核指标中应该具备工作能力、同事认可度、业绩水平等的考评，当该岗位员工因工作能力的缺乏而未能达到考核合格，可根据情况选择调整为基础或服务型岗位；当该员工三项指标均未达标时，可考虑不再聘用，退出高校的管理队伍。

总而言之，高校流动退出机制的建立是一个系统工程，在岗位分类的前提下利用合约管理、岗位聘任、考核体系三大要素规划路径，实现“能上能下”“能进能出”的高校人事管理体系。

二、高校人力资源规划制定的程序

（一）信息收集处理

在制定任何规划之前，应该进行调查，收集有关信息，对这些信息进行整理、分析，为制定规划提供有用的、及时的、真实的、准确的信息。信息的质量直接决定着规划的质量，所以要充分认识信息的重要性。有学者指出：“在少数情况下，在某一个规划的制定过程中所搜集到的事实信息和评价信息就能明白无误地表明应当着手变革。它本身也足以令人做出采取行动的决策。”良好的信息不仅有助于人们做出更理性的决策，而且也能激励人们做出更多的战略性决策。与高校人力资源规划有关的信息，主要从以下两个方面调查和分析：

第一，高校内外环境信息。高校以一定的状态在一定的环境中生存，所以高校管理者必须了解与之有关的环境。首先，要认识到高校的外部环境，包括外部的政治、经济、文化、科技、法律、社会、自然等环境；其次，要认识到高校的内部条件，包括高校的资源、竞争力、人员流动、组织结构、规章制度等一系列组织情况。仅仅认识到这些信息还不够，还应该对这些信息进行预测，估计在规划期内将如何变动，预测出高校未来的内外环境，才能据此制定出各项规划。

第二，高校发展战略。高校人力资源管理规划应以高校的发展战略为核心，是因为其服务于高校的战略发展目标。决定高校未来需要的人员规模、人员结构等，高校需要采取增长战略、紧缩战略、稳定战略或混合战略。

（二）确立目标

高校人力资源规划的目的是，在未来为高校提供合适的人力资源。合适的人力资源，即要在数量、质量、结构上合适，保证每个岗位上的人员合适。高校人力资源规划目标，是在预测人力资源供给量和需求量，并在此基础上再预测供求平衡的前提下结合高校的发展战略目标和总体发展规划而确定。

对人力资源进行规划，就必须掌握未来情况，高校人力资源部门却只能通过预测，对未来做一个最贴近的描述，这是因为未来具有很大的不确定性。在高校人力资源规划中，人力资源供给预测和人力资源需求预测是制定各种策略、计划和方案的基础，是人力资源规划中的核心，因此它们最关键。预测人力资源供给量和需求量，并在此基础上预测供求平衡情况是其预测的思路。

人力资源预测的结果大致分为三种：供求平衡、供过于求、供小于求。在实际情况中，供给和需求二者往往出现一定的差距，只要预测的供给和需求不平衡，就需要制定相应的政策调节，使其最终平衡。如果预测的供求一致，那么只要保持过去的政策就可以。制定人力资源规划要依据预测的人力资源供需平衡情况，各项规划的展开都是为了解决供求矛盾。

为使人力资源的需求与补充达到最佳的平衡情况，减少因为人力资源过剩或不足而造成的浪费或制约，就要在充分调查与分析、预测供需平衡的基础上制定人力资源规划，有效地进行人力资源的合理配置，使教师的岗位类别结构、专业结构、学科结构、学历学位结构、年龄结构、学缘结构、职称结构等合理地布局，并留有一定的岗位轮换空间，调动教师的工作积极性。

（三）制定总规划

制定高校人力资源总规划，以保证高校未来的人力资源配置的合理性。总规划都是从总体上统筹工作，如果没有总体上的规划，就很难理清各项工作之间的关系，无法理清工作程序，因此，任何一个庞大的工作都应先从总体上入手，而制定出高校人力资源总规划就成为首要任务。

高校人力资源规划方案的制定需要精心筹划，它涉及确定制定方案的机构、制定方案的期限、设计方案的内容及措施等一系列问题。制定高校人力资源规划方案，要注意三点：第一，注意高校人力资源总规划方案与各子规划方案之间的协调一致。例如，培训开发规划与职业生涯规划、外部人员补充规划与内部人员流动规划之间的协调等。第二，注意规划与高校的发展战略目标和总体发展规划协调一致。高校人力资源规划作为高校总体发展规划的子系统，是为总体发展规划及目标而服务的。第三，注意高校的人力资源规划与教师个人发展之间的协调一致。在制定高校人力资源规划方案时，不但要考虑高校的发展战略目标，而且应同时考虑教师的个人发展，这两者之间关系的协调主要体现在高校人力资源职业生涯规划设计中。

（四）制定详细规划

高校人力资源规划牵扯到高校人力资源供求配置的多个方面，各方面规划的形成是总体规划的有机组成部分。总规划需要各项子规划支持，否则无法实施。每个子规划仅针对一个方面、一个主题，只有将所有的子规划综合起来，才能形成系统的、有效的规划。

一般来说，高校人力资源总规划主要分为岗位职务设置规划、内部人员流动规划、外部人员补充规划、职业生涯规划、退休解雇规划、培训开发规划、薪酬激励规划、绩效评估规划、校园文化规划等。

（五）制定实施计划

高校人力资源规划只是一种针对高校人力资源的规划，要想发挥其作用，必须将规划变成行动。执行是管理中以其他环节为支撑的核心环节，因为结果由执行直接决定。如果缺少执行环节，一份再优秀的高校人力资源规划也只能变成一纸空文。在制定高校人力资源规划时，要考虑到其现实可行性。能否完全、正确执行，亦关系到规划能否最终实现。高校人力资源规划是一个长久的、持续的动态工作过程。因高校内外存在诸多不确定因素，使高校战略目标不断地变化，也造成高校人力资源规划的不断改变，因此，高校人力资源规划应当滚动地实施，不断修订短期计划方案。

监控是指对规划方案执行情况的监督和控制。在规划方案的实施过程中，需对规划方案的执行情况进行追踪监控和反馈，这样做是为了防止出现较大的偏差或失误，便于出现偏差或失误后能及时纠正，从而确保规划方案在实施过程中能逐步达到预期的结果。执行是保障高校人力资源规划实现的基础，监控是实现其的保障。在对方案的执行情况定期检查时，若出现执行偏离，首先，要做的是分析为什么会产生偏离，而产生偏差的原因可能有确定的目标和标准不具有可行性，以及方案执行中存在问题，也可能这两种原因都有；其次，再采取相应的调整或纠正措施。第一种情况，可以修正原有目标和执行标准；第二种情况，需要采取具体措施来解决存在的问题。

确定衡量规划方案执行情况的短期目标、分目标及具体绩效标准，是进行规划方案监控的必要条件。短期目标是指为实现总规划方案和子规划方案长远的目标而划分的阶段性的目标；分目标是指根据规划方案总目标而分解出来的各子规划实施的方案的目标；绩效标准则是由短期目标或分目标分化出来的衡量目标实现程度的具体准则。分目标和短期目标既可以定性描述，也可以定量描述。

评估是人力资源规划实施以后的重要工作，不可忽视。或总结经验、或吸取教训都是十分重要的，否则，就难以修正、改进人力资源规划，进而影响人力资源规划工作顺利持续地展开。评估人力资源规划是下一步修订人力资源规划的基础。同时评估上一轮规划的得失，可以为下一轮规划提供经验，这些经验是非常可贵的，是通过实践得来的经验。如果不注意总结，就会白白浪费这些宝贵的资源。

在对人力资源规划进行评估时，一定要及时、客观、公正和准确。评估所得结果应及时反馈，并对正在执行中的规划做出必要的修正和改进。评估时一定要征求院系部门和机关部门领导的意见，因为他们是人力资源规划的直接受影响者，能够获取普遍赞同的规划才是好的规划。

第六节　高校人力资源的有效性管理

在知识经济时代，创造和运用知识成为社会经济发展的动力源泉。人力资本作为21世纪社会经济发展最重要的战略资源，正成为一个国家的核心竞争力。作为人才汇集地的高校，由于其特定的资源环境，使得在人力资源的开发与管理上更具自主性、个性化、多样性和创新精神。在我国博大精深的传统文化中，就蕴藏着十分丰富的人力资源开发管理思想，如燕昭王高筑黄金台、“自立立人、自达达人；不知人则不能用人，不晓事则不能办事”等都闪烁着人力资源管理的智慧的火花。高校的管理是一个系统工程，在这个系统中，人力资源开发与管理水平的高低直接影响高校办学的水平和能力。如何提高人力资源管理的有效性，更好地发挥人力资源管理的效能，将成为高校人力资源开发与管理的重心。

目前高校有着众多的管理模式，模式不同，人力资源管理也呈现出不同的特征，有各种各样的问题出现。为了对该模式下高校人力资源管理的有效性做出保障，就要探索其不同的优势，并分析其优劣性，对可行的现代管理模式进行统一，真正为高校创造利益。

第一，人情化管理模式。这种模式主要产生于独立学院创业阶段，在独立院校中有着较为突出的使用，“温情化、友情化和亲情化”管理是其最显著的特征。这种模式具有内聚功能，利用朋友情谊和家族血缘，促使高校在成立初期迅速发展，是一种利于后勤管理的模式。但伴随着高校的不断发展和壮大，这种模式下容易出现意见冲突情况，使员工之间逐渐分裂，扰乱高校正常的教学管理秩序。为了有效解决这个问题，高校应力争突破人力资源管理的模块。首先，在成立之初，如果独立学院的管理者对这种危害性有清醒的认知，并做好了预防准备，在制定人情化管理模式的同时，也应摆明立场，协商解决员工之间的矛盾，对各自的位置和职责予以明确，依据法规处理相关违规行为。其次，决策者应努力改变组织结构，招聘合适的人力资源管理者，摆脱人情的束缚。

第二，垄断性管理模式。这种模式也被称为“随机化管理模式”，多半在专业性高校和私立高校采用。高校管理者在这种模式下，有着绝对的发言权和决策权，其他职工很少甚至不能进行纠正和干涉。因此，这种模式下的高校人力资源管理，管理者的个人色彩非常强烈，缺乏标准程序，员工之间极易出现尔虞我诈的情况，从而提高高校人力资源管理的难度，造成高校人力资源缺乏专业性的管理。为了有效解决这个问题，高校管理者应立足于高校长远发展，转变自身观念，突破人力资源管理的旧模式。而位于人力资源管理岗位的为领导服务的员工，应勇于承担对人力资源管理的责任，凭借个人的专业知识，说服领导，进一步完善现行制度，将人力资源管理的有效性充分地发挥出来。

第三，制度化管理模式。这是一种新型的管理模式，通过总结和分析过去的实践经验，进一步发展了高校管理模式。这种模式完全不同于人情化管理模式，一切管理都是有章可循，有标准的制度。高校的人力资源管理在这种模式下，有实际存在的价值，能帮助高校制定统一的人力资源考核标准，并对人力资源管理制度进行完善，辅助作用极强。但高校人力资源管理在这种模式下显得过于呆板，降低了人性化程度，导致大量高素质人才流失。高校人力资源管理者面对缺乏人情味、过于死板的制度化管理模式，应进行自我调整和反思，立足于高校长远的发展战略目标，对高校员工的责任和权利进行明确，在对绩效考核管理进行完善的基础上，尽可能加入人情管理模式。要为员工创造良好的福利待遇，还应尊重员工的发言权，帮助员工建立主人翁意识。

为了更好地促进高校的经营发展，保证不同管理模式的长期有效性，高校人力资源管理者应与自身的工作岗位相结合，通过有针对性分析管理模式存在的问题，在实践发展的过程中，不断完善相关措施，增强高校人力资源管理的有效性。

第一，建立高校人力资源开发管理新机制。亚当·斯密在《国富论》中提到："学习是一种才智，须受教育。这种才能的学习，固然有一种费用，但这种费用，可以希望偿还而且赚取利润。"高校人力资源管理部门首先要牢固树立人力资源是第一资源的观念，从观念上将人看作是一种可开发可交流可再生的重要资本，在管理工作中以员工为导向。这种人本管理思想，是时代发展的必然要求，也是人事管理在当代的新发展。在培养教师敬业精神的同时，采取有效手段保证教师荣誉和物质等诸项指标的兑现，建立与市场经济体制相适应的高校人力资源开发管理体制，优胜劣汰，优化组合，合理使用教师编制，发挥人的潜能，减少内耗；对外则围绕市场，广纳贤才，不求所有，但求所用。

第二，建立人力资本积累机制。提高职工素质、增强职工能力，是21世纪每一个组织求得发展的重要因素。在知识经济时代，作为知识和科技发展前沿阵地的高等院校应始终站在学科发展的最前沿，了解最新的世界研究方向和动态，通过建立多重学习型组织，促使学科建设的发展。这就从根本上对高校人力资源的开发与管理提出了要求。此外，由于社会及经济处于迅猛发展阶段，为高等教育的发展提供了源源不断的新的增长点，使得高等学校人才资源的储备方式必须是动态的，具有前瞻性和预见性。与此同时，由于知识型员工自身具有较高的流动意愿，内在需求模式是多层面的，因而人才自身也具有较高的流动性，人力资源管理部门必须重视员工的培养学习，做好人才资本的积累与更新。在人才引进、教师培养、机构设置等方面都要进行深入的调查分析研究，以科学的数据为前提，分析预测，合理安排教学、科研和管理人员的比例，构成合理的人才梯队，保持学科建设和教学工作的可持续及其快速增长。

第三，管理文化上的多元化。随着人本主义思潮的兴起，人类在成长的过程中更多地需要受到人性的尊重，在工作中，他们需要经过自身的努力取得良好的工作业绩，来获得上级领导的赏识和社会的承认。但他们更渴望自己的言行绩效能得到同事和领导的承认，物质奖励固然重要，但对其工作的赞许、真诚的认同或是拓展工作内容，满足新的工作意愿，提供更具挑战性的工作空间都是人力资源开发管理文化的重要内容。所以，在管理上要激励和约束并存，物质与精神并重，承认人的各种需要的合理性，尽可能创造各种条件予以满足，张扬人性的优点，既要保证制度实施的统一性，又要包容人才个性的多元化。

第四，充分沟通、信息共享的管理机制。高校人力资源是学校总资本中最重要的资本，它是高校教育功能、科研能力和社会服务的主要载体。各系统之间存在着相互依赖和相互制约的关系。人力资源管理有明显的系统性和科学性，它直接影响到其他子系统的正常运转，关系到高校的发展和兴衰。现代人本管理融合中国民族文化，不仅注重职工效能，更注重发挥人的潜能，不仅注重人与事的适当配合，事得其人，人尽其才，更注重事情发展中人与人之间的关系的和谐与协调；“新的权力来源不是少数人手中的金钱，而是多数人手中的信息。”未来组织强调的是信息共享，团队建设、组织参与和共同决策。要提高人力资源管理的效能，就必须强调建立个人目标与组织目标的共同愿景，使集体目标与个人目标相结合，满足员工事业的发展期望。

“以人为本”不仅仅是一种感性上的文化，一种人情味，更是对“理性人”的尊重，须承认、尊重并设法满足人的合理要求。人不仅仅是管理的主要对象，而且是管理活动的主体。对于大多数普通员工来说，终身学习的需求会不断增加，他们需要更多的是可以转换的技能、及时的学习活动，通过提高能力以适应社会。人力资源管理的任务就是要注重员工的智力因素开发，使绝大部分的教职员工都进入动态的长期学习培养状态。同时，还应主动地为职工设计其生涯路线。除了采用信任、关心、尊重、鼓励、沟通等人本管理思想外，还要从根本上尽可能地满足人的多种合理的需要。理解和促进人才的规范有序的合理流动，追求人才在流动中增值。

在高校中，主体是知识型工作。知识型工作的特点往往是员工与项目合作，其工作通常是跨专业、跨部门的，不一定有固定的工作场所，需要通过信息、网络组成合作团队。人力资源管理的职能须由行政权力的控制转为服务支持，经常与下级沟通，形成共识，建立互信。要突破旧规则，抛弃传统刻板的旧方法，采取灵活的管理技巧，争取更多的机会激发人力资源管理的潜能。通过有效协调人与人之间、人与事之间的各种矛盾，使之保持一种均衡的状态。在制度管理中，必须突破原有的思维模式和运作方式，要有创造性，不断满足人的丰富多变的需求。领导不仅是下达命令，更应负起组织和学习的责任，建立起一个能让每一个成员都能施展自身才华的组织。

第二章

人力资源优化配置

第一节　研究概述

西方高等教育历史悠久，从高校人力资源的宏观运行机制来看，各国的管理模式具有各自的传统和特色，但普遍对市场制度有很强的适应性。英国高校的管理模式具有“学者寡头”的特点。虽然英国大学的办学经费一直主要来自政府投资，但是在经费的使用上，学校有很大的自主权，在处理学校内部事务方面，学术人员的权力更大。20世纪80年代以后，英国开始推行自由经济政策，大幅度削减了政府对大学的投入，为高等教育注入市场因素，开始把注意力转向了市场需求——学生和工商界，大学之间的竞争程度有了明显提高。近年来，学者们就英国大学内部人力资源管理问题进行了反思，认为完善的内部治理结构与管理方式是和学术工作分不开的。

美国高等教育具有明显的市场特征，公立大学经费的40%来自州政府，15%来自联邦政府；私立大学经费的20%左右来自州和联邦政府。大学之间通过竞争，争取学生和研究人员。与此同时，计划在美国的高校人力资源管理中发挥着非常重要的作用。

教育学家博文将资源配置效率这个概念移植到高等教育研究领域。他研究了美国大学的财力状况与资源配置形式之间的关系，发现随着大学财力水平的提高，更大比例的资源被配置在“学生服务”“雇佣非学术人员”等非直接教育的环节上，并认为这是“恩格尔定律”在高等教育中的表现形式。同时，欧美学者还对教育资源共享进行了实证分析，如荷兰学者从欧洲大陆高等教育发展的问题入手，分析了荷兰、比利时和德国三国高等教育人力资源整合的必要性以及对大陆其他国家高等教育的影响，认为人力资源整合有利于学生的流动和教学质量的提高，但不会对现有的高等教育体系形成明显冲击。美国学者艾伦通过微观的调查分析提出了工资铁律法则，认为在所有行业中，周密的计划、心理调适、人力资源管理将提高工资的绩效水平。这一结论在后续的研究中也得到了证实。

在发展中国家，教育筹款及人力资源使用效率问题是经济学关心的新的重要问题。

国内对高校人力资源管理问题的研究主要是为了适应高校改革的要求。从20世纪90年代开始，随着高等教育体制改革逐步由宏观向微观深入，后勤改革和人事分配制度改革为高校人力资源优化配置开了先河。

不少学者认为，我国高校内部管理体制改革的一个重要目标就在于建设高素质的教师队伍、政工干部队伍和管理队伍，完善聘任、考核和奖惩制度，提高教职工的整体素质，实现高校人力资源的优化配置。

与此同时，高校人力资源优化配置的研究随改革的深入逐渐多起来，但目前的研究还存在欠缺，具体来讲，主要有以下几点不足：就事论事的多，系统的理论研究少；经验总结多，前瞻性研究少；原则性研究多，结构性研究少等。

第二节　理论基础

一、人力资源配置

资源配置，就是社会如何把有限的人力、物力、财力和土地等资源，合理地分配到不同的地区和部门，使它们在社会运行过程中得到最有效的利用。社会资源的配置存在两种基本类型，一是物质资源的配置，二是人力资源的配置。

人力资源配置是在管理学、经济学、人力资源学等学科基础上形成的一个新的研究领域，将“资源配置”的概念应用于人力资源是社会发展对人所起到的重要作用认识的深化。人力资源配置是指市场调控者按价值规律、市场供求情况与主观判断等将人力资源调配到对其有需求的地方，以实现人力、物力和财力的结合，从而在经济活动中创造价值的过程。

人力资源的配置与物质资源的配置不同，具有其特殊性，一是人力资源配置的能动性，二是人力资源配置的双向性。

人力资源配置的能动性：物质资源作为物质资源配置的对象，其自身没有能动性，它完全是被动的。而人力资源作为人力资源配置的对象，虽然在这种资源配置中它是作为配置的客体而存在，但是这个整体本身是有能动性的，正是由于这种能动性，使得人力资源的优化要比物质资源的优化困难得多。

人力资源配置的双向性：因为物质资源的配置是单向的，要实现物质资源的优化单从资源配置主体方面努力就能实现，而人力资源的配置是双向的，无论是配置的主体，还是配置的客体都是人，都具有主观能动性，如果主、客体的主观能动性基本正确，并基本适应，则将实现人力资源配置的优化，否则相反。

由于这两方面的特殊性，实现人力资源的优化配置，是一项十分复杂而艰难的工程。

二、人力资源配置方式

人力资源配置的方式简单来说有三种，第一种是计划配置，第二种是市场配置，第三种是计划与市场相结合的配置。

1. 计划配置

即根据一定时期经济社会发展目标的要求，通过完全或近乎完全的政府行为将人力资源分配或安置在特定岗位上的人力资源配置方式。党的十一届三中全会以前，我国基本上照搬了苏联的计划体制来实行各种资源（包括消费品和生产资源）的配置。所有的生产要素的配置基本上都是严格掌握在党和政府有关部门的手中。人力资源的配置也不例外，人员的使用、配备的主要方式是行政安排。在对人力资源进行日常管理工作中，政府除了通过制定政策和管理条例、财政拨款等方式来对人力资源的配置进行合理引导外，还在一定程度上通过调配对人力资源进行配置，当时实行这种体制的直接原因是为了实现充分就业、人口和劳动力资源的快速增长以及以重工业为重点的“赶超型”发展战略的实施。在这种人力资源配置机制下，用人单位缺乏用人决策权，导致“供”“需”两环节严重脱节：一方面用人单位岗位难以找到合适的人选；另一方面劳动者无条件服从国家分配，没有选择岗位和劳动形式的自由。用人单位的责、权、利相分离，内部缺乏有效的激励、约束机制，由于实行统一的工资制度，没能按劳动力的高低和劳动贡献的大小来分配报酬，大大挫伤并抑制了劳动者的工作积极性。因此，从总体上说，计划经济体制下的行政分配方式所产生的效益是很低的。

2. 市场配置

主要是通过市场对人力资源的需求变化、经济杠杆作用以及等价交换原则等市场因素，影响和推动人力资源的流动和调整，自动调节人力资源供求关系，实现劳动者与企事业组织配合，使市场对人力资源配置起基础性作用。市场配置区别于行政配置模式的关键，在于后者是组织根据工作需要来变动自己的工作岗位，而前者是员工按照自己的意愿主动变动自己的工作岗位。

市场配置中关键的问题是建立与完善市场，这种人力资源配置的最终结果体现为劳动合同，劳动合同制约着供求双方，劳动者从计划经济体制下的固定工转变为合同工，有利于形成“能者上，庸者下”的竞争机制。劳动力价格作为引导劳动者流向的首要关键信号，促使人力资源跨国界、跨地区、跨行业、跨部门进行流通，从人力众多的地方流向少的地方，从闲置的地方流向急需的地方，从效益差的地方流向效益好的地方，促进人力供求关系的平衡。

从宏观和长远的角度看，市场配置方式也存在致命的缺陷，例如，短期内的市场发展要求可能会使人才集中于某些“热门”的行业或岗位，而那些对国民经济长远发展具有决定或不可忽视作用的相对“冷僻”行业或岗位则很少有人甚至无人问津，这将导致这些行业与岗位的人员长期空缺。并且在经济发达的省份和地区会因人才大量过剩而使部分人大材小用，甚至不用；而在经济欠发达或落后的省份和地区却因人才稀缺成为其发展的“瓶颈”，从而最终影响经济的增长和社会发展的全局。

3. 计划与市场相结合的配置

即对于一些可以通过利益机制调节人力资源流向的领域，可以采用市场机制配置的方式；而对于一些不能完全通过利益机制进行调节的领域，可以适当采取计划与市场结合配置的方式。

三、人力投入结构

人力资源配置的总体目标是要使得全局的经济、社会综合效益达到最优，具体体现为人力投入结构的优化。人力投入结构可以分为以下几个方面：

第一，地区结构，即人力资源、人力投入在地域间的分配结构。例如，在全国范围内可以表现为人力投入在东、中、西部的配置结构，在农村和城市间的配置结构，在各省、市、自治区之间的配置结构等。

第二，行业部门结构，即人力资源、人力投入在各行业之间的配置结构，在工、农、商、建、运等国民经济不同领域之间的配置结构，以及在企业、科研单位、大专院校之间的配置结构等。

第三，学科结构。从较大的层面上表现为人力资源在基础研究、应用、开发研究之间的配置结构，在具体学科上表现为数理科学、化学与化学工程科学、生命科学、地球科学、工程与材料科学、信息科学、软科学等诸领域或更具体的学科之间的配置。

第四，隶属关系结构。在这里主要是针对单位的隶属关系而言，即人力资源在中央属、地方属和其他性质的单位之间的配置结构。

四、人力资源优化配置

任何事物都是质和量的统一，人力资源的配置也不例外。从量的角度来看人力资源的配置就是在全社会范围内按比例分配人力资源，力争使整个社会人力资源有适当的数量比例关系，从而使整个社会有计划、按比例地有序发展。从质的角度来看，要努力提高人力资源配置效益，实现人力资源配置的优化。

人力资源的优化配置，从某种意义上讲，就是调整和改善人力资源的空间关系。这种空间关系包括两个方面的基本内容：一是人力资源与物质资源的空间关系；二是人力资源之间的空间关系。通过调整和改善人与物质资源的空间关系，达到人与物的有机结合，从而实现能岗配置，这是人力资源优化配置的基本内容之一，也是其初级目标。以能岗配置为基础，通过调整人力资源之间的关系，达到人与人的相互协调、互补，从而建立和谐、共进的人际关系环境，这是人力资源优化配置的又一基本内容，也是其高级目标。

人力资源配置的原理可以从系统原理、均衡协同原理、流动性原理、增量带动存量原理、效益原理五个方面进行分析。

系统原理：系统是由若干相互联系、相互作用的部分组成的具有特定功能的有机整体。自然界和人类社会的一切事物都具有系统的属性。每一个系统都是由若干子系统（或子系要素）构成的，这些子系之间相互联系、相互作用且服从于共同的目标，从而构成统一的整体。如一所大学通常由教学子系统、科研子系统、管理子系统、后勤服务子系统等构成，它们相互配合，共同实现培养人才的统一目标。

在实现人力资源优化配置时，应遵循系统原理，注重人力资源系统的整体性、层次性、弹性与适应性，即：使得系统的各个子系统不但有相互联系的一面，也有各自的地位与作用。整体的统一，靠多层子系统的分工与协作来实现；整体的效能，靠多层子系统各自作用及其综合而发挥；整体的优化，靠多层子系统的最佳组合而达到。每一个人力资源系统内部的多个子系统都处在动态的发展变化中，系统所处的外部环境也在变化中，具有适应环境的能力是人力资源系统得以生存和发展的重要原因之一，系统动态适应性越强，其生命力就越强。

均衡协同原理：所谓均衡协同原理有双重含义，一是要求人力资源子系统不存在局部的过剩与短缺，而这又取决于是否存在使人力资源由过剩的子系统向短缺的子系统流动或两者进行整合的机制。二是在同一子系统内，不同人力资源之间应实现协调，尽量消除在同一子系统内某一要素相对短缺而另一要素相对过剩的现象。

流动性原理：在大多数情况下，人力资源的配置往往不能达到等边际效益这一理想状态，从而人力资源必须实现流动。其流动方向是从边际效益较低的领域流向边际效益较高的领域，如果这种流动由于某种原因受阻，便会影响人力资源配置的效益。影响人力资源流动的因素主要有人力资源管理体制方面的因素以及利益不对称因素：在人力资源管理体制方面，主要有各种人力资源的隶属关系、人才的部门所有等，具有不完全流动性；而利益不对称，则主要针对人力资源，出于各种原因使人才所做的贡献与其所获利益不完全对称，从而使得人员难以由于利益驱动而在部门间进行充分及时流动。

增量带动存量原理：在人力资源的再配置过程中，一是可以对人力资源存量进行再配置，但这种再配置由于受到流动性有限的影响而缺乏灵活性，从而使得通过对存量的调整来实现人力资源的再配置，具有一定的困难性；二是可以通过对人力资源增量的调整来改变人力资源的配置结构，但要充分发挥增量调节的效果，则还需要通过充分运用增量对存量的引发作用来发挥存量的作用。

效益原理：以较少的人力投入获得较大的有效产出，即对效益的追求是人力资源管理活动永恒的主题。效益包括经济效益和社会效益两个方面，通常经济效益比较直观，可直接运用若干经济指标来计算和考核；而社会效益具有间接性，难以完全量化。不同性质的人力资源组织对经济效益或社会效益的追求目标有所不同，但总体来讲，在人力资源配置中，应努力追求经济效益与社会效益的有机结合。追求效益应成为人力资源管理活动的出发点与归宿，效益是人力资源管理活动结果的体现。

五、高校人力资源的优化配置

高校人力资源的优化配置，其实就是围绕高校自身的办学定位和发展目标，构建起精简高效的学校组织框架，在此框架下优化人力资源组合，最大限度地发挥人力资源在人才培养和科学研究中的作用。

根据这一定义，我们可以看到，高校人力资源的优化配置主要包括三个方面的内容：一是围绕学校的办学定位和发展目标，建立起以精简高效为特征的学校组织机构，以此作为人力资源配置的框架；二是在精简高效的组织框架里，根据组成人力资源的各个个体的长处和特点，合理组合和调配人力资源；三是在合理组合调配的基础上，最大限度地发挥人力资源的作用，最大限度地使用人力资源，充分调动每个自然人工作的积极性、创造性、主观能动性和工作热情。

精简高效的组织机构是高校人力资源优化配置的基本保障。高校的组织机构是支撑高校完成人才培养、开展知识创新和科技创新的系统，是高校的“骨骼”，是高校人力资源实现配置的框架。有了组织机构，高校工作才能运转，人力资源才有配置的去处。

高校组织机构的设立是人力资源配置的前提，高校组织机构设立的科学与否对人力资源的优化配置起着相当重要的作用。然而，这种作用常常没有引起人们的足够重视。其实，人力资源的优化配置不仅要求高校各个具体的组织机构中人员要精干高效，更要求各个组织机构构成的系统是一个精干高效的系统，系统中的每一个机构目标一致、职责明确、工作思路清晰，系统内部各部门之间没有能量的内耗。这种组织系统应当有利于高校多培养人才，多培养高质量的人才，应当有利于高校科学研究多出成果，应当有利于高等教育的产出。只有真正建立了这样的组织机构系统，高校人力资源的优化配置才有保障，才能为高校人力资源的优化配置构成一个合理的组织框架。因此，如何根据高校的目标任务建立起科学合理、精干高效的组织机构，是高校人力资源优化配置的重要基础工作。

科学合理的人员组合是高校人力资源优化配置的基本内容。在建立精干高效的组织机构的基础上，高校人力资源优化配置的基本内容，就是将人力资源按照所设机构进行科学合理的组合。人力资源优化配置的目的是使一定的高校人力资源能够对其教育做出尽量大的贡献。由于高校内部不同的组织机构对教育产出所产生的作用方式不同，对在不同机构中工作的每一个自然人的能力要求侧重点也不相同。因此，同一个人在不同的部门里工作所能产生的作用也就不同。也就是说，同样的人力资源，组合的方式不同，对高等教育产出所做的贡献程度会有较大的差异。人力资源优化配置的基本要求就是在形成了精干高效的组织框架之后，科学合理地安排人员，科学合理地对高校人力资源进行组合，使得优化组合后的人力资源能够在人才培养过程中产生的作用更大，更有利于培养高质量人才，形成更高的教育产出。

最大限度地发挥每一个人的作用是高校人力资源优化配置的最终目标。人力资源优化配置的最终目标是在合理设置精干高效的组织机构和科学合理的人员配置之后，最大限度地发挥每一个自然人的作用。正如前面所分析的那样，高校的人力资源具有很强的主观能动性、创造性以及再生性，只要配置得当、机制合理、激励有力，高校的人力资源将在高层次人才培养和科学研究中发挥巨大的作用。反之，如果没有有效的激励机制，没有充分调动起高校广大教职工的主观能动性和创造性，没让高校教师充分施展才能，即使高校有了精干的组织机构和合理的人员组合，也没有真正实现人力资源优化配置的目的。应当说，在建立了精干的组织机构和合理的配置人员之后，充分施展每一个教职工的才干，充分挖掘每一个教职工的潜能是高校人力资源优化配置的最终落脚点。

高校人力资源优化配置需要遵循一些基本的原则，主要包括最低岗位数量原则、因事择人原则、用人所长原则、德才兼备原则、激励原则、继续教育原则等。

最低岗位数量原则：所谓最低岗位数量，就是要求学校的任何一个组织单位，其岗位数量应限制为能有效地完成任务所需岗位的最低数，使每个岗位的工作量满负荷。最低岗位数量原则有两方面的基本要求：一是要求一定的岗位数量能有效地完成任务；二是要求在完成任务的前提下岗位数量要最低。最低岗位数量原则保证了一个组织以最少的耗费获得最大的效益。

因事择人原则：所谓因事择人，就是以事业的需要为出发点，根据岗位的需要和岗位对人员的资格要求来选择人员。坚持因事择人的原则，从实际岗位的需要出发去选用合适的人员才能实现事得其人，人适其事。反之，如果因人设事，为了安排人而设立不必要的岗位，就会造成岗位虚设，机构臃肿，人浮于事，工作效率低下，用人成本增加。

用人所长原则：高校的部门和岗位有不同类型，有教学、科研、管理、教辅等，而作为高校人力资源中的个体，每一个自然人都有自己的专长和特点，所谓用人所长，就是尽可能将每一个人所具有的长处与部门和岗位所需要的特殊能力结合起来，将每个人配置在最有利于自身特长发挥的岗位上，使每一个人所在的部门与岗位是最能发挥自己作用、最能施展自己才干的地方。

德才兼备原则：德才兼备是高校很重要的一条用人标准。社会主义的高校培养的不仅是在某一专业领域接受过高等教育的专门人才，同时也必须是有理想、有道德、有文化、有纪律的德智体美全面发展的社会主义事业的合格建设者和可靠接班人，是社会主义高校内在的必然要求。因此，社会主义高校的工作人员，尤其是教师和管理人员，必须具备德才兼备的素质。这一素质直接关系到人才培养的质量。

激励原则：人力资源作为一种特殊的资源，其作用的发挥与人的主观因素有密切关系，要充分发挥高校人力资源的作用，必须建立有效的激励机制，去充分调动人员的积极性。要通过各种激励措施，使高校的全体教职工形成高昂的士气，很强的凝聚力，高度的工作热情。只有这样，高校人力资源所具有的特殊的创造性和再生性才能得以充分发挥，人力资源的价值才能最大限度地得以实现。

继续教育原则：高校人力资源优化配置的目的就是使高校一定量的人力资源投入能够形成更高的教育产出。高校人才培养质量与科研成果的多少都是高等教育产出的重要指标。人才培养质量的高低与科研成果的多少取决于高校教师的水平。由于我们所处的时代是科学技术快速发展、日新月异的时代，知识更新速度非常快，因此我们要重视高校教师的继续教育，只有这样才不会使高校人力资源因其时效性而产生“贬值”，才能使高校的人力资源投入有高效的教育产出。

高校人力资源优化配置的层次划分，主要集中在两个方面。一是执行性人力资源配置，即高校例行的人事安排工作。这一层次的人力资源配置侧重于对现有人员的组织管理。二是规划性人力资源配置，即着眼于高校中长期发展计划。这一层次的人力资源配置是根据高校因外部环境变化和自身发展战略的改变而进行的人力资源预测与需求规划，其目的是使高校人力资源配置能符合高校组织发展的需求，这是人力资源配置研究的重心，对高校人力资源优化配置程序和方法的探讨也主要是针对这类配置而言的。

高校人力资源优化配置的基础从高校系统分析、高校发展目标的确定、高校人力资源优化配置所依据的定量化指标分析三方面进行。

第一，高校系统分析，包括：高校整体现状的说明，包括高校类型、层次、规模、管理、办学水平和历史沿革；高校组织结构的分析，包括高校各组成部分的内涵，各组成部分的关系以及高校工作岗位分工和不同岗位之间的相互替代关系；高校发展目标和趋势分析。

第二，高校发展目标的确定，主要包括对原有目标的可行性分析；对以原有目标为依据进行人力资源配置的结果进行分析，并对各种可能的目标方案进行评价；明确人力资源配置研究所确定的主要目标内涵。

第三，高校人力资源优化配置所依据的定量化指标分析，主要包括反映高校规模、层次的指标及其统计分析；反映高校教学科研水平的指标及其统计分析；反映高校人力资源现状的指标及其统计分析。

人力资源总量需求预测是整个人力资源需求分析的基础，应将定量定性分析有机地结合起来。高校人力资源需求分析方法是多种多样的，在选用具体方法时，应兼顾适用性和可行性等不同方面，一般来说，应选择在预测领域内相对成熟，应用较广泛的方法，还应考虑如下几个方面的因素：方法应用的目的和范围是否适当；方法应用的各种条件是否具备；方法应用结果是否反映未来发展趋势。

通过模型求解得到高校人力资源总量需求结果后，应进一步对高校各类别人力资源进行需求分析，特别是应对关键人才的需求进行分析，以体现人力资源优化配置首先“抓关键”的指导思想。分析高校关键人才的需求，需首先确定关键人才的范围，然后可以从不同的角度、采用合适的方法进行需求分析，如以教学骨干或科研骨干为基础提出关键人才结构分析模型等。

在实现高校人力资源优化配置过程中，人力资源规划是重要一环，高校人事管理部门必须对高校人力资源的需求、供给进行预测，力求达到人力资源供求平衡。

高校人力资源规划概念有广义和狭义之分。广义的人力资源规划，是指根据高校在国家宏观政策指导下制定的发展战略及高校内外环境的变化，运用科学的方法预测未来的组织任务和环境对高校的要求，为完成这些任务和满足这些要求而提供人力资源的过程。简单地说，人力资源规划即指进行人力资源供需预测，制定相应的政策和措施，从而使供求达到平衡的过程。狭义的高校人力资源规划，是指具体的提供人力资源的行动计划，具体内容：一是需求的岗位职数，拟招聘人员计划；二是人员使用计划；三是员工培训计划；四是拟退休人员计划等。狭义的高校人力资源规划是广义的人力资源规划的一个组成部分，本书所研究的，主要是广义的人力资源规划。

高校人力资源规划的目标是：确保高校在适当的时间和不同的岗位获得适当的人力资源（包括数量、质量、层次和结构等）。一方面，在有计划实施高校发展规划的前提条件下，实现人力资源的最佳配置；另一方面，最大限度地开发和利用人力资源潜力，使组织和教职工的需要得到充分满足。

人力资源是所有资源中最宝贵的资源，物力、财力和其他资源都是通过人的效率来发挥其作用的，因此，人力资源规划在高校发展中起着决定性作用。在高校人力资源管理中，人力资源规划不仅具有先导性和战略性，还能不断调整人力资源管理的政策和措施，指导人力资源管理活动。它对人员的招聘和选拔、报酬、福利、保险及人力资源的开发、培训、知识的更新等各种人力资源活动目标与实施步骤，做出了具体而详尽的安排。高校人力资源规划的功能在于：提高人力资源的利用率；降低人才招聘成本；建立人力资源管理体系，有利于人事部门的组织与管理工作；充分利用人才市场信息，满足高校自身对人才的需求；协调不同的人力资源管理计划。

高校人力资源规划主要包括两个层次：一是人力资源总体规划，是指在有关计划年限内人力资源管理的总政策、总目标、实施步骤和总预算的安排。二是人力资源业务计划，包括人员补充计划、分配计划、提升计划、人才开发计划、工资激励计划、保险福利计划、劳动关系计划、退休计划等。人力资源业务计划是总体规划的展开和具体化，每一项业务计划都由目标、任务、政策、步骤及预算等部分构成。这些计划的实施能保证人力资源总体规划目标的实现。

高校人力资源规划主要内容包括人力资源需求预测、人力资源供给预测及供需综合调控平衡政策与措施三项工作。

在高校人力资源供求预测方面，包括需求预测、供给预测两方面。

对高校人力资源的需求预测，主要是以高校的发展战略目标和工作为依据，综合考虑各种因素的影响，对学校未来人力资源需求的数量、质量和时间进行估计的活动。

人力资源需求的影响因素主要有三大类：高校外部环境、高校内部环境、人力资源自身状况。很多高校在预测人力资源需求量时，往往根据主观臆断来确定人才需求量。在实际工作中，往往是各个主要影响因素共同决定了高校人力资源需求量，且这些因素与人力资源需求量呈线性关系。所以，可采用多元线性回归法来预测高校人力资源需求量。

高校人力资源供给预测主要来自两方面：一是高校内部人力资源供给，如人员晋升、调动等的预测；二是高校外部人员补充的预测。

高校内部人力资源供给是高校人力资源供给的重要来源，高校人力资源需求的满足，应优先考虑内部人力资源供给。高校内部人力资源供给应考虑三个方面的因素，即高校内部人员的自然流失、内部流动、调往外单位。在预测高校内部人力资源供给时，常用的预测方法是马尔可夫模型。马尔可夫模型是全面预测高校内部人员转移从而预知高校内部人员供给的一种方法。其前提是高校内部人员有规律地转移，且转移概率有一定的规则。

高校外部人力资源供给预测。由于高校内部的自然成员流失及办学规模的扩大而形成的职位空缺不可能完全通过内部供给解决，这必然需要不断从外部补充人员。高校外部人力资源供给的来源主要有：大专院校应届毕业的博士、硕士、学士等毕业生；留学回国人员；复转军人；引进的人才及其配偶；其他组织人员等。

大专院校应届毕业生的供给较为确定，主要集中于每年的6月到7月，其数量、专业、学历和层次等均可通过各级教育部门获取，预测工作容易。留学回国人员有限，也较易预测。复转军人，一般是由国家指令性安置，也较易预测。对于外单位流入的人才及配偶的预测则需要考虑诸如社会心理、个人择业心理、学校本身的经济实力及同类高校人员的各种保障、激励因素等。

高校人力资源供求关系一般可分为三种情况：一是人力资源供大于求；二是人力资源供小于求；三是人力资源供求平衡。人力资源规划的目的就是使人力资源供求达到平衡，当它们处于不平衡状态时，制定相应的政策措施，使高校未来的人力资源供求实现平衡。

高校人力资源供大于求。高校人力资源过剩主要表现在行政管理人员过多，高校人力资源管理部门可对高校内过剩的人员按年龄、知识结构、道德行为进行分类，根据分类情况采用以下举措：

第一，对有培养前途的人员加强培训，充实到教师和教辅队伍中去。

第二，对思想意识特别差、法制观念特别不强、道德行为不规范的员工，实行永久性辞退。

第三，对一些接近退休年龄而未达到退休年龄者，可制定一些优惠政策，鼓励内退或校内退养。

第四，对一部分有管理能力和专业技术的人员，可以鼓励他们到校办产业或后勤服务部门去。

高校人力资源供不应求。目前高校面临的主要问题是教学人员短缺、教师缺口大，人力资源管理部门可采取如下做法：从符合条件的管理人员中培训补充；提前预测需求，在大专院校毕业生中招聘；制定相关优惠政策，积极引进优秀人才；在离退休教职工中，身体状况良好的返聘到教学岗位；适量增加现有教师的劳动时间和工作量，并制定相应的报酬政策。

高校人力资源供求平衡。高校人力资源供求完全平衡这种情况是极少见的，原因在于人员的年龄结构、知识结构、技术结构、管理能力等均处于动态变化的不平衡状况中。因此，仅从理论上说，高校人力资源供求平衡，是学校人力资源规划部门合理调整人力资源结构而取得的人力资源的相对供求平衡。

调动人的积极性是人力资源开发与管理的永恒的主题，是实现高校人力资源优化配置的关键环节。基于高校群体的特殊性，要在一般激励理论研究的基础上构建适合高校的科学合理的奖励、激励机制与考核评价体系。

高校教职工考核是对高校教职工现任职务工作业绩和素质能力以及担任更

高一级职务的潜力，进行有组织的、定期的、恰当的、客观的评价。从考核的概念来看，考核可以分为狭义和广义两种，狭义的考核指被评教职工完成自己应该完成的任务以及完成任务的质量和数量。广义的考核除了狭义的内容之外，还包含对教职工潜在的能力和开发潜力的评价。

高校教职工考核的目的是为了调动教职工工作积极性和创造性，最大限度地发挥教职工潜力，同时以考核结果为依据给予被考核者奖惩。因此，考核的合理与否深刻地影响着人才能否留住、学校能否稳定、发展战略目标能否实现。它是实现高校人力资源优化配置最重要的环节。

考核是公正、公平实行完全聘任制的保证，也是公正、公平实施激励的前提；考核是用统一的标准尺度评价每个教职工的业绩从而实现选拔优秀人才和可开发人才的重要手段；考核可以激励教职工发奋向上，形成争创先进的积极氛围。人事考核部门可根据考核的结果，对教职工进行必要的奖惩、晋升、调动、培训、辞退，能形成良好的竞争机制。

一般来说，目前各高校均有一定的考核办法，但效果未必理想，究其原因，一是考核的内容、指标、权重、方法不尽合理；二是考核的结果没有充分发挥作用。因此，首先要制定科学的考核办法，应根据学校的具体情况，确定考核的内容，制定具体的指标体系，合理确定权重，选择合理的考核方法，重视考核结果的运用。就考核的内容来说，除了考核教师的基本思想政治素质外，应重点考核教师的知识水平、教学质量、科研能力。就考核指标体系来说，应根据不同学科、不同类型的教师的具体情况有所区别，合理确定指标体系的权重。就考核方法来说，一是要将过程考核与结果考核有机结合起来，例如对教学质量的考核由于没有实行严格的教考分离，加之学生知识能力体现的滞后性，仅凭课程结束时学生考试成绩作为考核的依据显然不合理，而且加强过程考核也有利于考核人员改进作风深入基层。二是除了领导考核外，尤其要重视同行专家的考核，因为同行专家在本学科都有一定的学术造诣和丰富的教学经验，也有一定的政策水平，他们一般都能够对教师做出比较实事求是的评价。目前，一些高校都设有教学督导组，但专家很难对所有学科的知识都有所了解，即使深入课堂听课，未必对教师的知识能力有较为深入的了解，更多地也许是从教学态度、教学方法、仪容仪表等方面进行考察。因此，应当尽可能将考核组的学科、覆盖面划小，以充分发挥专家对熟悉学科教师考核的可靠度。

第三节　评价及对策

高校人力资源优化配置评价是将高校人力资源现状、变动趋势和人力需求结构进行对比分析，从而确定人力需求和人力供给是否平衡的过程。评价是优化配置全过程的重要环节，其内容主要包括如下几个方面：一是对现状变动趋势进行分析，对目标年度的人员供给状况进行分析；二是对需求分析的结果进行评价，确定符合需求的可能的人力资源发展目标；三是将人员供给状况与发展目标进行对比，确定是否存在“人力过剩”或“人力短缺”，包括结构性过剩和结构性短缺，为下一步制定高校人力资源优化配置对策提供依据。

一、高校人力资源利用率评价的原理与方法

人力资源利用率是指人力资源综合效益发挥的程度，在数值上表现为一定时期人力资源所产生的实际综合效益与其最大可能的综合效益之比。人力资源的综合效益来源于两方面，一方面是人力资源配置效率，另一方面是人力资源使用效率。

国内学者在评价高校人力资源优化配置时，一般以考虑人力资源使用效率为主要内容，并提出若干单项评价指标。我国教育经济学家王善迈在《教育投入与产出研究》一书中提出了如下人力资源利用率评价指标：

学校人力资源利用率＝年在校生数/校教职工数

专任教师利用率＝年在校生数/专任教师数

算出的结果为教职工与学生比、教师与学生比。他还提出了教师利用率指标，即：

教师平均授课时数＝全校各科学期总课时数/全校教师数

韩宗礼在其编著的《教育经济学》一书中，对人力资源利用率提出了如下评价指标：

总指标：

学校人力资源利用率＝年在校生数/校本部教职工数×100%

分项指标：

专业教师利用率 = 年在校生数/年专业教师数 × 100%

行政人员利利用率 = 年在校生数/年行政人员数 × 100%

教师利用率 = 教师需要数/现有教师数 × 100%

教师需要量 = 在校生数/标准师生比

考查教师工作效率指标：

教师平均课时数 = 全校各科学总课时数/全校教师总数

教师平均课程门数 = 全校课程总门数/全校教师总数

人力资源的利用效率是反映高校人力资源优化配置的重要方面，但还不是全部，因此上述评价指标显然存在一些不尽完善的地方。从前面分析情况看，评价高校人力资源优化配置的程度，还应当对机构设置、岗位设置的科学合理程度、人员安排的合理性以及人力资源在高校人才培养和科学研究方面发挥作用的程度做出评价。同时，我们也看到，其中有些方面的评价只能定性，难以定量。此外，上述学者设置的“学校人力资源利用率”评价指标，实质上是学校拥有人力资源的相对指标。因此，要全面地评价高校人力资源的优化配置，必须采取定性评价与定量评价相结合、数量评价与质量评价相结合、人力资源评价与人力资源优化配置相结合的实际方法，在定性评价的同时，从高校相对人力资源、高校人力资源的利用率、高校人力资源的效用三个方面建立评价高校人力资源的优化配置的定量指标。

对高校机构设置和人员安排的科学合理性的评价主要采取定性分析。定性分析的标准就是看实际情况与前面指出的高校机构与高校人员配置使用的基本原则的相符程度，相符程度越高越好。

高校人力资源评价指标分为绝对指标和相对指标两类。绝对指标主要有：教职工数，专任教师数，高职称人数（如院士、博导、教授、副教授人数等），专职管理人员数，教职工（教师）中高学历人数（具有硕士和博士学历学位人数）等。

相对指标主要有：

职生比 = 教职工总数/在校学生总数 × 100%

师生比 = 专任教师总数/在校学生总数 × 100%

此外还有专任教师中高级职称比例，专任教师中具有硕士或博士人员比例等。

高校人力资源效用指标，即反映高校人力资源对高校教育产出贡献的指标，主要有：

规模质量综合指标 = 学生数 × 毕业生平均按时毕业率 × 平均就业率/专任教师数 × 100%

教师人均科研成果 = 教师科研成果数/专任教师数

教师人均科研经费 = 当年科研经费总额/专任教师数

效用指标反映了高校人力资源主观能动性、创造性的发挥状况，反映了高校人力资源对高校人才培养和科学研究方面的贡献，即反映了高校人力资源对教育产出质与量的贡献。

二、高校人力资源优化配置的对策

（一）转变观念，由传统的人事管理转向人力资源开发

人力资源管理是近年逐渐出现并普及的新概念和新术语，而且多见于企业经营管理教材，在高等学校，人们还是习惯称之为人事管理。早期的人事工作主要限于人员招聘、选拔、委派、工资发放、档案保管之类较琐细的具体工作，后来逐渐涉及职务岗位的设立和职务职责的制定、拟定绩效考评制度与方法、奖酬制度的设计与管理、人事规章制度的制定、职工培训活动的规划与组织、养老保险和富余人员的流动管理等。随着市场经济体制的建立和高等学校作为自主办学主体地位的确定，仍沿用过去带有政府人事管理痕迹的高校人事管理体制则显得有些陈旧。“以人为本”的管理理念是现代人力资源开发与传统人事管理最根本的区别。在计划经济体制下形成的传统的人事管理，以事为中心，管理活动局限于一系列事务性工作，重事轻人，见事不见人，人力在管理活动中被消极地视为成本。人事工作的这种性质决定了传统的人事部门在整个生产活动中是一个非效益部门，在组织结构中处于执行层的地位。这种以事为中心的管理模式阻碍了人的积极性的发挥，极大地浪费了人力资源。

当今世界知识经济已成为时代的主旋律，经济发展已进入了以人力资本为依托的发展新阶段，人才成为竞争中争夺的焦点。在这种形势下，人事工作者必须转换观念，树立起“以人为本”的管理理念，由传统的人事管理转向人力资源开发。以人为中心，由消极被动地视人力为成本转为积极主动地视人力为资本，视人力为最宝贵的资源，通过合理开发可以增值进而推动经济发展。

人事管理要由单一的事务型管理转为“战略型管理”，重视人力的开发和利用；进行制度创新，建立完善配套的管理体制，使人力资源开发具有良好的制度环境；实施人力资源管理的战略规则，制定系统的人力资源开发计划；建立健全人才流动机制和高效的激励机制，盘活人力资源存量；遵循能位匹配原则，从整体上追求最佳配置方式，以最适合的代替最好的，做到位得其人，人适其位。最终目标是运用合理的管理机制达到人与人之间、人与事之间的最佳配置，以最大限度发挥人的潜能。

人力资源开发是与社会经济的发展密切相连的。社会经济全方位的发展，必然要求人事工作改变过去的工作方法，由封闭静止的人事管理转向开放动态式的人力资源开发。现代社会的发展要求人力资源管理日益社会化和信息化，人事管理行为必须适应这一要求。从习惯于行政手段管理过渡到依法管理、依条例管理，改变“暗箱”作业的管理行为，使人事管理活动的各个环节透明化、公开化。树立服务意识，由以往的被动管理转变为主动服务，完善人事部门的职责，加强服务功能。吸收、借鉴西方现代人事管理方法，把人力资源开发当作一门技术来研究，制定符合本行业职业规范的人才招聘、人才测评、业绩考核、薪金设计、职业生涯设计等人事管理体系，为各级各类人员服务。增强人事管理从业人员的服务意识，改变传统的“门难进、事难办、话难听、脸难看”的现象，面向基层、面向教职工，提高服务质量。

（二）加强师资队伍建设，构建高效优化的教师队伍

高校教师队伍是高等教育事业发展最重要的人力资源，世界著名大学的发展都十分重视教师的领导作用和先导作用，教师的素质成为高校综合实力的第一支柱。美国哈佛大学副校长科南说：“大学的声誉不在于它的校舍，而在于一代一代的教师。一个学校要站得住，教师一定要出色。”因此，要确立教师在高校办学中的主导地位，建立有效的机制，为教师水平的提高及充分发挥其作用营造良好的氛围，使教师的能动性和创造性得以充分发挥。

要采取多种形式培养高校教师，努力提高教师队伍整体水平。随着知识经济时代的到来，人才将作为最重要的生产要素，在国民经济中起着主导作用。因此，新的历史发展时期对高校的师资队伍也提出了更高的要求。选拔培养出素质好、有潜力的跨世纪教师队伍，为他们营造一个良好的学术环境、工作环境和生活环境，促进高校教师队伍整体素质的提高，是当前和今后相当长一个时期内进行师资队伍建设的关键和重点。要为教师学历的提高创造必要条件，需加强对青年教师的培养，加快青年骨干教师和学术带头人的培养，提高教师的教学水平和科研水平，从而提高高校人力资源的品质。要不断充实和调整教师队伍，优化教师资源配置。在高等教育快速发展时期，高等学校应根据自身特点，不断充实教师队伍，积极探索制度创新，改革和调整教学科研组织方式。按照相对稳定、合理流动、专兼结合、资源共享的原则，探索和建立相对稳定的骨干层和出入有序的流动层相结合的教师队伍管理模式和教师资源配置与开发的有效机制。通过多种途径拓宽专兼职教师来源渠道，促进教师资源的合理配置和有效使用。通过有效的体制和机制的变革，最大限度地激发广大教师的积极性。

（三）创建合理有序的高校人才流动机制

人才的合理流动有助于促进整个社会的人力资源的合理配置，有助于每一个人才最大限度发挥自己的才能。人才流动既包括人才在一个单位内部的岗位流动，也包括人才在不同单位乃至不同区域之间的流动。与企业对机器设备等固定资产的投资不同，教育投资是体现在劳动者和专门人才身上的从事复杂劳动的能力。这种蕴含在人体内的劳动能力只有在最适宜的环境和条件下，才能发挥最大的效用。而市场经济的发展和产业结构的变化，往往也使劳动力和专门人才发挥作用的环境和条件发生变化，这就需要根据这种变化对人力资源进行再配置，通过劳动力和专门人才的合理流动，来满足经济的发展和变化对各种人才的新的需求。当前，在创建合理有序的高校人才流动机制时应特别注意解决好两个问题。

调整人才系统结构，避免学术上的近亲繁殖。近亲繁殖是我国高校教师队伍系统结构中长期存在、至今仍未能得到有效解决的一个突出问题。合理的系统结构应是远缘杂交，教师来源多样化，这有利于不同学术风格和思想的相互渗透和竞争，活跃学术氛围。近亲繁殖绝非我国高校的独有现象，国外的一些大学也存在类似的问题。但它们采取了一些有效的措施，取得了成功的经验。如在美国，为了避免近亲繁殖，明确规定不从本校应届毕业生中招聘教师。再如在加拿大的多伦多大学，很多学院明文规定，不聘请在本校学习毕业后留校的人当教师，他们必须到外校、甚至国外某大学工作一段时间后，才能被聘请进来。联系我国实际，结合国际经验，我们应该认识到促进人才交流，加快教师流动，为远缘杂交提供必要的土壤和气候的必要性。

建立人才稳定机制，防止西部高校人才流失。在人才流动中，如何避免高校人才从经济欠发达地区流向经济发达地区，也是当前必须注意的一个问题。实施西部大开发战略，最重要的是人力资源，这不仅对高校人才培养和社会服务提出了新的任务和要求，而且对西部高校自身的人力资源配置提出了新的课题。首先，国家应进一步加大对西部高等教育的投资，支持西部建设高水平大学，从吸引人才的角度出发，应对西部高校出台新的倾斜政策，建立西部高校教师特殊津贴制度。其次，加快西部高校学科建设的步伐，从根本上解决西部高校的人才流失问题。第三，西部高校自身要牢固树立尊重知识、尊重人才的观念，加快改革步伐，扩大办学规模，优化育人环境，加强西部高校人力资源的开发与建设，形成良好互动关系。

（四）完善工作绩效评价系统，建立有效的竞争激励机制

首先，应建立科学合理的考评指标体系。考评指标体系的建立，既要考虑经济效益又要兼顾社会效益，既要考虑基础学科又要兼顾前沿学科，能量化的指标要量化，定性的指标也应以分值求权重对应。其次，科学地组织考评程序，根据考评指标通过“自我评价—群众测评—基层组织评价—单位考评小组评价—校考评领导小组审核—公布考评结果”等步骤对全校人力资源进行合理的评价，在每一步的评价中都应及时将有关信息反馈给个人和基层组织，使考评程序公开化、透明化，做到公平、公正、公开，以便于被考评对象不断调整自己、优化自己，向发展目标接近，从而达到人力资源优化的目标。最后，建立与考评结合的奖惩机制。学校应该结合考评的结果建立起考评激励机制，将考评结果与体现个人价值的职称聘任、选拔带头人、个人收入等挂钩，对成绩突出的要重奖，不合格或不能完成任务的要受到相应的处罚。

建立合理有效的激励机制应包括三个方面的工作：

首先，建立公平、合理、具有较强激励作用的分配体系，使个人能力、成果及对学校的贡献作为参加薪金分配的要素，真正体现多种形式的分配制度，使经济杠杆在激励过程中发挥作用。

其次，建立公平合理的绩效评估体系，由事后考评转向以能力发挥为主的激励或绩效考评。不以完成交代任务为满足，而以团结协作解决问题为目标，从传统的事后评价转向事前规划，从岗位入手确定衡量绩效的标准，执行反馈，重视交流与讨论。在评价中除给予合理的绩效评价外，重点应根据个人的工作成果与工作能力，帮助其进行职业规划，建议其应从事的发展项目和晋升途径，以有效发挥其潜力。

最后，营造使全体人员都平等参与的具有凝聚力、亲和力的校园文化和学术氛围。注重非智力因素在个人和组织取得成功过程中的重要作用，建立健康向上的群体规范。

三、对高校人力资源优化配置的建议

经济学中效用与边际效用理论，对高校人力资源优化配置有很重要的指导意义。分析不同类型人力资源的效用和其边际效用，重点投向边际效应大的一方，并促使各类人力资源边际效用趋于相等，这是优化配置高校人力资源的基本理念，也是评价高校人力资源优化配置的基本尺度。

（一）边际效用的两个基本规律

边际效用递减规律：高校在办学过程中，人力资源在某一方面的投入量增加以后，虽然在这一方面的效用和总效用均会有所增加，但在这一方面的边际效用将随人力资源的继续投入而逐渐降低。

边际效用均衡（相等）时总效用最大规律：当人力资源总投入确定时，要使人力资源投入产生的总效用取得最大值，则需配置人力资源的各部门的最后一个“单位”人所产生的边际效用应当相等。

（二）效用与边际效用理论的指导意义

效用与边际效用的概念与规律对高校人力资源的优化配置在理论上和实践上均具有指导意义，它告诉我们，高校在科学配置人力资源时应具有如下的理念：

1. 考虑配置能否形成效用，即是否有利于人力资源优化配置，是否有利于学校事业的发展。有效用，才能有效益。在没有效用或效用不大的方面投入越大，则浪费越大。

2. 人力在学校需要配置到某一部门时，不仅要看配置是否形成效用，还应当重视其边际效用，因为边际效用是投入“单位人力”后形成的效用增益，是体现效益的重要尺度。边际效用大，表明该人力配置在该处较合理，否则就会造成人力资源配置的不合理与人才闲置。

3. 边际效用递减规律告诉我们，在一定条件下，对需要配置人力的每一方面投入产生的边际效用均会低于前面投入的边际效用。因此，在对任何一方面的投入过程中，都要及时将其边际效用与其他方面的边际效用加以比较，并适时地将人力转向边际效用较大的其他方面，以提高配置效益。

4. 人力资源配置时应该处理好重点与一般的关系。高校人力资源配置的重点应当是对人才培养、高校功能发挥和高校事业发展至关重要、急需配置相应人力资源的部门或岗位，因为在这些方面投入边际效用大，效益较多。

5. 由于人力资源的最优配置是使人力在各个方面的最后的“单位投入”所形成的边际效用相等，因此，在人力资源较充足时，高校的人力分配应使需配置的各个方面的边际效用相等，以取得最优化配置。当人力资源不足时，应当采取保证重点、兼顾一般的原则，尽可能优化人力资源配置。

边际效用均衡理论不仅对高校内部优化人力资源有指导意义，宏观上，对教育行政部门合理配置高等教育人力资源同样具有指导意义，因为整个高等教育的人力资源投放也存在效用、边际效用和总效用的问题。正确认识人才投入的效用、边际效用，自觉地应用边际效用递减规律和总效用最大规律，最大限度地追求人力资源配置的最大效用，对促进我国高等教育的快速发展有着十分重要的意义。

第四节　从业人员能力素质要求

高校教师作为实施科教兴国战略的主力军和人才培养的直接承担者，其整体素质的高低，直接影响着高校功能的发挥和高等教育改革与发展的成败。因此，分析其存在的问题，总结教师队伍建设经验，探索教师队伍建设的思路和模式，以最小的投入创造最大的人才效益和社会效益，是摆在我们面前的挑战。

何谓素质？素质的定义有狭义和广义之分。我们通常所说的素质是指广义的素质，它是个体在先天禀赋的基础上，通过环境和教育的影响所形成的稳定的修养。不同的工作职位对人的素质要求不同，但有些素质是任何职位都要具备的，主要的有政治思想素质、知识素质、智力素质和心理素质等。作为高校的教研和管理人员应具备以下基本素质。

第一，品德素质。品德是一个人用来调节与处理对己对人对事的稳定行为特征与倾向，在外表现为行为态度与行为特征，在内表现为个人信念与行为准则。对象上，包括对待上级与下属、对待左右与同级、对待国家与组织以及对待工作、对待自己的行为特征与倾向；内容上，包括在思想、政治、道德、法律与个性方面所表现出的稳定行为与倾向之总和，包括德性与德能两个方面。美国学者古德诺曾直言不讳地指出，“执行国家意志的功能被称作行政”，“如果希望国家所表达的意志能得到执行，并从而成为一种实际的行为规范的话，则这一功能就必须置于政治的控制之下。”所以，美国在考虑大学校长人选时，就要求把候选人的政治背景作为首要的前提，认为“大学校长首先是政治角色”。我们强调教研和管理人员的政治素质，既是历史的经验总结，也是现实的必然要求，更是由中国社会主义特色的大学性质所决定的。

教育是培养人的社会活动，就其本质属性来说，教育必须与一定道德行为准则相适应，并为其服务。教书不仅仅是教知识，更重要的是育人，教师在向学生传授科学知识的同时，也要传授做人的行为准则，教书育人为高校管理工作指明了正确的方向。高校从业人员必须具备一定的道德水准，才能更好地胜任高校的管理和教学工作。

第二，创新能力。创新能力即学会创造的能力，是能力建设的核心。作为高校的教研和管理人员，不仅要求学会学习知识、掌握知识，更要学会创造知识，要有意识地培养新的思维、观念、方式方法，不断提高创新能力，才能更好地解决高等教育的改革发展中出现的新问题。

第三，决策能力。决策能力指教研和管理人员在工作中根据事件、环境和信息状况等，对预定目标和工作方案做出科学决断的能力。科学决策是高校教研和管理人员的主要任务，是管理工作的重要内容。在整个的管理工作中，从计划、组织、指挥、控制到学生的激励、课堂讲授等都需要进行决策，因此决策能力是高校人力资源的必备能力。

第四，组织协调能力。高校是整个社会系统的一个子系统，为使这一子系统良好运行，实现组织目标，就要善于整合和调动系统内部各方面的力量，协调好各方面之间的关系。这就需要高校人力资源具备较强的组织协调能力，正确处理学校教学改革与发展中出现的问题和矛盾。教研和管理人员具备组织协调能力，对维持高校发展、稳定高校的秩序、实现高校目标具有重要的作用。

第五，表达能力。高校人力资源在工作中经常进行研究、交流、指导和协调等方面的具体工作，要开展好这些具体的管理工作，需要教研和管理人员具备较强的表达能力。表达能力是高校人力资源能力结构中的重要组成部分，它主要包括语言表达能力和文字表达能力：教研和管理人员的工作需要语言的表述与理解，研究问题、课堂授课、汇报工作和交流思想等都需要较强的语言表达能力；同时在学校的管理工作中，很多工作更需要文字形式的表述，文字表达能力是做好管理工作的基本要求。

第三章

教师培训与发展

第一节　教师发展及培训开展情况

从中世纪大学产生至今，大学的主要职能由最初只开展教学活动发展到逐渐投入科研和社会服务。而伴随着大学职能的逐步扩大，特别是社会环境的不断变化，大学教师的角色和地位也在发生相应的变化。而这些变化也使得更多的教育者们开始关注教师发展。

一、国外教师发展及培训的历史及培训情况

教师发展运动初期只是为了提高教师个人的教学水平。而19世纪伊始，提高教师的科研能力成为新的内容。进入20世纪初期，教师发展范围扩大化，内容日趋多样化，开始面向社会服务，也让教师参与管理大学方面的学习。

（一）美国教师发展情况

美国大学教师发展运动出现在20世纪60年代末70年代初，少数高校开始自发地开展教师发展活动。但因其概念框架始终模糊，人们对于它的理解也尚未清晰。因此，尽管大学教师发展因本科教学议题被提上日程而得到更多人的关注，但相关专业培训人员却依旧极为缺乏。到了20世纪70年代，很多负责大学教师培训和发展的中心或单位的建立推动了大学教师发展项目的快速发展。这些中心通常提供短期课程、咨询和评价。这时的大学教师发展项目很大

程度上来自基金会的外部支持，如丹佛斯、福特基金会等。

到了80年代初期，财政资助减少导致教师的盈利能力下降，这需要对教师发展的蓝图重新进行规划，如何提高通识教育质量、加强学科专业等问题需要得到进一步解决。这一阶段，教学促进中心大量涌现。教师与学校管理者也开始意识到教师发展是管理的重要职责之一，教师发展获得学校行政当局的支持。而从90年代起，美国大学教师发展经历重大转型。大学教师发展中心在美国高校普遍设立。教师发展的概念也越来越明晰化，其重要性获得大学管理者的一致认同，同时教师与学生群体的变化也推动了教师发展的制度化进程。

进入21世纪，美国大学教师发展步入“协调者时代”的新阶段，大学教师发展成为高等教育领域中最引人关注的活动之一，越来越多的高校建立起大学教师发展中心，教师发展项目不断得到更新，大学教师发展活动进入全新的繁荣时期。在大学内外部的环境变化下，大学教师发展的目标、发展对象都在不断扩大，活动组织的形式及类型也呈多样化。例如：

发展对象：教师发展活动所覆盖的对象不再只有新教师，还有处于职业生涯中期和终身制后的教师。事实上，有别于长期以来对年龄较大的教师和处于职业中期的教师关注较少的情况，一些高校的教师发展中心开始为处于这些职业发展阶段的教师设立特殊的项目，并为即将接受终身制后评审的教师提供咨询服务。另外，除了解决教师在教学中的实际问题外，当前大学教师发展活动的对象还包括了有意向在高校就职的研究生队伍。项目活动展开的主要目的在于使他们尽快适应助教工作以及今后的教学需要。例如，哈佛大学早在1995年就决定对研究生进行教学培训。研究生教学培训项目不仅能让学校得益，而且也为研究生毕业后的求职提供了优先条件。

教师发展活动的组织类型：其组织类型除了有咨询、研讨会、教学技术辅导等就教师学术和教学发展而展开的活动，还有像建立教师发展资源中心、教师教学档案袋和教师健康活动中心等就是为了教师职业和身心长远发展而开展的活动。

此外，大学教师发展机构在新的时期还承担起了一个新任务——促进高校改革。随着大学教师发展中心（项目）与教师和高校其他机构建立普遍联系，其影响力不断增强，大学教师发展中心（项目）在高校改革中发挥着越来越重要的作用。据美国大学教师发展的工作者统计，接近三成的被调查者将

“承担改革代理机构的作用”作为教师发展项目的重要目标。以哈佛大学、密歇根大学两所具有代表性的私立大学以及美国公立大学为例，其为教师发展所成立的中心值得其他教育者们借鉴学习。哈佛大学在1976年建立了自己的教学中心——“哈佛—丹佛斯中心”。后为纪念校长博克改名为“博克教学和学习中心”。哈佛大学的博克教学和学习中心不是一个独立机构，而是文理学院（该学院囊括了哈佛大学大约半数的资源）的一个正式附属部门。其核心宗旨是通过向哈佛教师、研究生助教、其他指导本科生学习的人员提供教学培训和资源，开展以个人咨询和辅导、习明纳和午餐会、工作坊和模拟剧场等不同类型的活动，力求满足教师多元化的需求，促进哈佛本科教育质量的提升。

而密歇根大学，作为全美最早建立的高校教师发展机构，其学习与教学研究中心成立于1962年。在接近半个世纪的探索和发展过程中，该学习和教学研究中心在高校教师发展方面形成了一套成熟的教师发展项目和运行模式，并逐步成为美国高校教师发展和研究的领头羊。密歇根大学学习和教学研究中心在最初的使命陈述中就明确指出，中心的使命是支持和改善密歇根大学的学习和教学。主要的任务体现在教师和研究生发展服务、教师和院系的评估与评价、教学技术服务、研究和推广以及促进教师的发展合作这六个方面。与哈佛博克教学和学习中心的核心宗旨相似，密歇根大学的学习与教学研究中心也是通过服务教学人员提升教学技能，从而提高教育质量。但在这一基础上，此学习与教学发展中心还被赋予了建设“尊重学生个人经历、学业成就等方面的多样性并创造适合多元文化背景学生的丰富大学学习环境”校园文化的责任。

概括而言，美国的教师发展在近50年的发展过程中，无论是在教学中心的数量上，还是在教育理念和方法上都有了质的飞跃。更重要的是，教师发展的驱动力已由学校管理者的主观意图转变为教师群体的自发需要。而这些都表明美国大学教师发展已逐步迈向成熟。

（二）英国及其他国家教师发展开展情况

英国高校教师发展大概分为三个时期，即酝酿期、发展期和成熟期。酝酿期大约是在19世纪初至20世纪50年代，这一阶段，教师发展大多是个体的自发行为，所以当时与教师发展相关的活动是屈指可数的，并且都与教学密切相关，没有涉及老师的个人发展。英国大学真正意义上教师发展的发展期，是从20世纪60年代开始的，这一期间各大学开始建立自己的大学教师发展中心。20世纪80年代以后，英国高校教师发展进入了成熟期，这一时期大学教师发展中心的发展逐渐成熟，针对不同的教师发展目的，开始有区别地进行发展，同时推出大学领导课程，重视机构发展，争取将大学教师发展与个人发展联系起来。

在英、美等西方国家关注大学教师发展问题的同时，日本、澳大利亚等国也开始对教师发展加以重视，并相继进行了大学教师发展的改革，并逐步走向成熟。

二、国内教师发展及培训现状

与其他国家的大学教师发展相比较，中国的大学教师发展起步较晚。台湾地区高校从20世纪80年代起，随着高等教育大众化的进程逐渐意识到“重科研轻教学”的弊端，开始重视师资队伍建设。发展至今，台湾地区几乎所有高校都设立了专门的教师发展机构。香港地区的许多高校也都设有教学专业发展中心一类的机构。与之相比较，我国其他省市的大学教师发展还处于初期开展阶段。

（一）国内教师发展进程

中国大学教师发展的雏形可追溯到20世纪50年代，一些针对提高教师教学质量的培训相继出现。21世纪初，正式提出大学教师发展理念并大力开展开来。随着中国，一个以建设创新型为目标的国家快速兴起，建设世界一流大学、提高人才培养质量的需求变得更加迫切。而满足这一需求的关键则在于教师队伍的建设。事实上，无论是中央及地方政府，还是高校管理者们都意识到了教师队伍建设的关键性，针对高校教师发展的培训工作陆续展开。

依托国家重点大学，全国建立了近80个相对固定的培训基地，并依托国家和地方重点师范大学或综合大学建立40多个高校师资培训中心；同时创造了高级研修班、国内访问学者、出国进修、骨干教师进修、单科进修、在职攻读学位、短期研讨班、岗前培训等多种类、多层次的培训形式，从而初步形成了一个适合中国国情的高校师资培训网络体系。

同时，中央和各地方政府也相继出台了一些政策和行动加速教师发展活动的开展，推进高校教师队伍建设。例如，中央政府所出台的政策有：

1.《国家中长期教育改革和发展规划纲要》明确指出，教育可以从“严格教师师资，提升素质，努力造就师德高尚，业务精湛的师资队伍”的角度出发，健全管理制度。

2. 中国共产党第十八次全国代表大会报告指出，要加强教师队伍建设，提高师德水平和业务能力，增强教师教书育人的荣誉感和责任感。

3.《国家教育改革和发展规划纲要（2010—2020年）》把加强教师队伍建设放到了实现教育发展战略目标的保障措施之首。

4.《教育部全面提高高等教育质量的若干意见》明确提出了提高高校教师的业务水平和教学能力的要求。

中央和地方政府所投入和安排的重大项目有：

1. 实施“千人计划”“长江学者奖励计划”和“创新团队发展计划”等系列人才计划；加强高层次人才队伍建设；选择一批高校探索建立人才发展改革试验区，实施教师教育创新平台项目。

2. 启动“高等教育质量工程”。评选教学名师和优秀教学团队，表彰在教学和人才培养方面做出突出贡献的高校教师；设立“青年骨干教师出国研修项目”，选派骨干教师出国研修；实施“本科教学工程”，重点支持建设一批国家级教师教学发展示范中心等。

（二）国内高校教师发展机构解析

我国的大部分学者都认同潘懋元先生所提出的高校教师发展的概念及内涵，认为高校教师发展主要包括提升学术水平、职业知识与技能以及师德三个方面。在高校设立专业化的教师发展机构，既可以帮助教师提高教学水平与能力，促进其专业成长，又使师德教育具备了良好的载体，有利于提升广大教师教书育人的荣誉感、责任感。开展教学发展工作，将学习内容建立在教师的经验基础之上，针对教师职业生涯的不同发展阶段设计不同的活动；遵循自愿的原则，创建互相尊重的环境，为教师排除参加活动的障碍；结合教学中的实际问题传播先进的教学理念，以促成改善教学的行动为目的。

目前，国内高等教育院校尤其是研究型大学，已基本完成了外延式扩张，进入内涵发展阶段，日益重视教师教学发展。先后已有数所高校成立了教师（教学）发展机构，如上海交通大学的“教学发展中心”、北京理工大学的“教学促进与教师发展中心”等，很多高校也把成立教师发展中心列入工作日程。在我国，高校教师（教学）发展机构多数隶属于学校教务处，机构内除了设立日常工作机构外，还设立工作指导委员会、专家委员会等，以加强对教师教学发展中心建设工作的指导和监督。在成立的教师发展机构中，多数以提升教师教学能力为目标，工作内容主要包括：教师培训、职业生涯规划、教学交流、质量评估、咨询服务、资源共享等。除此之外，一些高校教师发展机构还开展了学生学习、教学研究等相关工作。

以上海交通大学为例，上海交通大学借鉴国外建立高校教师发展中心的经验，于2011年4月22日成立了“教学发展中心”，目的是使教学研究与教师培训进入专业化、高水平、可持续发展的新阶段。该教学发展中心的使命是：推广先进的教学理念、弘扬优良的教学文化、探究科学的教学规律、搭建温馨的交流平台。该教学发展中心的工作主要为：

培训。该中心现有三个稳定的培训项目，分别是新任课教师培训班、教师英语授课能力培训班以及针对研究生助教的不同需求开展的学分制培训。

研讨。组织系列教学工作坊，搭建“午餐会”交流平台，为教师提供自主互助的交流机会。

评估与咨询。为帮助教师发现问题、寻求解决问题的办法，推出“中期学生反馈”服务。

研究。对内建立内部学习与研究制度，围绕资源建设（如培训教材、方式、老师）等内容，开展学习活动，以提升中心工作人员的理论水平和工作能力。

三、中外教师发展及培训异同

当全球越来越多的高等教育者们因意识到了高校教师发展的必要性和重要性而大力开展高校教师发展活动之时，为了更好地促进自己国家高等教师发展的开展，大量教育研究者将目光投向了对各个国家教师发展相关问题的研究比较上。

（一）教师发展职能比较

比如说，就中国与国外大学教师发展的职能比较上，日本广岛大学高等教育研究开发中心的课题组就此问题对日本、中国和美国三国相关院校进行了问卷调查。调查结果如表：

	日本		中国		美国	
	平均值%	位次	平均值%	位次	平均值%	位次
教学活动	93.0	1	77.0	1	95.6	1
自我检查·评价	47.5	2	21.0	5	22.3	4

续表

	日本		中国		美国	
	平均值%	位次	平均值%	位次	平均值%	位次
研究活动	31.8	3	56.0	2	73.3	2
教师的业绩提高	21.6	4	38.0	3	35.4	3
社会服务活动	14.0	5	21.0	6	15.5	6
管理经营活动	9.9	6	4.0	7	18.4	5
人事管理等	2.3	8	23.0	4	12.1	7
不太明确	5.8	7	1.0	9	3.4	9
其他	2.3	9	2.0	8	7.8	8

若纵向比较此表格里的数据，不难发现“教学活动”是教师发展活动开展的主要目的。而从“教师活动”在教师发展中的主导地位来看，反映出无论在国内还是国外，高校教师发展中提高教师教学水平、能力和素质都是最为重要的。除此之外，“研究活动”在美国和中国两国的教师发展中得到了很大重视。特别是美国，一直以来都有重视研究的传统，有70%以上的院校都非常关注教师发展对研究活动的帮助。而在中国，许多高校在教师职称评定等方面注重研究成果、建设研究型大学等举措也对教师发展产生了很大影响。相较之下，日本更为重视自我检查与评价环节，将促进研究活动放在第三的位置。

横向比较此表格，会发现同美国和日本比较，中国的教师发展更注重人事管理和社会服务的培养方面，很少将关注点落在管理经营活动方面。这也显示出国家社会、经济、政治制度的不同，对高校运作机制以及教师发展成果的影响是不同的。

（二）教师发展模式比较

而就教师发展活动的模式而言，主要有个人主导型、学会主导型、高校主导型、院系主导型四种。

第一，个人主导型。教师发展表现为教师个人努力，着重强调提高教学水平，即如何将既成的知识传授给学生。

第二，学会主导型。教师发展的有关活动主要由介于政府和大学之间的各种学术组织或与高等教育相关的学会发起、推进和指导。

第三，高校主导型。其特点为各高校根据自己的办学方针，由各高校制定各自的教师发展目标，设置面向全校服务的教师发展机构。

第四，院系主导型。其主要特点在于，虽然设有负责全校一般教育课程编制、为学生提供咨询等相应服务的专门机构，但是教师发展的具体实施和管理基本上以各院系为单位分别进行。

美国高校教师发展活动模式主要以学会主导型、高校主导型及院系主导型为主。而中国的教师发展主要以高校主导型、院系主导型和学会主导型为主，逐渐向提高教师的科研能力和素质、社会服务能力、管理能力等迈进。

第二节 教师职业发展、开发与培训

近些年，在高校教师队伍中时常会发生一些极端事件，一定程度上反映出教师职业发展中存在的问题，加上扩招带来的一系列教研矛盾、科研教学业绩考核制度带来的工作压力以及职称晋升带来的心理焦虑，使高校教师在职业发展上面临诸多问题。

一、高校教师职业发展现状

（一）教师群体职业倦怠现象严重

高校教师的职业倦怠现象一直都是社会关注的焦点问题。出现这种情况的原因主要有：

第一，职业角色期待过高。自古以来，人们认为教师这个职业是非常崇高的，社会职业声望很高，人们将对教育的期望逐渐转变为对个别教师的期望。加之社会价值观、学生和家长个性与需求的多元化，对教师期望也是多元的。在种种期望下，教师容易感到力不从心和压力过重。

第二，缺乏职业交流。高校教师长年面对的群体主要是学生和同事，与外界接触的机会较少，职业视野较窄，容易产生郁闷低落、焦虑悲观等心理。

第三，教师的情感耗竭大。扩招导致师生比例严重失调，加上学生功利心理加重而让老师丧失教学乐趣，情感付出得不到情感回报和公正评价，久而久之产生职业倦怠。

第四，知识更新压力大。高校教师面临的竞争也很激烈，需要不断补充新的知识，提升自己的学术水平。

第五，外部多元刺激，内部激励方式单一。外聘讲课培训等物质刺激冲击了教师校内教学的热情，而长期的干部管理体制对教师教研的激励又远远不足。

（二）管理部门与教师在职业发展认识上存在误区

长期以来，管理部门忽略了教师的职业发展，大多将管理重点放在教育功能和结构、受教育对象上，对教师的管理主要侧重在教学服务方面，对教师的从业条件要求较高，对教师自身的多元化发展需求关注过少。

从教师角度而言，一方面，其职业成就多表现为职称晋升，而职称评聘又受主客观诸多因素影响，容易造成教师在职业发展上淡化自身生涯规划的责任，认为一切非自己所能控制；另一方面，社会对教师的误解，导致教师在职业发展通道上的自身特点很少被发现，容易产生职业发展千篇一律的认识误区，自然就消减了自身职业发展规划的热情。

（三）高校教师队伍职业发展通道拥堵

教育投入成本大，教育产出周期长，教育业绩难以准确量化，这些都决定了高校教师职业稳定性较强。我国高校教师普遍具有事业单位正式编制，高教队伍人员通常“只进不出”，而且教师个人很少到市场再就业，流动性很小。尽管不同岗位的工作内容不同，面临的职业发展问题不同，但职称晋升仍是教师面对的首要发展问题。然而，职称评聘制度的资源容量过小，出现“僧多粥少”的格局，呈现出“金字塔”状的晋升阶梯。同时，职称与待遇、学术声望相关程度较大，绝大部分教师在同一通道上面临的竞争周期较长，发展通道拥塞状况严重。

（四）组织缺乏职业发展辅助机制

我国对高等教师职业的法律法规主要集中在对任职资格的要求方面，对入职教师来说，规定多，帮助少；考核多，激励少；强调个人责任多，组织辅助少。主要表现在：第一，缺少定期给予教师一定的职业信息和预测。只有获得相对全面的职业信息，高校教师才能做出与社会发展和需求相适应的职业生涯规划。第二，缺乏职业咨询、职业帮助。国内很少有高校为教师提供相关的职业咨询、职业帮助及职业心理保健。高校教师在职业生涯发展的不同阶段会面临不同的问题，表现为青年教师刚参加工作的适应焦虑感，中年教师在职业稳定阶段职称晋升的挫折感，年长教师在教研方面对知识更新的适应焦虑感，这些都需要组织给予及时的帮助。

无论从教师自身还是组织、管理层面，都反映出我国高校当前在教师发展方面所面临的问题及挑战。创办高校教师发展机构，大力开展教师发展活动，建立教师多方位的职业发展通道，辅助教师专业及身心发展及成长是非常必要的。

二、终身教育理念下的高校教师职业发展

终身教育是指在人们在成长过程中，各个成长时期接受的教育总和，既有青少年时代的学校教育，又有成人后的社会教育；既有学院式的正规教育，也有培训机构、社会经历等非正规教育。

（一）终身教育的特点

第一，终身学习性，是终身教育最显著的特点。它跳出了常规学校教育的框架，认为教育是一个人一生不断学习的过程，各个时期所受的培养都是一种教育形式。

第二，全民学习性。指的是所有人，不论男女老幼、种族性别、贫富差别，都有权利接受教育。面对竞争异常激烈的社会现状，想要在竞争中取胜就必须坚持学习，即接受终身教育，这是当今社会对每个人所提出的新课题、新挑战。

第三，广泛学习性。终身教育既包括社会教育，也包括学校教育和家庭教育。换句话说，它包括人们成长的各个阶段，是一切场合、一切地点、一切时间的教育总和。终身教育拓宽了学习的天地，使整个教育事业有了新的活力。

第四，学习的实用性和灵活性。人们可以根据自身的实际需要选择各种学习方式，随时随地学习、补充必要的知识技能，学习的内容、时间、地点、方式均由个人决定。

高校担负着为国家、社会培养优秀人才的重任，而在终身教育这一理念之下，高校教师只有对知识融会贯通并不断更新，才能更好地培养出适应时代发展的人才。因此，高校要高度重视教师职业发展。

（二）终身教育指导下的教师职业发展

终身教育强调自我学习、自我评价、自我完善，倡导独立自主地进行不同的社会体验。教育和终身学习是为人的终身发展服务的，教师借助职业信念和职业追求可以最大限度实现职业价值。高校教师职业生涯规划的内容主要包括：教师进入高校初期、中期、后期的职业生涯规划。

1. 进入高校初期的职业生涯规划及管理

这一阶段，教师年龄基本在22岁到30岁，高校在职业生涯管理中的主要任务是：（1）进行岗前培训。主要对进入高校的新教师进行教育学、心理学、教学教法等基本理论知识和技能的训练，并向新教师介绍本校的基本情况、历史和现状、发展战略、相关制度规定、工作职责、校园文化等，帮助新教师尽快适应学校环境，融入学校生活。（2）选派有经验的指导教师。指导教师对新进教师的影响极大，他们的世界观、人生观、价值观、工作作风、言行、态度、业务水平等都会对新进教师的职业生涯产生极大影响。因此，有必要对本校在职的，有较高工作绩效及较高工作标准的教师进行专门训练，以便对新进教师提供必要的支持。（3）安排新进教师上一门课程。为了使新进教师得到更好的指导，指导教师应该根据新进教师的专业、语言表达等方面的特点，制定出详细的授课计划，包括所授课程的教学目的、重点难点、详略章节、学时分配、作业布置等，并随堂听课，及时指出新进教师的优缺点和改进建议。（4）协助教师进行职业规划。通过多年的教学和科研实践，教师对自己的职业水平、职业前景等已经有了相对清晰的认识，需要及时制定自己的职业发展规划。而作为高校，应该适时公布学校的人力资源规划，多举办职业咨询会议，帮助教师进行职业开发。

2. 进入高校中期的职业生涯规划及管理

这一阶段，教师年龄在30岁到50岁。进入这一年龄段的教师通过审视和自我评估，基本已经有了明确的职业目标，确定了自己对高校的长期“贡献区”，积累了丰富的职业工作经验，逐步走向职业发展的顶峰，进行职业生涯管理尤为重要。

从高校的角度看，通过对教师进入高校初期（20～30岁）的职业表现、综合素质、教学水平、管理能力、科研能力、专业发展潜力等评估，可以得到一个总评价。此时，高校管理部门的工作重点就是为教师设置多重合理的、畅通的职业发展通道，以便使不同类型的教师都能找到适合自己的职业发展途径。通常，这些通道包括：

教学管理型。对于综合素质高、教学科研能力强、具有较高管理水平的教师，可以向教师—教研室主任—系主任—校级领导方向发展。

教学科研型。对于教学水平高、具有专业发展潜力的教师，可以向见习教师—助教—讲师—副教授—教授（硕士导师、博士导师）方向发展。

科研教学型。对于科研水平高、教学能力偏弱的教师，可以向实习研究员—助理研究员—副研究员—研究员（硕士导师、博士导师）方向发展。

对于不太适合从事教学科研，但有较强管理能力的教师，可以向科员—副主任科员—主任科员—科长—处长方向发展。

在这个阶段，教师已人到中年，一方面，年富力强，自我发展的需要很强烈；另一方面，会意识到职业机会随年龄增长越来越受到限制，从而产生职业危机感。因此，这是一个充满矛盾的复杂阶段，尤其需要高校加强对教师职业生涯的管理。

3. 进入高校后期的教师职业生涯规划及管理

这个阶段，教师年龄跨度一般是从 50 岁至退休。这个阶段的特点是教师的经验更加丰富，但体能、精力、发展动力逐渐下降，对工作的期望是求稳。因此，这一阶段高校应充分发挥这一年龄段教师的优势，请他们担任教学督导、专业发展顾问、指导青年教师、科研顾问等。这个阶段后期，退休问题必然会被提到议事日程。退休将对高校教师的职业感受、经济收入、心理状态等产生一系列不利影响，对高校的工作也会产生影响。因此，高校有责任帮助每一个即将退休的教师制定详细的退休计划，对精力、体力尚好的教师，可继续采取兼职、顾问的方式予以聘用，以延长其职业生涯；对已完全退休的教师，高校可通过书画、棋牌等协会活动，安排他们度过丰富多彩的退休生活。

三、高校教师职业发展与培训创新模式培养

当前，研究高校教师职业生涯发展和高校教师职业培训的文献比较丰富，但是大部分都是单项研究，将二者结合进行研究的相对较少。

（一）国外高校教师培养创新模式的研究

在美国，高校教师需要进行相应的职前培训。在教学过程中，高校着重对将来从事高校教师职业的学生进行书面和口头表达能力的培养，鼓励他们创造性地利用现代技术手段进行研究工作，为将来从事教学和科研奠定良好的基

础，并且实行多种教师发展项目。如，美国学院与大学联合会和研究生院委员会共同发起和实施的“未来教师培训计划”、纽约大学的“研究生教学机会项目”等，都是旨在将博士研究生培养成为能胜任高校教学工作的人。项目主要由经验丰富的教师指导博士研究生了解大学教师真实工作并积累一定的高校教学工作，使他们具有教学、研究和专业服务的职业能力。

美国的很多高校都开设有教师培训机构，为使新教师快速进入职业状态，很多大学对新教师开展了包括专业知识、教学技术、教学研究技能、学校管理制度等在内的多项培训。在专业知识方面，由高校的各学院系、专业协会组织培训，同时开展关于解决学习中出现问题的研讨会，为教师提供讨论和互相学习专业知识的机会，使他们能更好地掌握本专业的发展现况，了解最新动态，与时俱进地丰富教学内容。在教学技术方面，美国高校更加重视教学问题的解决，首先，让新任教师亲自去进行课堂教学，在实际工作中会发现问题，提出问题，再由有经验的老教师进行针对性辅导或是小范围的讨论，来解决个体性的实际问题，从而获得很好的辅导效果。在教学研究技能方面，高校为不同专业的教师提供聚集在一起研讨教学中的经验与困惑的机会，帮助教师掌握更多的教学方法和策略，了解学生的特点和需求，获得新的教学视角。在学校管理制度方面，开展例如财务部门提供的如何处理学校中的财务信息的培训等。

新入职教师还可以通过网络查找到所有关于培训的详细内容，为自己选择合适的培训项目和培训课程，甚至可以自己安排培训进程，不仅如此，他们还可以通过邮件向培训机构提出自己的要求，培训机构也会针对个人情况制定个性化的培训计划。

在英国，高校教师培训注重培养教师的实际能力。1992 年英国教育和科学部在《教师职前培养改革》文件中提出了 27 条教师基本技能及其对各项技能的鉴定方法，教育家们认为是否能胜任教育工作是衡量教师培养效果的“核心标准”。因此，英国非常重视对教师教学能力的培养。很多地方建立教师个人档案，记录教师的自我评价、他人评价、工作中遇到的困难以及如何解决困难等在教学过程中出现的种种问题，帮助教师逐渐完善教学技巧，提高教学能力。

英国高校教师培训机构对教师培养管理是非常严格的。在 20 世纪 90 年代，英国就建立了专门负责教师培训管理和监督的政府机构，并颁发了《教学：高地位、高标准、职前教师培养课程的要求》文件，对教师资格的标准以及培训项目等做了详细的规定。政府部门对教师培训机构进行认证和监管，对教师培训的效果进行检验和评估，确保教师培训的高质量。

这些培训机构的教师发展项目极具人性化。人性化是指项目设计的理念除将教师作为职业人、教师考虑外，更多地从人的角度出发考虑人的发展，真正体现以人为本。课程设置层次分明，囊括了教师专业发展的各个方面。英国高校非常重视对教师个人的关怀。伦敦大学为避免职业病，专门在网站上为教师开设“安全健康教育”栏目。剑桥大学个人与专业发展中心从1996年起就要求所有机构都必须为新上任的教师安排督导。咨询服务不仅为新教师而设，处于职位转换期的老教师、在大学里身兼数职的教师、处于不同职业发展阶段的大学教师都可以获得咨询服务。

不仅如此，教师培训的课程种类繁多，培训目标层次分明。英国高校教师培训项目除教学技能培训外，还有学历教育和教师自我职业规划。英国高校结合自身客观实际发展需要和教师发展规划需要，安排了各具特色的发展项目。

（二）中国高校教师培养创新模式的研究

在我国，高校肩负的社会服务功能要求高校要走出“象牙塔”，转变为“灯塔”。实现高校的导航功能，主要取决于高校教师的质量以及高校的教育质量。中国高校在这方面与国外一流高校还存在较大差距，因此要理性思考，在借鉴学习国外高校先进经验的同时，还应努力构建符合中国高校实际需要的教师发展模式。

第一，由“以我为主”向“量身定做”转换。中国高校的教师发展培训，主要是采取“以我为主”的原则进行的，即根据各个高校的专业和师资条件设立培训项目和培训内容，培训对象根据“我”（高校培训机构）设置的培训内容报名参加培训。这种培训模式，充分利用了培训机构的资源优势，操作起来得心应手，根据多年以来的实践证明，是行之有效的。但是，这种模式的师资培训也有其不足之处，在培训方式上是“闭门造车”。完成培训计划，颁发结业证书，整个培训流程简单而机械。

因此，高校教师职业发展培训工作应该逐步从“以我为主”的培训模式向为培训对象“量身定做”的模式方向转换。所谓“量身定做”就是根据培训对象的所在单位和培训对象本人的实际需求，设置培训内容、组织培训师资、开办培训项目，充分体现“以人为本”“以培训对象为中心”的培训理念。

采用“量身定做”模式的目的是互赢互利。从高校教师个人来说，通过培训学习，能够得到很大的收获。(1) 促进自身教学、科研、管理水平和能力的提高，更加适应工作岗位的需要；(2) 在职业发展道路上获得必要的条件，有利于晋升和事业的发展；(3) 可以获得较高的经济回报，即一定时期的投入，可以转化为以后较高的工资收入。从高校来说，希望通过培训提升教师队伍的整体素质，培养教学和科研的骨干力量，提高教师的能力与水平，更好地适应和满足教学、科研岗位工作的需要。

为了使师资培训工作更好地为高校教师队伍建设服务，更好地适应和满足培训对象的实际需求，师资培训机构应该主动地改革传统的培训模式，探寻以学科或专业为依托、以更新知识和提高能力为导向、以更好地适应和满足培训对象的实际需求为前提，以促进高校师资队伍整体建设为目的开展不同类型、不同层次、不同要求、不同方法的师资培训新思路，从而提高师资培训效益。

第二，由“封闭式”向“开放式”转换。教师培训的开放式包含两个层面：一是教师本人的开放。教师的职业决定了教师必须开放自我，面向社会。教师唯有不断适应社会的变革，才可能获得专业进步与发展。因此，教师必须以开放的态度自觉地参与培训，以提高自我。二是社会各部门、培训机构及高校资源的开放。长期以来，中国的高校教师培训工作多呈阶段性、功利性特点，培训内容简单化、工具化。在知识经济背景下，各行业间联系越来越紧密，交叉、融合、渗透现象越来越普遍，对复合型人才的需求量也越来越大。因此，今后的高校教师的培训可围绕教师的职业发展生涯与学科专业特点，加强与社会各部门、各培训机构协调合作，这既可以充分利用社会资源及信息优势，又可发挥高校的办学资源和师资力量，实现教师的终身学习愿望。

第三，由“单一化”向“多元化”转换。高等教育呈现出多样化特征，表现在高等教育机构类型、办学层次、办学形式、办学主体和服务方向的多样化，也包含因满足不同需求和人的个体差异所带来的学校科类专业、培养目标、教育要求、教学方式、管理制度、师资组成等的多样化。因此，对大学教师的培训其实也应该不同于普通的教师教育，而应该采取多形式、多样化进行。近年来，高校教师的培训进行了不少改革，也推出了不少新的培训项目，但仍旧无法适应新时期的要求。究其原因，还是因为培训机制的落后，培训内容、培训形式、培训手段和方法、培训经费的筹措渠道简单化等问题的存在。高校教师培训必须正视高等教育多样化特点，大胆进行改革，丰富培训内容，走多样化之路。

第四，由“短期行为”向“长期行为”转换。高校教师职业生涯由职前阶段、入职阶段、职后阶段等组成，其不同阶段的培训需求是各不相同的，职前阶段主要围绕新岗位需要进行培训，入职及职后阶段旨在进行能力素质、学术水平的提高，这就决定了教师的培训是一项长期的过程。因此，高校教师培训工作作为师资队伍建设的一项常规性工作，是需要不断进行的。我们要正确处理好科研和教学的关系，培养一支业务精湛的高素质、专业化的教师队伍，使教育在促进可持续发展中发挥重要作用，从而通过教育提升全体社会成员可持续发展的意识与能力。

第五，由“本土化”向“国际化”转换。美国著名高等教育专家克拉·科尔在阐述国际教育的必要性时曾指出：“知识是无国界的”“教育原本关注的是整个世界”。在国际交流日益紧密的今天，应提供各种机会，使教师尽量了解各国的学术背景，接触不同的学术观点和研究方式，以扩大视野，掌握先进的科学技术，改善知识结构，从而提高其自身的综合素质和竞争实力。我们应鼓励教师通过各种渠道出国学习、进修和访问，与外国同行进行学术沟通和交流。与此同时，我们应敞开国门，积极聘请外国专家长期授课或邀请国外著名学者、专家短期讲学。而加强高校间的合作办学、科技开发及开展国际学术等活动，也可使教师在教育、科技、产业等领域积极扩展对外交流渠道。

总而言之，教师发展是当今中国高校教育发展的一大重点。而教师发展的培训模式更是这一重点的核心。除了借鉴国外的教师发展及培训方式之外，结合国内高校教师发展开展现状、学校社会环境的变化，在实践中发现问题之处，找出更切合国内教师的发展培训方式，才可以更好地促进国内高校教师的发展。

第三节 教师培训与开发体系

在中国科教兴国的战略布局中，一支具有高尚职业道德、良好学术素养、开阔研究视野、精湛教学技能的高等教师队伍无疑是建设世界级高水平大学、培养高水平人才的重要保障。而高校教师培训则是建设这一高层次人才队伍的关键环节，也是推动高等教育改革和发展的一件具有战略意义的大事。因此，高等教育者们应根据当代社会的发展趋势和国家对于人才的要求，结合中国高校发展现状，做好对高校教师的培训工作。事实上，近年来国内越来越多的高校也开始意识到教师培训的重要性，不断开发出新的培训项目。但其中许多高校都忽视了完善培训评估、健全评估体系的重要性。而培训评估却是在高校教师培训中扮演着至关重要的角色。

教师培训评估是指运用科学的理论、方法和程序对教师培训主体和教师培训过程及实际效果进行系统考察，是对教师培训对象进行科学而系统的综合检测和考评。它伴随着培训的全过程：

教师培训开展前期。培训评估可帮助培训者们对教师教学水平、理论知识掌握程度、学科研究进展、心理状态等方面进行一个“摸底”，对教师有一个更全面的了解，从而设计出更贴切教师实际需求的培训项目。

教师培训开展中期。培训评估可帮助培训者们了解接受培训的教师培训进展的情况。结合教师的反馈调整培训内容，务求让培训变得更加有效。

教师培训开展后期。在培训结束之后，培训评估可检测、考评出教师在接受培训之后的成长以及其思想和行为上所发生的变化。一方面，这有利于了解教师在培训中所取得的具体成果；另一方面，也可作为下一次开展教师培训工作的参照。

因此，建立科学有效的培训评估体系将在高校教师培训中起事半功倍的效果，其重要性也是显而易见的。

教师培训评估体系的建立是为了让教师培训变得更加科学、有效。为了达到这一目的，评估体系的建立应遵循以下几个原则。

第一，系统、科学性。高校培训评估应依照政府教育部门的相关指令和政策及高校教师发展的需要，结合学校实际情况，选择适用的标准和有效的方法，制定科学合理的评估方案，力求充分全面地反映高校教师培训工作的实际效果和质量。

第二，可行、实用性。培训评估指标的设计应客观地反映出培训的开展情况：其指标可反映出教师培训前后变化和存在差距，更好地完善自己；其指标可为政府教育部门、高校了解教师培训动态和科学决策提供依据。

第三，可比、准确性。所设计出的评估体系应具有可比较性，将结果进行纵、横项的比较，既可以了解教师个体之间的差异性，又可知道每个教师在培训中的变化成长。而在比较中，一些不确定因素也应被剔除，力求保证评估数据的可靠性。

第四，定量、可操作性。培训评估的指标应相对量化，指标若较为烦琐，则不便于在实际操作过程中的比较与分析；而指标若过于简单，则会影响整个评估体系的有效性。因此，评判教师培训成果的指标既要有比较分析的价值，又要考虑其方便性、可操作性。

培训评估模式的建立主要有两种，一种是 CIPP 模式，一种是柯式模式。这两种模式虽侧重于从不同方面去考查培训有效性，但都构建出了一个可贯穿培训全过程的培训评估体系。

CIPP 模型是由美国学者斯塔弗尔比姆及其同事所提出的，主要包括了四个部分：背景、输入、过程和成果。该模型侧重于整个培训过程的评估，主要说明了评估的目的是为了改进培训项目，了解教师培训进展，利于高校教师培训长期可持续性的开展。

背景评估：主要通过对高校环境的了解，分析高校、教育部门、教师自身的需求及期望，制定出更为贴切完善的培训课程及目标。

输入评估：主要评估培训的资源和项目情况，看是否培训可以达到预期目标，是否有效利用培训资源等。

过程评估：在培训过程中，对教师进行评估，所得到的反馈信息可帮助培训实施者们改进和完善后续的培训过程。

成果评估：针对培训结果进行评估。包括受培训教师满意度、知识和技能的增加、行为的改善以及个人和组织绩效的提高。

柯式模型起源于美国学者唐纳德·柯克帕特里克在 1959 年的研究。这一模式主要侧重于培训结果的评估，将培训分为四个层次。对于高校教师培训来说，即为反应层次、学习层次、行为层次和结果层次。

反应层次：这一最低层次的评估主要针对受培训教师对于培训项目的看法与感受，包括培训课程的设计、培训方式、培训者、培训时间场地的安排等。

学习层次：其评估主要是对教师所学知识和技能的评估。

行为层次：评估是通过领导、学生、同事等反馈，了解受培训教师经过培训后在行为上的改变，是否可以将培训中所学的知识和技能在实际工作中得到运用。

结果层次：这一层次的评估主要针对个人或组织业绩实际提高的程度而言。

综合这两种培训评估模式，可以除了考查到培训项目给教师所带来的影响和改变，还可以贯穿整个教师培训过程，了解教师培训进展情况、培训项目开展情况，并及时依照反馈对培训项目进行调整。可以说，CIPP 模型重视整个培训过程的评估，而柯式模型又是 CIPP 模型结果层面的具体化。

在高校教师培训的主要形式与内容方面，国家教委给出了相应规定。1996 年 4 月 8 日，国家教委颁布《高等学校教师培训工作规程》，就高校教师培训的形式和内容做出规定。依照教师教学经验、职务的不同，将高校教师培训分成以下几大类。

第一，助教培训，主要以进行教学科研基本知识、基本技能的教育和实践为主。

第二，岗前培训，青年教师应进行对教育法律法规和政策、教育学、心理学、教师职业操守等相关内容的学习。

第三，教学及社会实践，按照岗位要求，加强青年教师对于实际教学环节的培养，熟悉教学的各个环节。另外对未有过实际工作经历的青年教师须让其参加半年以上的社会实践工作。

第四，个人技能提高及在职深造。学校应对教师的电脑水平、外语水平做出一定要求，并根据教师情况做出培训安排。鼓励并提供机会给青年教师进行在职硕士或博士的深造。

第五，讲师培训，主要以加强和扩充专业基础理论知识，注重教学和科研质量为主。根据不同的需要和计划，可安排讲师参加骨干教师进修班、短期培训班、单科培训和在职深造等。其中，任讲师三年以上可安排参加以科研为主题的国内外访问学者培训，任讲师五年以上必须安排不少于三个月的脱产培训。

第六，副教授培训，主要以科研及学术之间的相互交流为主，了解和掌握本学科的前沿资讯，进一步提高科研或学术水平。根据需要，参加以教学改革和教材建设为主的短期研讨班或讲习班、以学科前沿信息为主的高级研讨班、国内外有关学术会议、校际间的学术交流或选派出国培训等。对连续担任副教授工作五年，且能履行岗位职责的教师，必须安排至少半年的脱产培训或学术假。

第七，教授培训，主要通过高水平的科研和教学工作来提高学术水平。其形式为参加国内外学术研讨、交流讲学、写书等活动的学术假。对于有五年以上教授资历的老师，应给予最少半年的学术假的时间，并且要充分体现出老教师对于青年教师的示范作用。

总体来说，国家教委所规定的高校教师培训，其对象主要以青年教师为主。不仅专业培训师，有经验的老教师都应注重青年教师的发展，利用培训活动使青年教师更好地开展教学、科研工作，使其中涌现出来的优秀青年教师成为学术骨干和新的学术带头人。

当前中国高校教师培训的总体情况是：目标定位不明确；培训随意性大；培训方式和培训类型单一；岗前培训模式不能适应教师培训需求多样化、个性化的要求。具体来说：

教师目标性不强、对培训意识不够。大多数老师对于自己为什么要参加培训认识不到位。大多时候都是出于评定职称的需要或是晋升时的硬性规定而“被迫”参加培训的，并不是为了提高教学质量和科研水平而去的。在这种情况之下，培训的效果也会大打折扣。

培训重学历、重学术、轻教学。目前，中国对于高校教师的学历要求不断提高，同时对于教师是否具备科研能力也相当重视。在这个环境下，高校教师培训以在职深造为主导模式。而这种重学历、重学术、轻教学的培训方式不利于教师教学能力的培养和提升。

培训项目单一、缺少个性化考量。中国的教师培训项目，特别是针对新教师的岗前培训，缺少个性化、多样化的培训模式。都是以满足多数人统一培训的要求而设计的，讲究培训规模和效益。这样一来，教师因学科、职务、学校类型的不同而导致的个人差异性会在培训中被完全忽略，这样也会降低培训的有效性。

为了解决这些问题，需要做到以下三点。

第一点，丰富培训模式、建立合理保障体系。高校教师培训不能只限于“学历”培训，还应重视“非学历”培训。教师的根本任务在于教学；具备较强的教学能力，娴熟地掌握先进的现代化教育技术和手段是培养优秀人才的必备条件。无论是政府教育主管部门还是高校都应该从政策上去引导教师参与“非学历”培训，鼓励教师相互交流学习。针对教师的不同需要，进行不同形式的培训活动，例如国内国际的教学研讨会、访问学者、学术假、教师教学观摩等活动，打造个性化的培训模式。同时，国家应帮助高校搭建教师培训的平台。国家应对重点科研院所、重点高校设立培训基地并对其给予经费上的支持，对优秀教师出国深造也给予相应的保障。除此以外，国家教育相关部门还应设立专门的教师培训信息收集机构，为教师培训的信息收集作为支撑。

第二点，优化高校人力资源配置。作为高校的人力资源部门，如何做到“物尽其用、人尽其才”是其部门管理者们应该去思考的问题。将教学管理强的教师往领导方向发展，将教学科研强的教师向导师方向发展，将科研教学强的教师往研究员方向发展，力求做到每一个教师可以发挥自己的专长，在所适合的岗位上有所发挥。而当教师在合适的岗位上发展时，他们会对自己的职业发展有着更明确的想法，对自身的专业提升有着更强烈的需求，其自主学习性也会变得更强。而这些都会促进教师培训更好地开展。

第三点，加强培训管理、建立完善培训模式。对于目前很多培训而言，教师抵触培训的很大一部分原因在于培训时间安排不合理，很多培训项目大都安排在周末或是假期，这样让教师缺少了休息时间。对此，采用学分制培训方式是一个很好的选择，教师只要在一定时间内修完所要求的学分便可视为达标。这样也给予了教师一定的弹性空间。另外，高校自身也有义务去探究出一条适合本校的培训模式，为教师着想，争取使培训发挥最大作用。

总而言之，高校教师培训工作的开展需要多方面的配合。上至国家教育部门及各高校应出台相关政策鼓励教师积极参加培训工作，加强培训管理及保障体系，建立完善的培训评估体系并做到培训全程考查；下至教师自身、学校的管理者们都应该改变意识，认清培训对高素质教师队伍培养的重要性，自发地、自愿地投入到培训活动中，使教师自身能力得到提高。

第四节　绩效考核与培训实效的关系

绩效评估是对团队或者员工的工作进行测评，并最终将绩效评估结果及时反馈给员工的过程，是组织决定奖惩、晋升、培训及解雇的重要依据。而人力资源管理部门的重要职能之一便是绩效评估，并在整个过程中起到沟通、协调以及控制的作用。那么，在大数据时代的背景下，高校人力资源部门应该怎样有效地进行绩效评估呢？

一、大数据的定义

大数据，或称为巨量数据，是指所涉及的数据复杂、多样、规模巨大以至于人类无法通过常规的 IT 技术和数据处理软件对数据进行抓取、管理和分析。近些年，“大数据”这个词被越来越多地提及，例如，美国著名咨询公司麦肯锡就提出过“大数据”时代的到来，并宣称数据已经渗透到各行各业，而著名数据科学家维克托·迈尔·舍恩伯格也预测在不久的将来，数据将改变人类的生活、工作和思维。

二、高校教师绩效

绩效是指针对员工个人或团队所承担的工作，应用科学的定性和定量的方法，将其对企业的贡献和价值做出考核与评价的体系。目前，学者们对于绩效的定义给出了三种主流观点：

行为观：依照组织或个人在一定时间内所投入的人力、物力、精力、情感等方面的程度来判断。

结果观：根据任务的完成情况，例如完成数量、完成质量、效率等方面来衡量。

潜力观：也就是说考量个人或组织在未来发展上的潜力，当前已经做了什么，未来还有什么可以发挥的空间。

哲学家雅斯贝尔斯在《什么是教育》一书中表示，大学被赋予了四项责任：一是研究、教学和专业知识课程；二是教育与培养；三是生命的精神交往；四是学术。因此，有别于社会一般劳动力的特点，高校教师绩效是对教师素质的全面评估，需要综合考虑高校教师在工作行为、结果和未来的潜力这三方面的表现情况。也就是说：就行为绩效而言，既要考量教师在教学、科研、服务社会三方面的参与情况和投入程度，也要考查教师在工作中与学生、同事、组织之间的关系处理能力；就结果绩效而言，既要了解教师在专业、通识两方面知识技能的掌握能力和教育水平，又要考查教师对学生的情感投入、态度以及对学生成长导向、价值观等方面的正面影响，而就当前的绩效评估而言，对教师在人格、道德、人生观和价值观等方面对学生的教育和引导，还有对学生成长的有意识的引导及学生对教师的无意识的追随所产生的作用，是无法衡量的；就潜力绩效而言，则要考查对于未来在学习、实践与创新等方面的发展潜能，以及对于自我发展的意识。

三、大数据时代下的绩效分析

结合大数据时代和高校教师绩效评价的特点，大数据时代下的绩效评价有了新的定义：高校教师评价不仅能够对教师外现的劳动如教学、科研、社会服务等方面评估，而且利用一定的数据和方式对教师在教学过程中对学生成长的有意识的引导，以及学生对教师的无意识的追随所产生的作用也进行定量或者定性的评价。高校教师绩效评价的特点主要表现在多因性、多维性与动态性。

多因性：高校教师绩效的优劣不是取决于单一的因素，而要受许多主、客观因素的影响。现代科学技术与心理学的研究表明，影响高校教师工作绩效的四种主要因素是：机会、技能、激励与环境。其中，环境和机会是影响高校教师工作绩效的外因，学校相关部门要尽可能为高校教师创造一个良好的工作条件，并在制定相关政策时尽可能做到公平、公正。技能和激励是内因，但也与高校组织的政策有密切的关系，应用科学的方法提高高校教师的技能水平和调动他们的积极性，高校才能争取最大的绩效。

多维性：对高校教师的工作绩效要从多方面考察，不能只看一个方面或者被人们普遍接受的几个方面。对高校教师的绩效进行考察，要从多种维度进行，才能做出全面的恰如其分的评价。

动态性：绩效的动态性是从时间上来说的。高校教师的绩效会由于高校教师的能力、受激励状态及环境因素的变化而处于动态的变化之中，随着时间的推移原来差的可以变成好的；相反，原来好的也可以变成差的。因此，对高校教师的绩效要用发展的眼光来考察，从激发高校教师的积极性着手进行绩效评估工作。

四、绩效分析对教师职业发展及培训规划的影响

高校教师绩效考核的最终目的是为了高校教师的职业生涯发展，绩效考核为职业生涯的发展提供了通道，通过绩效考核，高校教师能获得良好的职业发展的机会，促进高校形成积极有效的激励机制，从而实现高校科研、教学等方面的绩效达到最大化。

五、绩效考核与培训的关系

高校教师绩效考核的主要目的是了解高校教师绩效状况中的优势与不足，及时发现其工作中的优劣势，并对高校教师进行相应的培训，进而改进与提高绩效。因此，对于高校教师进行培训是在绩效考核工作之后的重要工作，在绩效考核之后，高校的相关部门需要根据被评估教师的绩效状况，结合被评估教师的个人发展愿望，与被评估教师共同制定改进计划和未来发展规划。相关部门设计整体的培训方案和计划，并帮助实施培训开发。

基于绩效的高校教师培训是将提高培训管理的工作绩效与提高高校教师的工作业绩有机结合的一种高效培训方式。从提高高校教师培训管理工作的认识、建立系统培训管理体系、进行详尽的高校教师培训需求分析、开发高校教师培训课程和方法、建立有效的培训考核机制、建立培训师管理体制六方面提升高校培训管理水平，可以逐步完善高校教师培训工作。

1. 高校教师培训管理工作的认识

（1）提高对高校教师培训的认识，加大资金投入。高校教师培训是高校实现自身发展战略的需要，是各部门之间有效合作与分工的需要，是教师提高岗位技能和发展自身职业生涯的需要。因此，做好高校教师培训是高校的责任、相关部门的责任，也是管理人员及其高校教师自身的责任。高校要建立健全科学的教师培训体系，首先要从树立正确的培训理念和更新培训观念入手，从三个不同需求层次开发培训课程。（2）加大高校教师培训的软、硬件建设投资。合理规划教师培训经费投入，从引进专家讲座、开设远程培训课程、编制购买培训教材等多方面为高校开展有效的教师培训提供坚实保障。（3）建立基于绩效的员工培训管理体系。应将培训与教师职称评定以及晋升挂钩，将教师培训情况纳入到绩效的考核当中。在一定时间内，对教师参与培训次数以及培训考评结果进行规定，并将考评结果定期反馈给教师以及培训组织者，从而持续改进培训以及培训绩效管理。

2. 建立一系列完善的制度

高校教师培训工作要得到全面开展，首先要建立一系列完善的制度，进而保障教师培训工作得以优质地运行。在建立健全各项培训制度的基础上，要通过制定教师培训计划、明确教师培训管理和建立培训激励制度等，逐步构建基于绩效的高校教师培训管理体系。

高校必须从本校的战略出发，在全面客观的培训需求分析的基础上，制定教师培训计划。高校教师培训计划必须要符合企业生产和发展的需要，能够协调高校的发展目标和教师个人的职业生涯规划；高校教师培训计划要分层次、分周期详尽制定；高校教师培训计划要量化，不能仅仅停留在定性分析的层面上。

高校教师培训是人力资源工作的重要组成部分，由于缺少科学的管理，致使教师培训水平低下。通过规范培训管理流程可以有效提高高校教师培训管理工作。要明确员工培训工作流程，从培训需求分析、培训方案设计和培训效果评估三方面量化培训工作，使教师培训工作流程制度化，无论谁来从事具体的培训管理工作，都可以使教师培训工作有条不紊地进行下去。

高校要重视教师培训激励制度在教师培训中的积极作用。高校教师培训要与教师个人职业生涯相结合，将培训作为教师进步的阶梯，激发教师培训的积极性。而且要根据参加培训教师培训结果考核的情况给予适当的奖惩。建立高校教师培训激励制度，让教师能够学以致用，将培训内容更好地应用于日常教学、科研、管理及生活当中，切实提高工作效率，为高校长期有效发展创造价值。

3. 进行基于绩效的教师培训需求分析

教师培训需求分析是指在规划与设计每项培训活动之前，由培训部门采取各种方法与措施，对高校部门及教师的目标、技能、学识等方面进行分析与鉴别，从而确定教师培训的必要性及培训内容的过程。培训需求分析就是采用科学的方法弄清最需要培训的人员、培训的目的、培训的内容等问题，并进行深入探索研究的过程。它具有很强的指导性，是确定培训目标、设计培训内容、实施有效培训的前提，是进行培训评估的基础，是高校培训工作的重中之重，是确保培训工作准确、及时和有效的重要环节。

培训需求分析是建立完善的高校教师培训体系和制定培训计划的前提与基础。一般来说，高校教师培训需求分析必须包括三个方面：一是高校发展的需求分析；二是岗位责任的需求分析；三是高校教师个人的需求分析。这三方面的需求分析为高校制定合理的培训计划奠定了坚实基础。

4. 开发基于绩效的教师培训课程和方法

开发基于绩效的教师培训课程和教材是一项庞大的系统工程，要结合高校自身培训需求，建立培训课程开发和教材编制机构，按照培训方向不同成立专家组，系统规划培训课程和教材编纂。建立自己的培训题库，规范培训考核办法。以新进教师培训、教师岗位技能培训和邀请知名专家培训三方面为培训主体进行课程和教材设计。

高校还要革新培训方法，转变以自我授课为主的培训形式，将“请进来”与“送出去”相结合。邀请技术、管理方面有建树的专家、教授到高校里来进行讲座或研讨；鼓励教师走出去进行学历、科研技术水平等方面的学习，将学到的知识与自我工作相结合，带回先进的管理、技术知识。

5. 建立有效的培训考核机制

高校教师培训效果的体现要通过有效的培训考核机制来保障。教师培训效果考核以书面考核为主，结合口述、课堂提问等多种形式，建立健全教师培训考核机制。主要包括：（1）教师培训考核标准。教师培训考核标准可以参考卡帕切克起初的四项标准：一是被培训教师的反应，对整个培训过程的意见或看法；二是知识标准，即教师通过培训学习获得的知识、技术、技能等；三是行为标准，即教师在培训后的行为变化，主要指在工作中的行为表现和工作绩效；四是成果，即培训对高校产生什么影响。这四项标准从不同的角度提供培训信息，将其有机结合使用可以大大提高培训有效性考核。（2）教师培训考核指标包括培训过程中每一个环节自身考核指标。培训前指标包括培训需求分析、培训形式选择、培训师的资质、培训场所选定等。过程指标包括培训方法、培训工具、培训师与教师的互动等。培训结束考核包括教师感受、收获等。（3）对培训考核结果进行分析。通过对培训考核结果进行分析，可以找出培训过程中的优势和不足，使高校教师培训得以持续改进，还要将培训考核结果及时向有关部门进行反馈，将培训内容与教师绩效紧密联系，进行适当的激励，鼓励培训过程中的创新。

6. 建立基于绩效的培训师管理体制

为了使高校教师培训达到预期的效果，建立基于绩效的培训师管理体制是必不可少的。培训教师不仅可以“传道授业解惑”，还可以开发适合高校教师的培训课程，编写高校内部培训资料，建立培训考核题库。选拔和激励培训师是培训师管理的重中之重。

在高校教师培训中，帮助教师获取新的知识、新的技能和新的行为，就需要不同的培训形式。在高校教师培训工作实践中，从高校教学和科研工作的发展需要出发，结合教师队伍的实际，创造了十几种内容不同、时间长短不一、目标不同、适合不同职务教师培训提高的培训形式，它们分别为：岗前培训、单科进修、助教进修班、以研究生毕业同等学力申请硕士学位教师进修班、骨干教师进修班、国内访问学者、高级讨论班、社会实践、短期研讨班和出国进修。

从培训形式来说，对新时期高校教师培训要最大限度地利用信息网络技术和师资培训网络体系的综合优势，积极探索新的培训模式，不断更新教师培训的技术手段，在运用现代信息网络技术提高教师培训效果等方面应有所突破和创新。主要的培训形式很多，其中有以下六种：

第一种，远程式培训法。远程式培训是指被培训教师利用多媒体计算机和网络进行自学，并通过这些高新技术与培训者交流，同时接受培训者的指导。

第二种，案例教学法。以具体教育教学情境引导学员进行讨论。

第三种，导师带教法。让教师学员跟随专家教师学习或直接担任其助手，导师在带教过程中发现被培训教师的不足和优势，提出改进措施和努力方向。

第四种，课题研究法。以研究课题的方式进行培训，目的是提高教师的教育教学能力和科研能力。

第五种，读书指导法。专家结合教师小组情况，列出读书的篇目和要求，定期组织教师进行沙龙式的交流，或直接请专家辅导。

第六种，专题讲座法。请某一专家对某一专题进行系统讲授，侧重理论传授而期望引起教师观念变革。

教师培训是提高教师队伍素质，促进教师专业化发展的重要途径。教师职业的职责、性质和特点等决定了加强教师在职培训的重要性和必要性。当前不少高校教师对一些培训的过程和结果不太满意，意见较大。其中最集中的一点就是培训的有效性较差。

针对这一弊端和问题，我们认为改进教师培训工作的一个切入点就是加强培训工作中的分类指导。在这里所谓的分类指导，实质就是指在教师培训工作中，要根据培训对象的实际情况和具体需要，确定不同的培训目标，安排有差异的培训内容、方式、形式及重点等，从而通过培训使每位教师都获得进步和发展。其核心就是要使教师的培训成为一种个性化的过程，实现“因材施训”，并最终在这个基础上达到提高教师培训质量和效率的目的。

目前，高校教师的考核评价应该以教师发展为中心，具体体现为综合考评思想、分类考评思想、评价为主和考核为辅的思想。

综合考评思想。由教师发展中心对教师进行统一考评，考评结果供各部门、学院使用，让管理、使用、评价三方相互独立，为教师发展与工作提供良好的竞争机制与氛围。同时，有效利用考评结果，对同类教师、出现同一问题的教师提供有针对性的教育培训，同样对擅长某一项工作的教师提供高水平的指导与辅导，形成良好的竞争氛围，提供交流与合作的机会。

分类考评思想。高校教师发展应该努力发展其特长，在教学、科研、服务社会、艺术创作等某一方面，或者某项工作的某一环节发挥特长。对处于不同岗位、以不同工作为重点的教师进行分类考评，区分不同种类教师的重点工作与基础工作。如教师的基础工作均为教学，但是，某些教师在教学外偏重艺术创作或社会服务，那么就要以此鼓励教师特色发展、特长发挥，带动高校教学质量与人才培养水平的提升。

评价为主、考核为辅的思想。教师考评要求通过考评及时发现问题并解决问题，引导教师发现长处。对于新进教师、困难教师，可以加大考评频率，重点关注，及时提供针对性帮扶；对于有较长教龄已经初步证明能力的教师，正常考核外，对其中水平较高并确定特色发展方向的教师则给予激励，或提供更高水平的培训交流；对于长期以来已经做出特别贡献，成为校内领军人物的则考虑吸引成为兼职辅导人员，为新教师发展发挥传帮带作用。

根据上述三大思路，建立教师考评的基本模型。该模型主要包括时间、被考评人、考评项目、考评人员、考评对象等五个维度。

时间维度。时间维度主要标志考评的时间点、时间段，可以包括学年、学期、周、天等四个层次，也可根据需要设置为年、月、周、天等层次。根据具体考评时间来确定。

被考评人员维度。该维度主要标志被考评对象归属的基本属性，包括学院、系（专业）、教师三个层次，各层次之间为汇总关系。这样既可以将该模型用于评价单个教师的工作业绩，同时也可以专业、学院为单位，考察整个单位相关工作以及教师培养工作情况。

考评人员维度。该维度主要为考评人员信息，包括本人自评、直接上级主管、专家、同事、学生五个平行的节点。该维度的设置充分顾及各方的综合意见，从各个角度充分了解个人的绩效。由于该系统是一个综合的评价模型，因此系统中并不保存某一具体评价人的评价结果，而是将同一类人的评价进行综合，记录进模型中。

考评项目维度。教师业绩考评项目主要包括实践实验教学、课堂教学、科研、社会服务、艺术创作、思想政治（包括就业与创业指导）六个平行的大类，分别代表教师考评的六大重点工作。而大类下设考评项目充分使用SMART原则，即具体性原则、可度量原则、可完成原则、可观察原则、时间性原则。

考评对象维度。考评对象为教师所做的主要工作，同样分为实践实验教学、课堂教学、科研、社会服务、艺术创作、思想政治（包括就业与创业指导）六个平行的大类，但是该六类下设节点为具体的工作项目。

该模型的设计有两个特点：一是完整性，比较完整地记录了所有教师的工作质量评价情况；二是细节性，从最细微的角度记录了教师工作的质量评价。这两个特点有利于教师发展中心从整体、细节、个体等方面开展教师考评与培训工作。利用该模型主要可开展以下工作。

第一，找到存在共同问题的教师，开展集体培训。可以通过模型找到在某类工作中某项评价总是得分不高的教师。比如，可以找出课堂教学中师生交流工作处理不好的教师，再聘请专家、先进教师对此类教师进行集体培训。

第二，对单个教师的工作量、工作质量情况开展评价。由于模型既有绝对数据，也有相对数据，评价可以针对每个教师的优缺点提出清晰的结论。

第三，对某类工作开展情况进行总结。由于记录了高校所有工作的质量评价，因此对于同类工作，如课题教学，或者更小范围思政课程的课堂教学，该模型都可以进行总结，找出在全校范围内比较突出的问题，并针对问题找到解决措施。

第四，对于在某项工作发展中遇到一定瓶颈的教师提供有针对性的辅导。在教师确定重点发展领域后，该部分工作有可能开展得并不理想，或是长期在某项工作中表现较为优秀的教师一段时间内评价下降，这可能是教师在工作、生活中遇到了比较特殊的困难与问题，需要教师发展中心、部门领导及时介入，提供特别帮扶，帮助教师及早树立信心，提高教学水平。

第五节　教师出国培训

改革开放之后，中国的出国留学事业取得了巨大成就，为国家科技创新和核心竞争力提升提供了智力支持，有力推动了国家和社会的全面发展进步。

2013 年习近平总书记针对新时期出国留学工作提出了“支持留学、鼓励回国、来去自由、发挥作用”的指导方针，这将使出国留学事业为实现中华民族伟大复兴的“中国梦”起到更大作用。在新的留学工作方针中，习近平总书记增加了“发挥作用”一项，这使得出国留学工作方针更加以人为本、与时俱进，在新时期环境下让留学归国人才更好地为国服务、报效国家。

支持留学：自邓小平同志做出“扩大派遣留学生”的指示以来，中国大力支持出国留学工作的开展，拨出专款来支持公派出国留学，而且支持力度非常大，同时也鼓励和支持公民自费出国留学，现在已经形成了以国家公派出国留学为主导，自费出国留学为主体的协调发展局面。

鼓励回国：国家实行了多种形式而且富有创造性的举措，搭建了很多吸引留学人才回国工作的平台。包括对归国人员进行择优资助；建立优秀留学回国人员科研启动基金制度；为归国人员创造良好的生活工作环境；为归国留学人员进行投资、引进技术和项目创造良好的创业条件并提供高效便利的行政服务等，这些措施的实行起到了良好的效果。

来去自由：在国务院制定的《国家中长期教育改革和发展规划纲要(2010—2020 年)》中，除了鼓励留学人员学成归国以外，还鼓励出国留学人员“通过采用多种形式为中国社会主义现代化建设做出贡献”。即使出国留学人员不回国，也可以通过其他方式来报效祖国。出国留学人员可以在两地之间来去自由，充分发挥自身价值，使得科技成果两边开花。

发挥作用：新的留学工作指导方针增加了“发挥作用”一项，这是迈出了里程碑性质的一步，从其本质上看，说明中国从中央到社会各界将更重视出国留学人员“回到祖国有用武之地，留在国外有报国之门”，也表明了国家对广大留学人员更加包容的态度和更加人性化的关怀，这对整个留学事业的发展将起到关键的指导性作用。

当前，教师出国留学政策主要有以下几点。

国家公派出国规模范围增大，支持力度提升：教育部历来重视国家公派出国留学工作，国家公派留学是中国留学队伍的国家队。国家公派出国留学工作始终坚持扩大规模和提高质量并重；人才培养和作用发挥并重；回国工作和为国服务并重。自国家留学基金管理委员会 1996 年成立以来，国家公派出国留学实行“个人申请、专家评审、平等竞争、择优录取、签约派出、违约赔偿”的选派和管理办法，形成了机制合理、渠道多样、层次均衡的国家公派出国留学局面。在规模方面，国家公派出国留学年度选派人数从2006年的7500人增至2014年的21350人，2015年，选派规模继续增大，增加至25000人，10年间翻了近两番。在选派留学身份类别方面，由以访问学者留学身份类别为主，逐步扩大为高级研究学者、访问学者、博士生、联合培养博士生、硕士生、本科交流学生和短期研修生等各类留学身份类别。在选派项目方面，新增设的顶尖人才培养项目、国际组织人才培养项目、国际区域问题研究及外语高层次人才培养项目、艺术类人才培养特别项目等，针对不同的学科特点，设立专项项目，扩大了支持范围。在留学服务与管理方面，由财政部批准，自2013年10月起，调整留学人员奖学金资助标准，改善了公派留学人员的待遇，极大鼓舞了广大留学人员的信心，进一步体现了国家支持留学的决心。国家公派出国规模和范围的增大、支持力度的提高，为高校加强师资队伍国际化建设提供了良好的资源。

各省推出留学资助项目，扩大留学规模：很多省份出台了省资助出国留学项目，以福建省为例，为贯彻落实《福建省中长期人才发展规划纲要(2013—2020年)》及《福建省中长期教育改革和发展规划纲要（2013—2020年)》精神，加快推进福建科学发展、跨越发展，培养福建省经济社会发展急需的国际化、创新型人才，2013年起，福建省设立了出国留学奖学金，该项目因地制宜，优先资助福建省急需的各类学科领域人才赴国外知名高校及研究机构学习、进修或从事合作科研项目。福建省还于2013年推出了本科高校优秀学科带头人海外高端访问学者项目，围绕高水平大学建设和福建省产业结构调整与发展需要，支持具有领军人才发展潜力、在本专业领域有一定建树的中青年学科带头人赴海外访学。此类项目与国家公派项目互为补充，进一步扩大了高校教师出国留学规模。

各高校频频出台政策，打造国际化师资队伍：随着出国留学越来越普及，高校国际化水平提升速度加快，各高校参照国家公派出国留学有关政策，配合国家和省市留学资助项目实施，结合各高校实际，纷纷出台政策文件，为打造国际化的师资队伍提供有力保障。以电子科技大学为例，为拓展青年教师的国际视野，提升师资队伍的整体水平，实现“‘十二五’末45岁以下专任教师中具有一年以上海外学习或工作经历的比例达到50%”的建设目标，特制定了《青年教师出国（境）行动计划》。建立了覆盖国家级、省部级留学基金资助，中外联合资助，学校资助，学院资助，博士后，自筹公派六个方面的资助体系。明确了对出国研究教职工的激励和约束政策，提高管理实效。

国家实施的国际化高水平师资队伍建设计划，是中国建立一支国际知名、国内一流师资队伍的重要途径，在中国新时期开展人才培养工作具有举足轻重的地位。在中国高等教育国际化进入加速发展的新时期，教师出国留学能够在短时间内有效地提升教师国际化水平，优化师资队伍结构。留学归国教师在高校各方面发展中具有不可替代的地位，创造了巨大的效益，引领中国高等教育和科学研究快速向世界水平跟进。中国几乎所有学科的知识，包括学术思想、理论和研究方法在很大程度上得到了更新，创设了一大批曾经空白的学科，陆续引进了大批新教材以及新的教学方法，提高了中国学科建设和高等教育的水平，对高等院校人才培养的质量产生了重大影响。中国的科研水平有了显著提高，缩短了中国与国际水平的差距，一些学科已经达到国际领先水平。

首先，促进高校的学科发展。21 世纪，人才是竞争关键因素，因此，高等院校能否在未来的发展中在学科上取得优势，关键在于是否能够通过培养人才、引进人才来打造好自己的优势学科，更好地把握现代学术研究中大项目、大协作的特点，推进学科整体水平的提高。通过选派优秀教师出国留学能够优化教师队伍结构，对形成学科的群体优势起到积极的促进作用。通过立足于学科发展来进行人才队伍的建设，规范出国留学选派工作的开展。很多高校开始着重培养学科带头人，创设了一批曾经空白的学科，增强了以往薄弱的学科队伍，同时又连续引进了一批中青年学术骨干，巩固了学科地位。

其次，提升高校的育人水平。育人为本是教育的生命和灵魂，是教育的本质要求和价值诉求。人才培养也是高校的主要职责，高水平师资是培养优秀学生的重要保障。归国教师在学术思想、理论和研究方法上都有很大程度的提高，并能够陆续引进大批新教材以及新的教学方法，为学生带来更开阔的思维方式、更有效的学习方法、更全面的适应能力，以此大大提升高校人才培养质量，从而提高高等教育的水平。因为留学教师的选拔遵循“择优资助”原则，因此他们都是同龄人中的佼佼者，具有更加坚实的学科基础和宽阔的学术视野。尤其是青年骨干教师正处在能力提升的关键阶段，适应能力很强，接受新知识更快，所以发掘培养一批具有发展潜力的青年教师到世界名校或者科研机构学习，对提高高校育人水平是大有裨益的。

最后，繁荣高校的国际交流。当今世界，全球一体化进程正在不断加速，随着中国教育对外开放程度的不断深入，高等学校的国际合作与交流日益频繁。出国留学教师正是这些活动的主要载体，他们既有国内成长经历又有海外生活体验，既有广泛的国内外人际关系又有丰富的不同文化交流经验，许多外国人通过他们了解中国教育。出国留学教师充分发挥自身优势，当好促进中外友好交流的“民间大使”，多用外国民众听得到、听得懂、听得进的途径和方式，讲述好中国故事，传播好中国声音。归国教师在加强高校与国外名校、科研机构的交流与合作，为学校间出国留学和来华留学活动牵线搭桥等方面，发挥着不可替代的作用。所以，高等院校要和国家、各地方教育、外事等部门一起共同努力，落实好教师出国留学工作，繁荣高校国际交流。

当前，我国各类高校出国教师的管理与服务存在的问题：一是存在于选派留学人员上的问题，高校在制定留学人员培养计划时未能充分考虑学科的均衡发展与优先发展的平衡关系；留学前选派工作规范性不够，没能充分考虑到留学人员道德水平、身心健康、外语水平等情况。二是留学教师在外的管理问题，由于时差、空间距离、联系方式等多种因素的影响，职能部门对留学人员的动态监管不及时，这种状态显示高校单位没有充分发挥自身作用，这种对留学人员不闻不问的现象造成管理的缺失。三是留学教师归国后的管理问题，高校留学教师回国后的政策不完善，留学教师归国后虽然享受到了相应的福利待遇，但是缺乏相应的约束机制，使得国家和高校并没有能直接受益，这造成了留学工作效果打了折扣；原来的留学归国人员政策已经不符合新时期的发展需要，灵活性差，造成了人才资源的浪费等。四是高校留学教师归国后的发展环境不理想，研发项目申报过程中遇到资金问题，各级机关给予的支持还是相对有限，不利于开展研究工作；高校研发资金的支持方向不够平衡，造成某些研究方向上的资金缺位；国内学术科研环境欠佳，相应管理层缺乏创造良好科研环境的管理意识等。

面对这种情况，高校应制定与实际情况相适应的改进措施。在选拔方面，要充分考察留学人员的身心健康以及道德水平。第一，身心健康是人才成长的基础，因此，在留学人员挑选的过程中，要到正规医疗机构对其按照一定的标准进行体检。第二，要考虑申请人的道德水平和心理健康。通过民主测评和调查对申请人的道德水平进行打评，同时到专业的心理研究机构对申请人的心理健康进行评估。第三，对公派出国教师的诚信水平进行测评。因为，以往曾出现学习期满教师恶意滞留的现象，对单位造成了不良影响，所以，应当建立留学教师诚信档案。

在派遣方面，要遵照按需派遣、规模适度、保证质量的原则。高校要根据国家社会的发展需要对选拔人员研究方向进行调研，然后再进行派遣，且派遣规模要符合高校的学科建设和发展，不能蜂拥而上，降低培养质量。待这些优秀教师留学归国后，将他们把学到的、见到的、想到的知识带回高校，填补国内的学术空白，促进学科发展，甚至还能建设新兴学科，缩短我们与国际水平之间的差距。

在外管理方面，一是加强对出国教师的行前培训工作，包括办理各种手续和国外留学注意事项。二是强化留学教师的签约管理。为了使留学教师学习期满如期回国，学以致用，为高校服务，要在出国前与其签订协议，建立违约赔偿制度，使留学工作有章可循，有利于通过协议在法律上对双方进行约束和保护。

在回国方面，留学归国人员的政策是影响留学教师积极性的主要因素。所以，相关单位要积极主动地研究国外先进的管理经验，创造符合自身发展的激励政策，吸引留学教师回国做贡献。在留学教师回国后的任用问题上，高校要不断加大对科研基础设施和科研经费的资金投入力度，为留学教师提供良好的科研环境。可以通过建立大学科技园、创业基地、留学教师创业园区和服务机构，建设适合留学归国教师发展、有利于留学教师创业的环境条件，为高校的科研、学术、教学工作和企业高新技术发展贡献其价值。

第六节　各级各类人才培养计划

人才是第一生产力。中国共产党第十六次全国代表大会之后，我国紧紧围绕到2020年全面建设小康社会和到21世纪末基本实现社会主义现代化两大目标，大力推动实施人才强国战略，颁布了《2002—2005年全国人才队伍建设的规划纲要》《国家中长期人才发展规划纲要（2010—2020年）》，国家部委、地方政府及各高校、科研院所都启动或继续实施了各级各类人才培养计划，形成各年龄阶段、各层次的人才梯队培养体系，如下图。

院士：某些国家所设立的科学技术方面的最高学术称号，一般为终身荣誉。在中国，院士通常是指中国科学院院士或中国工程院院士。其中，中国科学院院士是国家设立的科学技术方面的最高学术称号，中国工程院院士是国家设立的工程科学技术方面的最高学术称号。

中国科学院院士，原称“中国科学院学部委员”（中国科学院学部成立于1955年，是国家在科学技术方面的最高咨询机构）。1993年10月，国务院第十一次常务会议决定将“中国科学院学部委员”改称中国科学院院士，同时决定成立中国工程院（中国工程院是中国工程科学技术界的最高荣誉性、咨询性学术机构）。1994年6月，中科院第七次院士大会选举产生了首批96名中国工程院院士（随着中国工程院的成立，部分院士既为“中国科学院院士”，也为“中国工程院院士”），以及首批中国科学院外籍院士。1996年，产生首批中国工程院外籍院士。院士们根据其所从事研究的学科领域，参加相应的学部。

根据2014年修订的院士章程及增选办法，每两年进行一次增选院士。院士候选人由院士提名或有关学术团体推荐（学术团体推荐的候选人年龄不得超过65周岁），各学部组织院士对有效候选人进行评审和初选，新当选院士由具有投票权的全体院士投票产生。

每次增选时，每位院士最多推荐3名候选人。候选人需至少获得3名院士推荐，且至少有2名院士所在学部要与该候选人被推荐的学部相同。对65周岁以上的候选人，需要至少6名院士推荐，且至少有4名院士所在学部与该候选人被推荐的学部相同方为有效（工程院还要求年龄超过70周岁的候选人被提名次数仅限1次）。凡已合计连续3次被提名推荐的有效候选人（无论是推荐至工程院还是科学院，都计算在内），停止1次候选人资格。工程院规定：公务员和参照公务员法管理的党政机关处级以上领导干部原则上不作为候选人。

院士候选人需拥有中国国籍，外国国籍专家只能申报外籍院士。选举外籍院士，候选人获得不少于5名院士的推荐为有效，其中，科学院每位院士可推荐1名候选人，工程院每位院士可提2名候选人。外籍院士不参加选举活动，但在取得中国国籍后，可直接转为本院院士或资深院士，并享有同等义务、权利及有关待遇。

为维护老年院士的身体健康，两院对年满80周岁的院士授予资深院士称号。资深院士不担任院及学部的领导职务，不参加对院士候选人的提名和选举，可以自由参加院士会议等活动。

万人计划：谈及“万人计划”，要从其“姊妹篇”——“千人计划”（“海外高层次人才引进计划”）说起。2008年12月，为抢抓国际金融危机带来的引才机遇，中共中央办公厅转发《中央人才工作协调小组关于实施海外高层次人才引进计划的意见》，启动实施“千人计划”，引进并有重点地支持一批海外高层次人才回国（来华）创新、创业。经过几年的发展，“千人计划”形成顶尖千人、千人、青年千人三个层次的项目，掀起海外人才回国热潮，取得了良好的引才用才成效。与此同时，“外引、内培”两手都要抓的呼声越来越高，中央明确要求适时制定实施国内高层次人才支持计划，加强对国内高层次人才的培养和使用。于是，2012年8月，经党中央、国务院领导批准，由中组部、人社部等11个部门和单位联合发文，启动“万人计划”。该计划目标任务是：围绕建设创新型国家的战略部署，从2012年起，用10年左右时间，有计划、有重点地遴选支持一批自然科学、工程技术和哲学社会科学领域的杰出人才、领军人才和青年拔尖人才，形成与“千人计划”三个层次的项目相互衔接的高层次创新、创业人才队伍建设体系。两个计划并行实施，协同推进，由中央人才工作协调小组统一领导、中组部牵头、各有关部门共同实施。其中，科技部设立杰出人才、科技创新领军人才、科技创业领军人才评选平台；中央宣传部设立哲学社会科学领军人才评选平台；教育部设立教学名师评选平台；人力资源社会保障部设立百千万工程领军人才评选平台。以上四个部门共同负责青年拔尖人才评选。

“万人计划”旨在对重点人才重点支持、特殊人才特殊培养。中央组织部、人力资源社会保障部为“万人计划”杰出人才、领军人才授予“国家特殊支持人才”称号，并为杰出人才、科技创新领军人才、哲学社会科学领军人才、百千万工程领军人才及教学名师安排每人不高于100万元的特殊支持，用于自主选题研究、人才培养和团队建设等。该计划尤其重视对青年人才的支持和培养，认为青年科技人才是最需要稳定经费支持的群体，因此中央对青年拔尖人才给予更高的经费支持：自然科学领域120万~240万元，哲学社会科学、文化艺术领域30万~60万元，为他们潜心研究提供更有力的保障。

万人计划三个层次七类人才项目：

项目类型		具体标准
杰出人才（10名/批，共10批）		研究方向处于世界科技前沿领域，基础学科、基础研究有重大发现，具有成长为世界级科学家的潜力，能够坚持全职潜心研究。
领军人才（800名/批，共10批）	科技创新领军人才（300名/批，共10批）	在国家中长期科学和技术发展规划确立的重点方向上，主持重大科研任务、领衔高层次创新团队、领导国家级创新基地和重点学科建设的科技人才和科研管理人才，其研究工作具有重大创新性和发展前景。以50周岁以下中青年人才为主。
	科技创业领军人才（200名/批，共10批）	运用自主知识产权创建科技企业的科技人才，或具有卓越经营管理才能的高级管理人才，创业项目符合中国战略性新兴产业发展方向并处于领先地位。以近5年内创办企业的主要创始人为主。
	哲学社会科学领军人才（100名/批，共10批）	坚持中国特色社会主义方向，拥护党的路线、方针、政策，在哲学社会科学重点领域主持重大课题任务、领导重点学科建设的专业人才和科研管理人才，其研究成果有重要创新和重大影响。

续表

项目类型		具体标准
领军人才（800名/批，共10批）	教学名师（100名/批，共10批）	长期从事一线教学工作，培养优秀青少年有突出贡献，对教育思想和教学方法有重要创新，为人师表，师德高尚，在教育领域和全社会享有较高声望。
	百千万工程领军人才（100名/批，共10批）	50周岁以下，潜心基础研究，揭示自然规律和社会发展规律，为社会提供新知识、新原理、新方法，引导基础理论原始创新，对基础学科发展具有重要推动作用。
青年拔尖人才（200名/批，共10批）		35周岁以下，具有特别优秀的科学研究和技术创新潜能，课题研究方向和技术路线有重要创新前景。

长江学者：20世纪90年代，高等学校教师队伍建设有待加强，教师整体素质亟待提高。据教育部统计资料显示，1998年，全国普通高校的专任教师中，具有博士学位的教师比例不到5%，严重影响我国各类高等教育发展和高水平大学建设。面对挑战，在著名爱国实业家李嘉诚先生的支持下，教育部与李嘉诚基金会共同筹资，于1998年正式启动实施“长江学者奖励计划”，旨在大力吸引和培养造就一批具有国际领先水平的学科带头人，加快推进高校高层次人才队伍建设。该计划每年招聘特聘教授100名、讲座教授100名，聘期为三年。教育部每年下达一次特聘教授、讲座教授申报限额。特聘教授应聘者一般应担任高水平大学助理教授及以上职位或其他相应职位，国内应聘者应担任教授或相应职位；保证聘期内每年在受聘高校工作9个月以上；该项目主要针对中青年学者，因此，要求自然科学类应聘者原则上在45周岁以下，人文社会科学类原则上50周岁以下。讲座教授应聘者一般应担任国外高水平大学副教授及以上职位或其他相应职位，保证每年能在国内受聘高校一般工作3个月以上（因特殊原因，最少不得低于2个月）。长江学者在聘期内享受长江学者奖金，获得个人待遇上的激励，其中，特聘教授奖金为每人每年人民币10万元，讲座教授奖金为每人每月人民币1.5万元（按实际工作月支付）。

为贯彻落实《国家中长期教育改革和发展规划纲要（2010—2020年）》和《国家中长期人才发展规划纲要（2010—2020年））》，大力吸引、培养造就一批具有国际影响的学科领军人才，深入推进人才强校，全面提高高等教育质量，2011年年底，教育部启动实施新的“长江学者奖励计划”，实施经费全部由中央财政专项支持。新的“长江学者奖励计划”继续实施特聘教授、讲座教授项目，但更多地支持全时全职类的岗位：每年支持150名特聘教授、50名讲座教授；特聘教授聘期为5年，聘期内享受每年20万元人民币奖金；讲座教授聘期为3年，聘期内享受每月3万元人民币奖金，按实际工作时间支付。新的“长江学者奖励计划”作为国家重大人才工程的重要组成部分，与“千人计划”“万人计划”等共同构成国家高层次人才培养支持体系。在吸引海外人才方面，讲座教授人选全部面向海外知名大学教授，与“千人计划”形成衔接；特聘教授人选面向海外知名大学副教授，与“千人计划”形成梯队。

国家杰出青年科学基金：简称“杰青”，不同于人才计划，它是以科研基金项目形式给予科技人才支持。20世纪90年代，正逢科技振兴之时，但受“十年动乱”影响，科技人才队伍出现断层。为建设一支梯次合理、素质优良、新老衔接、满足经济社会和科技发展需要的宏大的科技人才队伍，国务院于1994年批准设立国家杰出青年科学基金，由国家自然科学基金委员负责管理，支持在基础研究方面已取得突出成绩的青年学者自主选择研究方向开展创新研究，促进青年科学技术人才的成长。

国家杰出青年科学基金项目主要资助中青年学者，要求申请者为45岁以下，具有高级专业技术职务（职称）或者具有博士学位；主要资助国内科研人员，要求申请者与境外单位没有正式聘用关系，保证资助期内每年在依托单位从事研究工作的时间在9个月以上。资助规模从建立之初的每年49人增长至当前的200人左右，每项资助强度由60万元增长到当前的400万元，资助年限也延长至5年。

优秀青年科学基金：该项目在民间简称“小杰青”“优青”，由国家自然科学基金委于2012年设立，旨在加强对创新型青年人才的培养，完善国家自然科学基金人才资助体系，在青年科学基金项目和国家杰出青年科学基金项目之间形成有效衔接。申请者应具有高级专业技术职务（职称）和博士学位；在申请当年1月1日男性未满38周岁，女性未满40周岁；与境外单位没有正式聘用关系；保证资助期内每年在依托单位从事研究工作的时间在9个月以上。资助规模为每年400项，资助期限为3年，资助强度为100万元/项。

为更好地吸引和用好高层次人才，配合国家实施的一系列人才计划，地方各级政府制定了各类人才计划，如设置杰出创新创业人才奖、开展学术和技术带头人及后备人选活动、突出贡献优秀专家等。

同时，为了更好地吸引和用好高层次人才，配合国家、地方各级政府实施的一系列人才计划，国内各大高校及科研院所等也制定了各类人才计划。

百人计划：2010 年，为加大高层次人才工作力度，推进优势学科和特色学科群建设，一些高校开始实施“百人计划”，通过引进与培养相结合，以入选“长江学者”奖励计划、获得“国家杰出青年科学基金”为目标，重点对 100 名左右高层次人才进行支持，为高层次人才搭建良好的事业平台，促进其快速成长，为学校高层次人才队伍建设发挥了重要作用。

随着国家“青年千人计划”“青年拔尖人才支持计划”及“国家优秀青年科学基金”等一系列青年人才计划或项目的相继实施，为进一步加大“人才强校”战略的推进力度，更好地适应国家级人才计划的发展要求，根据自己的实际情况对“百人计划”进行了修订。修订后的校“百人计划”作为学校人才队伍建设计划的重要组成部分，分层次实施培育项目和青年项目，分别对接相应层次的国家级人才计划。入选校“百人计划”后，学校给予人选者相应配套支持，力争通过培养期，造就一批优秀的学科学术带头人。

学术新人奖：旨在奖励具有创新精神、在学术研究中取得突出成果的青年教师（一般不超过 35 岁），获奖者将获得一定金额的资助。

↗第四章

管理激励机制

第一节　激励理论概述

“激励”是西方行为科学和管理科学中一个常用的概念，对其含义的阐释并不统一。在管理心理学中，广义的激励就是激发、鼓励、调动人的热情和积极性。它是“一种内部的心理过程，通常不能直接被观察，只能从个体的行为表现来衡量和推断”。从不同的角度出发，可以对激励做出不同的理解。

从激励的主客体来看，激励包含两个不同却相互关联的概念：一是从激励的客体——个人角度出发，激励被看作是一种个人状态，是可以激发个人追求目标的动力，一种“朝某一个特定目标行动的倾向”，它影响个人行为的起始状态、方向、强度和持久力。二是从激励的主体——组织管理者角度出发，激励是一个使人追逐目标的过程，是“引导人们朝着某些目标行动，并花费一些精力去实现这些目标”的过程，是“诱导人们按照预期的行为方案进行活动的行为”。

从激励内在的心理过程来看，激励是能够被人感知的一种驱动力和紧张状态，可以督促人们朝着某个特定方向前进或者为完成某个目标而采取行动，这是一种通过高水平努力实现组织目标的意愿，这种努力以能够满足个体的某种需要为条件。

以上诸多定义都强调了激励作为一种驱动力或诱发力对达成人的行为目标

的作用。它不仅表现为个体追求某种既定目标的意愿程度，以及人自身内部产生的动机，而且也表现为外界所施加的吸引力和推动力。它一方面可以看作是一种根据个人与外界的需要调动和激发人的积极性、主动性和创造性的行为导向，另一方面可以看作是一种自我调节、自我发展的主观心理状态和内在机制。

从心理学角度研究探讨激励的结构及其内容，激励包括三个基本要素：需要、动机、刺激。

第一，需要。需要是个体缺乏某种东西时产生的一种主观状态，它是维持个体与社会生存的必要条件在人脑中的反映，通常以缺乏感或丰富感被人体验。需要是个体的客观需求的主观反映，它是人的个性、积极性的源泉，是一种个性倾向性。激励即是挖掘人的客观需求，从人行为的内在需求动机出发激发人的积极性。根据不同标准划分，需要有如下类型：从需要的来源看，它包括人的自然需要和社会需要；从需要的对象看，它包括物质需要和精神需要；从需要的人体机制看，它包括生理需要和心理需要。

第二，动机。动机是人的行为的内部驱动力，它是人的行为的内在直接原因。动机在需要的基础上产生，是为了达到任何目标而付出的努力，其努力程度是表示强度的一个指标。当一个人受到激励时，他自愿付出努力的程度越大，则对人的行为影响越大。人的动机多种多样，有多少种需要就有多少种动机。诸如与生理需求相关的生理性动机，与社会需求相关的社会性动机或心理性动机等。

第三，刺激。刺激在专业术语中是指由未满足的欲望、要求或由剥夺引起的人的内部紧张状况。一种未被满足的需要会带来紧张，进而会产生内驱力。这些内驱力会产生寻求行为，去寻找能满足需要的特定目标，如果目标达到，需要就会满足，并进而降低紧张程度。从这层意义上来讲，可以说被激励的人处于一种紧张状态。为缓解紧张，他们会努力工作，紧张强度越大，努力程度越高。如果这种努力成功地满足了需要，紧张感将会减轻。值得关注的是这种减轻紧张程度的努力必须是指向组织目标的。因此，激励的定义中隐含着个体需要必须和组织目标一致的要求。如果个体需要和组织目标不一致，即使个体做出了高水平的努力，对组织来说也是没有任何价值的。

从诱因和强化的观点看，激励是将外部适当的刺激转化为内部心理动力，从而增强和减弱人的意志和行为。激励的核心问题是动机是否被激发。通常，人们的动机被激发得越强烈，激励的程度就越高，为实现目标，工作也就越努力。激励的目的就是调动人的积极性。但是人产生行为还要受精神、体力、环境等方面的影响。人在接受任务时的动机是十分复杂的，甚至是互相冲突的。而激励的因子可以影响人的行为，支配人的行动。采用激励方法，可以促使个人的动机更加强烈，将潜在的、巨大的内驱力释放出来，为实现目标努力奋斗。

为了更加有效地使激励方法，逐渐形成了激励机制。所谓机制，是指系统内各子系统、各要素之间相互作用、相互联系、相互制约的形式和运动原理以及内在的、本质的工作方式。它包含以下几层含义：

机制按照一定的规律自动发生作用并导致一定的结果。

机制不是最终结果，也不是起始原因，它是把期望转化为行动、原因转化为结果的一种中介。

机制制约并决定着某一事物功能的发挥。

在一定的系统中，机制是客观存在的，它所反映的是事物内在的、本质的作用方式和规律，是系统各组成部分之间相互作用的动态关系。

机制的优劣是以其作用于系统而导致的系统机能的强弱来评价的。

激励机制是指组织系统中，激励主体通过激励因素或激励手段与激励客体之间相互作用的关系的总和，也就是指组织激励内在关系结构、运行方式和发展演变规律的总和。激励机制包含两个要素：第一，发现员工需要什么，然后用这个事物作为员工完成工作的报酬。第二，确定员工的能力是否可能完成这项工作，也就是说，需要和能力是实现激励功能的两个要素。激励并不是无条件地简单满足员工的任何需要，而是要以能在一定程度上导致组织绩效提高的方式来满足员工的需要，要对需要满足的方式和程度予以控制。

综上可知，高校人力资源管理激励机制是指在高校组织系统中，激励主体（高校组织）与激励客体（教职工）之间相互作用的关系的总和。

激励与激励机制是密不可分、相辅相成的，同时又有很大的区别。激励就是对人们行为动机的激发、鼓励，调动人的积极性和创造性。激励主体通过激励因素或激励手段与激励客体之间相互作用的关系的总和构成了激励机制，即多种激励手段构成了激励机制。激励与激励机制的辩证关系如下：激励是动机，要求。激励机制是手段，是制度，是可以长期运行并具有一定规律的。激励机制随着激励的要求的不断变化而进行调整和改进，以适应激励的需要；激励是每一层管理者都应有的能力，而激励机制要靠人力资源管理部门来制定和建立起来。

一、激励理论概述

有关激励的理论在20世纪初已见端倪，50年代行为科学出现后，有关激励理论的研究活跃起来，并被人们广泛运用于管理实践中。激励理论可分为内容型激励理论和过程型激励理论。内容型激励理论研究的是“什么样的需要会引起激励”这样的问题，它说明了激发、引导、维持和阻止人的行为的因素，旨在了解人的各种需要，解释“什么会使员工努力工作”的问题，包括马斯洛的需要层次论、赫兹伯格的双因素论等；过程型激励理论，则研究“激励是怎样产生的”问题，解释人的行为是怎样被激发、引导、维持和阻止的，着重分析人们怎样面对各种满足需要的机会以及如何选择正确的激励方法的理论，过程型激励理论解释的是“为什么员工会努力工作”和“怎样才会使员工努力工作”这两个问题，包括亚当斯的公平理论、弗鲁姆的期望理论等。这些激励理论的出现大大推动了管理实践，使激励机制的创立与实施成为组织者的工作重点之一。下面将对这些激励理论分别阐述。

（一）内容型激励理论

包括需要层次理论和双因素理论两种。

1. 需要层次理论

需要层次理论是美国人本主义心理学家马斯洛在1943年出版的《人类激励理论》一书中首次提出的。他把人类多种多样的需要归纳整理为五类需要，即生理需要、安全需要、归属和爱的需要、尊重需要和自我实现需要。

生理需要：这是人类为维护自身生存的最原始、最基本的需要。如对食物、饮料、衣服、住房等的需要都是生理需要。如果这类需要得不到满足，人类的生存就会受到威胁。人们在转向较高层次的需要之前，总是集中全力来满足这类需要。所以，这类最强烈和最低层次的需要是推动人们行动的最强大的动力。

安全需要：人们在生理需要得到满足后，就会产生安全需要。安全需要是多方面的，包括劳动安全、职业安全、环境安全和社会保障安全等。如果安全需要得到满足，人们就解除了对生病、失业、养老、意外灾难等的恐惧和担忧。

归属和爱的需要：人们在前两项需要得到满足后，对归属的需要就成为强烈的动机。如人们希望和同事、朋友建立和保持友谊，希望得到别人的安慰和支持，希望得到别人的信任和关爱，希望成为团体中的一员，使自己有一种归属感。

尊重需要：在满足社交需要后，人们开始关心自己的名誉、地位以及别人对自己的重视和赏识。人们总希望别人尊重自己的人格，希望自己的能力和工作得到公众的承认和赏识，渴望在团体中确立自己的地位。

自我实现需要：这是最高层次的需要，人们通常希望充分发挥自己的聪明才智和潜能，或者做一些有意义有价值的事情，以实现自己的远大理想和抱负，成为自己所期望的人物。

人类的这五种从低级到高级的需要，它们构成了一个有层次的体系。通常，激励是一个动态过程。人们首先总是设法满足最低级的和最基本的需要，当较低级的需要满足后，追求高一级的需要就成为人们行动的驱动力。

在同一时刻往往存在几种需要，这时人们的行为是由其最迫切的需要——优势需要决定的。所以，人最迫切的需要是激励人们行为的主导性动机。

这些需要的心理强度一般是由低到高逐级上升的，但这种顺序并非是固定不变的。事实上，高低的需要被满足，是一种相对过程。我国学者对这一问题研究认为，人类需要实际上具有多样性、层次性、潜在性和可变性等特征。

需要的多样性，是指一个人在不同时期有多种不同的需要，即使在同一时期，也可存在着好几种程度不同、作用不同的需要。需要的层次性，应是相对的，而不是绝对的由低到高排列的，需要的层次应该是由其迫切性来决定的。对于不同的人在不同时期，感受到最强烈的需要类型是不一样的。

需要的潜在性，是决定需要是否迫切的原因之一。人的一生中可能存在多种需要，而且许多是以潜在的形式存在的。只是到了一定时刻，由于客观环境和主观条件发生了变化，人们才发现、才感觉到这些需要，这也正说明了需要的可变性。

目前，我国高校教职工的经济收入仍属一般，其实际付出的劳动及教职工成长和个体投资仍不相称；其次是高校教职工待遇与其他行业人员待遇的反差，特别是与同类人员待遇的反差较大，因此以提高福利待遇为核心的物质激励对于他们依然是行之有效的激励方法。

同时，现代社会的科技飞速发展、知识不断更新，要求高校教职工不断地积极学习，以面对激烈的竞争。一个人只有不断学习，才能有更多机会掌握自我实现的机会，以满足尊重需要、自我实现等层次的需要。这就要求组织在为每位高校教职工制定职业生涯规划时，充分考虑是否可以不断提供学习机会和发展空间，并且通过制度来公正地保证每一位认真工作的人都有实现自我的机会。

综上所述，管理者应采取各种相应的措施，设法满足不同人的不同层次需要，从而调动他们的工作积极性。需要的多样性与复杂性，要求高校组织在与高校教职工在商讨其职业生涯规划时，双方需要进行充分的沟通和了解，以期建立符合长远发展的规划；同时，在对以往教职工职业规划进行例行的反馈与评估时，能根据个人情况的变化，做出适当调整，从而使高校组织与教职工真正实现双赢。

2. 双因素理论

双因素理论是美国心理学家费雷得里克·赫兹伯格在20世纪50年代后期提出的，他认为要调动人的工作积极性，主要使人们对工作发生感情，从工作本身来激发人的内在积极性。同时他提出激发人的工作动机的因素有两类，即激励因素和保健因素。

激励因素就是能够使员工受到激励，在工作中做出最好表现的那些因素。这类因素来自于工作本身，它给予员工很大程度的激励和工作满足感，促使人们努力工作，提高生产效率。如果这类因素得不到满足，员工也不会有较大的不满意，而只是没有满意而已。

保健因素是指那些保证员工对工作不会产生不满意的因素，这类因素是与工作条件相关的因素。如果这些因素不具备或者有缺陷，必然引起员工对工作的不满。但是，对这类因素的改善也只能消除员工对工作的不满而已，不能使员工受到多少激励。

进一步的分析表明，保健因素之所以能导致人们的不满，是因为人们具有避免不满意的需要，激励因素之所以能导致人们的满意，是因为人们具有成长和自我实现的需要。但这两类性质不同的因素，是彼此独立而不同的。与此相关，赫兹伯格认为，满意的对立面不是不满意，而是没有满意；不满意的对立面也不是满意，而是没有不满意。保健因素是否具备、强度如何，对应着员工“没有不满意”和“不满意”，因为保健因素本身的特性，决定了它无法给人以成长的感觉，因此它不能使员工对工作产生积极的满意感；激励因素是否具备、强度如何，对应着员工“满意”和“没有满意”，因为人的心理成长取决于成就，而取得成就就要工作，激励因素代表了工作因素，所以它是成长所必需的，它提供的心理激励，促使每个人努力去达成自我实现的需要。

由于该理论是基于对知识分子群体的调研，因此对各类高校组织教职工工作积极性有重要的参考和指导作用。从我国高校人力资源特征看，双因素理论在实践中有着较大意义。这些高校的教职工是知识分子中特殊的人群，他们对成就感热切追求，对责任感有着广泛认同，对个人的发展与自我实现尤为关注，而这都与激励因素的主体相吻合。相对而言，高校教职工对于工作环境、管理与政策等的关注不如其他群体那么密切，因为他们已基本具备稳定的生活环境、较好的工作条件以及政策的倾斜等。高校教职工在内心深处关注的是自我价值的实现和自己的学术水平能否得到社会的承认，自己的辛勤劳动能否得到社会的尊重。在建立高校人力资源管理激励机制时，当个人与组织达成了规划，必然就会有一项制度来保证规划执行后的反馈，通过定期或不定期的交流，从而使高校组织与教职工都能明了各自的进度与方向，以便做出及时调整，同时高校组织应加强教职工荣誉感教育，培养对教育的执着精神与认真态度将有非常重要的影响。

二、过程型激励理论

过程型激励理论通常包含期望理论、公平理论、目标设置理论三种。

（一）期望理论

是美国心理学家弗鲁姆于 1964 年在《工作与激励》一书中提出来的，他认为人们只有在预期其行动有助于达到某种目标的情况下，其积极性才会被充分激发起来，从而采取行动，以达到这一预期目标。他认为，个人的目标会影响个人的工作积极性，一个人如果努力工作能取得工作成绩，而工作成绩将导致良好的结果，即向往的目标，那么这个人就会为达到目标而积极工作。目标对人的激励力量的大小可以用下面的公式来表示：

激励力量 = 效价 × 期望

在此式中：

激励力量——对行为动机的激发力量，即调动人们工作积极性力量的大小；

效价——是指个人对自己所采取的行动将会达到的某一目标或成果的主观估价；

期望——是指某一特定行动导致预期结果或目标的可能性大小（也叫概率），其值介于0和1之间。

通常，当个人对成果或目标漠不关心时，其效价为零；当个人希望达到这种结果时，其效价为正值；当个人不希望出现这种结果时，其效价为负值。只有当效价大于零时，才会有激励力量。而且，效价越高，激励力量就越大。另外，期望值越大，表示个人实现目标的可能性越大，激励力量也就越强。所以，当人们对某种目标（行为结果）的效价很高，而且期望值（成功概率或可能性）很大时，用这项目标来调动他们的工作积极性就很起作用；如果人们对某种目标的效价很低但是期望值很大，或者效价虽然很高但是期望值很小时，都不能激发人们的积极行为来达到某种目标；如果人们对某种目标的效价和期望值都很低时，就更没有任何激励力量了。

从期望理论出发可以看出，要调动员工的工作积极性，管理者必须给员工设置一个有吸引力的、对其效价较高的目标，而且要创造条件使员工经过努力能较满意地达到这个目标。如果目标对员工的效价不高，就应该设法调整或改变目标来提高效价，或者通过教育等方法来提高人们对原目标的效价。

由上述可知，对于期望和效价来说，高校组织要摸准教职工期望值和价值观的脉络，运用各种政策导向和措施保证其实现。比如教职工对技术职务的期望值普遍大于行政职务的期望值，对技术职务的期望值也高于经济报酬，那么高校就应把教职工技术职务的晋升作为重要的激励手段，肯定会取得预期的激励效果。高校在进行教职工管理激励机制的探索时，注重的应是高校组织与教职工个人的双赢，最终能使个人的目标与组织的期望能完美地结合。

（二）公平理论

又称社会比较理论，是美国行为科学家亚当斯在《工人关于工资不公平的内心冲突同其生产率的关系》《工资不公平对工作质量的影响》《社会交换中的不公平》等著作中提出来的一种激励理论。亚当斯认为职工对自己是否受到公平合理的对待十分敏感。他们的工作动机，不仅受其所得报酬的绝对值的影响，而且受其报酬的相对值的影响。也就是说，每个人不仅关心自己收入的绝对值，更关心自己收入的相对值。他们都会把自己付出的劳动和所得到的报酬与他人付出的劳动和所得到的报酬进行社会比较，也会把自己现在付出的劳动和所得到的报酬与过去付出的劳动和所得到的报酬进行历史比较。通过与他人的比较，希望得到公正的对待；通过自身的比较，希望劳动和报酬公平合理。

一般情况下，人们在组织中对自己报酬绝对值的注意远不如对自己与他人报酬相对值的注意。人们能否得到激励，不但由他们自己得到了什么而定，而且由他们看见别人得到了什么而定。他们通常会与别人做比较，当发现自己与别人投入和报酬的比例相当时，心里就会感到公平和满意，因而可保持正常的工作积极性；当发现自己的比例小于别人的比例时，就会感到不公平甚至愤愤不平，因而工作积极性大受影响；当发现自己的比例大于别人的比例时，不是感到欣喜若狂，就是感到焦虑不安。

应当指出，公平与不公平在很大程度上是一种自我主观感受。人们在同一件事情上，由于各自的心理承受和认知角度的不同，对是否公平的看法也不同。除了客观上确实存在一些不公平现象外，有些不公平的感觉可能是由自己的心理和认知等造成的。所以，我们要正确看待公平问题。当人们感到不公平时，就会产生一种力图恢复公平的愿望，从而采取各种行为措施。第一种办法是：抱怨、怠工、罢工等，以发泄心中的闷气；或者找领导进行交涉和争吵等，以使其改变原来不公平的做法。第二种办法是：寻找理由来进行自我安慰（合理化），以使自己在主观上对公平感进行心理调整；或者改变比较的对象，使自己“比上不足，比下有余”，来达到自己的心理平衡；或者离职、另谋出路，以表示对不公平的无法容忍。

2001 年高校分配制度改革从北京大学开始，当前已遍及全国各高校，对原先的平均分配和低酬制度形成强烈冲击，这种趋势是非常有利于高校激励机制的形成的。如前所说，我国高校教职工现在的绝对报酬有了相当大的提高，但高校组织要注意的是相对报酬量，即高校分配制度本身和配套的考核制度这些方面存在一些不完善的地方，造成一些分配中的相对不公平现象。这种情况在职称评定、组织奖励等时会出现，如果继续深化将严重影响高校教职工的工作积极性。

由于每件事的公平与否直接影响着人们的工作积极性，所以，组织的领导者要进行科学研究来正确评价高校教职工的劳动（投入），在管理上尽可能做到公平合理。公平是一种价值观念。公平与否的标准，既与一定社会的文化背景相关，也与当事者的价值观相关。高校管理者在工作中应当力求处事公正、公开，同时高校建立的人力资源管理激励机制在制度上要求高校教职工与高校组织做良性的沟通与反馈。

（三）目标设置理论

美国马里兰大学管理学兼心理学教授洛克在研究中发现，外来的刺激（如奖励、工作反馈、监督的压力）都是通过目标来影响动机的。目标能引导活动指向与目标有关的行为，使人们根据难度的大小来调整努力的程度，并影响行为的持久性。于是，在一系列科学研究的基础上，他于 1967 年最先提出"目标设置理论"，认为目标本身就具有激励作用，目标能把人的需要转变为动机，使人们的行为朝着一定的方向努力，并将自己的行为结果与既定的目标相对照，及时进行调整和修正，从而能实现目标。这种使需要转化为动机，再由动机支配行动以达到目标的过程就是目标激励。目标激励的效果受目标本身的性质和周围变量的影响。

目标有两个最基本的属性：明确度和难度。从明确度来看，目标内容可以是模糊的，如仅告诉对方"请你处理这件事"；目标也可以是明确的，如"请在 20 分钟内做完这 35 题"。明确的目标可使人们更清楚要怎么做，付出多大的努力才能达到目标。目标设定得明确，也便于评价个体的能力。很明显，模糊的目标不利于引导个体的行为和评价他的成绩。因此，目标设定得越明确越好。事实上，明确的目标本身就具有激励作用，这是因为人们有希望了解自己行为的认知倾向。对行为目的和结果的了解能减少行为的盲目性提高行为的自我控制水平。另外，目标的明确与否对绩效的变化也有影响。其次，从难度来看，目标可以是容易的，如 20 分钟内做完 10 个题目；可以是中等的，如 20 分钟内做完 20 个题目；可以是难的，如 20 分钟内做完 30 个题目，或者是不可能完成的，如 20 分钟内做完 100 个题目。难度依赖于人和目标之间的关系，同样的目标对某人来说可能是容易的，而对另一个人来说可能是难的，这取决于他们的能力和经验。一般来说，目标的绝对难度越高，人们就越难达到。有研究发现，绩效与目标的难度水平呈线性关系。当然，这是有前提的，前提条件就是完成任务的人有足够的能力、对目标又有高度的承诺。在这样的条件下，任务越难，绩效越好。一般认为，绩效与目标难度水平之间存在线性关系，因为人们可以根据不同的任务难度来调整自己的努力程度。因此目标设置理论认为，设置一个可以达到的目标是一种强有力的激励，是完成工作的最直接的动机，也是提高激励水平的重要过程。所以，领导者应充分利用目标设置这一激励手段，使组织中所有各级人员都能看到和达到个人的目标，这是有效激发动机、调动积极性的关键。

综合的目标设置模型被称作高绩效循环模型，模型从明确的、有难度的目标开始。如果有对这些目标的高度承诺、恰当的反馈、高的自我效能感以及适宜的策略，就会产生高的绩效。假如高的绩效导致了希望中的回报，例如有吸引力的奖赏，就会产生高的满意感。工作满意感与工作承诺联系在一起。高的承诺又使人们愿意留在该项工作上。此外，高度的满意感还能增强自我效能感。人们的满意感和对工作的承诺使他们愿意接受新的挑战，这样就能导致新一轮高绩效的产生。反过来，如果没有满足这个高绩效循环的要求，如低挑战性，缺少回报，就会导致低绩效循环。

目标的效价越高，其引力也就越大，此时激发教职工积极性的作用就越大。高校领导在提出某种目标任务时，必须考虑教职工心理满足情况，只有这样，任务才能有更大的激励作用，同时，还要掌握好目标设置的难度水平。人们在选择、确定目标时，还受目标成功规律的影响。高校领导所提出的任务要求，只有当教职工感到意义较大，又有很大可能实现时，激励作用才会大。当一个具体目标实现后，相关领导还需要及时将教职工引向一个新的目标。把高校的各个目标组成一个目标体系，使他们不断保持高昂的工作热情。

因此，高校的领导者应该力求把组织目标和高校教职工的个人目标有机地结合起来，并使个人目标在组织范围内有可能实现。如果高校的领导者能让每位教职工知道组织的目标，向他们提供有意义的参与实现这些目标的工作机会，并以某些方式给部下以确认其个人目标的机会，则教职工所产生的工作积极性将会同时达到组织目标和个人目标。如果一个未被了解的组织目标强加于组织成员，而他们又没有机会实现他们自己的个人目标，这将导致教职工的不满，甚至造成高校组织内部的不稳定。

目标设置是一个过程，而且常是一个反复的过程。对目标过程的反馈，可以把教职工目标实施的情况及时反馈给领导，有助于帮助教职工保持自己的行为不偏离原来的轨道。此外，教职工参与目标的制定，会使他们觉得组织目标的实现能够导致个人目标的实现。这样，他们就能看到自己的责任和价值，对工作的兴趣也会大增，并且，一旦达到目标，又会得到一种满足感。此外，教职工参与目标设置，能提高他们对组织目标的理解，并使高校教职工较易于接受这些目标。

三、行为改造型激励理论

行为改造型激励理论包括强化理论、归因理论、挫折理论三种。

（一）强化理论

是美国心理学家斯金纳在别人理论的基础上提出来的。斯金纳认为，人的行为可分为“应答性行为”和“操作性行为”两大类。应答性行为是生来就有的，属于不学就会的本能性行为。操作性行为是人们为了达到某种目的而作用于环境的行为，它受到行为结果的反作用，可能增强或减弱。因此只要控制外部刺激，就能改造人的行为。在管理中，运用强化理论改造行为的方式有三种，具体如下：

正强化：是指对于人们的某些良好行为，通过物质奖励和精神鼓励来加以肯定，促使人们的此类行为重复出现和增强。例如，对于表现优秀和成绩突出的员工可采用增加工资、发奖金、提升、认可、赞赏、表扬等方法，使其继续努力，更好地为组织工作。

负强化：是指预先告知人们如果做出某种不符合要求的行为将引起不利的后果，促使人们做出符合要求的行为，以避免不利的后果。当某种不符合要求的行为有了改变时，就要减少某种不愉快的刺激（如批评等），从而改变后的行为——良好的、符合要求的行为就会再现和增加。

惩罚：是指当人们做出不符合要求或不希望的行为时，就给予某些令人不快的对待，或取消某些为其所喜爱的东西，以消除这种行为重复发生的可能性。例如，可以通过罚款、扣发奖金、降职和撤职等手段，来改掉员工的某些不良行为。

应当指出，上述三种强化类型中，正强化是影响行为发生的最有力工具，因为它能增强或增加有效和积极的工作行为。惩罚只能使员工知道不应该做什么，并没有告诉员工应该做什么。而负强化则会使员工处于一种波动的、不愉快的状态之中，因此可能会导致适得其反的结果。作为策略的运用，如下表所示：

正强化：刺激→期望行为→呈现有吸引力的效果→重复期望行为 例：增加工资　高绩效　加工资　继续高绩效
负强化（避免）：刺激→期望行为→移去不期望的效果→重复期望行为 例：迟到遭训斥　准时不再训斥　继续准时
惩罚：刺激不期望行为→呈现不愉快的效果→减少不期望行为 例：吸烟受罚　吸烟　罚款　不吸烟

教职工是教学工作的主导，他们的劳动对国家科学技术水平、社会主义物质文明和精神文明产生重要的影响，他们是高等教育发展的第一要素。由于教职工所具有的高预见性和自我调整能力均较为突出，他们一般不需要惩罚，对负强化也不必要他人来告知，唯一能被高校组织所重视的只能是正强化。榜样的力量是无穷的，榜样激励对榜样者自己是一个压力，对同是先进者是一种挑战，对一般人和后进者是一种楷模和引领。因此，榜样应是公认的，具有权威性，能使大家产生信仰的心情。在建立人力资源管理激励机制时，必然涉及具体由谁来作为高校组织的发言者，来与教职工交流与沟通，并让教职工信服，那这个发言者就应是高校组织中学术或行政的专业者，如学术领域可为具体系里的专业带头人，也只有这些人的模范与榜样作用，才能建立高效的人力资源管理激励机制。

（二）归因理论

是由行为的结果来推断行为的原因的过程。通过已成为定局的成功或失败的结果，找出最佳激励的途径。一般来说，任何行为的发生，究其原因可以分为外部原因与内部原因两种。外部原因又可称为情境归因。这种情况下，判断一个人的行为，其原因主要来自于外界环境，如社会条件、社会舆论等。内部原因又可称为个人倾向归因。这种情况下，判断一个人的行为，其原因决定于主观条件，如个人本身的特点，像兴趣、信仰、态度、性格等。

不同的归因会直接影响人们的工作态度和积极性，进而影响随之而来的行为和工作绩效，对现在和过去成功或失败的归因会影响将来的期望和坚持努力的行为。一般人可做出四种归因，即努力程度、能力大小、任务难度、运气机会。

归因理论在激发成就动机、促进继续努力的行为方面有重要作用。成就的获得有赖于对过去工作是成功或失败的不同归因。在这方面，心理学家在大量实验的基础上得出如下几种看法：

把失败归因于自己脑子笨、能力低这样一类稳定的内因，则不会增强今后的努力与坚持性行为；

把失败归因于自己不够努力，则可能增强今后的努力与坚持性行为；

把行为失败归因于工作（学习）任务重、工作难度大等稳定性的外因，则会降低行为者的自信心、成就动机、行为的努力和坚持性；

把失败归因于偶然生病或其他事故等不稳定的外因，则不一定会降低人的行为积极性，会出现努力或坚持性行为。

总之，把失败归因于稳定因素，则会降低成功的期望，失去信心，出现不再坚持、努力的行为；把失败归因于不稳定的因素，就会增强人的自信心，增强努力与坚持性行为，争取成功的机会。

（三）挫折理论

挫折是指个体遭受阻碍后所引起的情绪状态，是指个体从事有目的的活动，在环境中遇到障碍或干扰，使其需要和动机不能获得满足时的情绪状态，是一种社会心理现象。挫折理论所注重的不是挫折本身而是挫折感，因为挫折的产生往往是不以人的意志为转移的，然而由此导致的挫折感及其对行为的影响却是因人因情景而异的。挫折既能产生积极的效应，引导个体产生创造性的变迁，增长解决问题的能力，也能产生消极的效应，个体会因挫折太大，导致心理痛苦，产生行为偏差。

人的个体差异性决定人们遭遇挫折后，有各种不同的防卫反应。作为管理者，看到自己的员工有攻击、冷漠、幻想、退化、忧虑、固执等的表现时，应采取适当的措施，比如给予其发泄的机会，对其攻击行为要容忍，改变其工作环境，对其进行心理治疗等。

根据挫折理论，在管理工作中，一方面，应尽量消除引起员工挫折的环境，避免使员工遇到不应有的挫折；另一方面，当员工受到挫折时，应尽量减低挫折所带来的不良影响，如采取心理咨询、心理治疗等方法，提高员工对挫折的容忍力。

以上提到的各种激励理论从不同的角度出发，侧重于不同内容：内容型激励理论偏重于从人本主义的角度来论述满足各种需要以激励人的积极性，过程型激励理论偏重于从认知过程来解释激励中的期望、目标、结果或公正原则等因素的作用，行为改造型激励理论则偏重于从行为主义的角度来分析强化、归因和挫折对人的行为的影响及人的积极性的促进作用。真正有效的激励不是一两种“措施”，而是一个完整的、良性的动态系统过程，是各种激励理论的综合应用。因此，高校应在以上内容型激励理论、过程型激励理论和行为改造型激励理论的基础上，构建高效的人力资源管理激励机制。在该机制中，高校组织重在关心的是“培养一流的人才和师资力量”，而教职工则关心“自我发展和实现个人价值”，如何使两者统一起来，就必须使这个激励机制成为良性的动态系统。

第二节　激励的基本原则

激励的目的是控制和引导人们的行为，使人们的行为有助于组织目标的实现，高校管理者需要遵循一定的原则。

一、实事求是原则

有什么办法能促使人们做你想做的事呢？那就是，了解人们的需要并告诉他们如果按你的要求去做，就保证能得到他们所需要的东西。这一诀窍可以控制人们的大多数行为，也可以用来处理人们日常的人际关系。因此，控制人的行为的诀窍就是：搞清楚人们需要什么，并帮助他们去获得。因为，需要是人们产生动机和行为的直接动因。所以，领导者的激励操作过程，就是要根据教职工客观存在的各种实际需要，施以相应的刺激和鼓励，来调动教职工的工作积极性，以达到激励的效果。

例如，如果该教职工想在工作中得到一定的报酬，那么就给予他应得的那份报酬；如果他想在做完一项工作后得到赏识和认可，那么就表扬他工作完成得很出色并鼓励他再接再厉；如果他想被人重视和尊重，那么就应该多多注意他并委以重任；如果他想干一件觉得有价值的事情，那么就提供给他这种机会，让他干具有挑战性的工作。

二、物质激励与精神激励相结合原则

物质利益是人类生活的最基本需要，是人们从事一切社会活动的物质动因，所以，在激励时必须高度重视物质奖励。当然，在进行物质奖励时，要贯

彻“按劳分配”和“责任制”的原则。但是，物质需要相对来说是属于低层次的需要，它一旦得到满足后就很难再起到激励作用。这时处于较高层次的精神需要，往往会成为人们追求的主要目标，由于精神利益的满足是促使人们自身能力发展和完善的重要动力，所以也可以通过精神激励来调动人们的积极性。

物质激励和精神激励既有联系又有区别，物质激励是基础，精神激励是根本，在激励时要有机地结合起来。在现阶段对高校教职工进行激励时，既不能只给物质奖励，使人们忘记大目标；又不能超越历史阶段，只进行精神奖励。要在不断满足广大教职工物质需要的基础上（包括奖励的内容和形式），不断给予精神鼓励，丰富他们的精神生活，提高他们的思想觉悟和工作热情。

三、奖惩综合原则

虽然奖励和惩罚都是激励实施中不可缺少的手段，对教职工的成长和发展都有积极作用，但是，从理论和实践的意义上来说，奖励的效果比惩罚的效果要好。这是因为，奖励作为一种对人们的正强化的信息反馈，不仅给人一种愉快的反馈信息，而且还给人们某些物质和精神利益的满足，这正是人们所需要和期望的；而惩罚作为一种对人们负强化的信息反馈，不仅给人们一种忌讳的反馈信息，而且还使人们的物质和精神利益均受到某种损失，这却是人们所不希望的。

在具体运用这两种方法时要注意以下几点：一是“相互结合，不可分割”。尽管奖励和惩罚是激励的两种不同手段，但在实施时常常是密切联系、不可分割的。在制定奖惩条例时，应该做到有奖有罚，奖中有罚，罚中有奖，先奖后罚，先罚后奖等多种方法灵活运用，以保证奖惩的激励效果。二是“以奖为主，以惩为辅”。在实施奖惩的过程中，一般来说，奖励的次数应该多一点，而惩罚的次数应该少一点；奖励的气氛宜浓一些，惩罚的气氛宜淡一些；奖励的场合宜大，惩罚的场合宜小；奖励宜公开进行，惩罚宜个别进行。这样可充分调动教职工的积极行为，而抑制其消极行为。

四、及时与适度原则

激励的及时原则，是指在激励过程中把握激励的最佳时机，以提高激励的效益。激励是一种对人的刺激。这种刺激既可以巩固人们正确的行为倾向，也可以改变人们的行为并起导向作用。然而，如果不能把握正确的激励时机，往往会使行为的主体因得不到应有的刺激（鼓励），而从热望的顶峰跌落下来，从而产生不满和消极情绪。这是因为人们的行为具有继续性，奖励不只是对人们行为的“等价值报酬”，而且有承上启下的作用。因此，当教职工在工作中表现出良好的行为或取得一定进步后，领导者应尽可能及时地给予表扬和奖励，以免削弱奖励的激励作用。

及时和适度是互相联系的。只有适度下的及时和及时下的适度，才能最大限度地发挥激励的作用。这要求我们在实施激励时，既不能无功而赏和无罪而罚，也不能功大而小赏和功小而大赏。因为赏罚不明或赏罚不当，不但起不到激励作用，反而会挫伤人们的工作积极性，这是得不偿失的。另外，激励的数量不宜太多，也不宜太少。这是因为，奖励数量太多，使大多数人不需努力就能轻易得到，会养成人们吃“大锅饭”的习惯。奖励数量太少，会使人们感到做多做少没有多少区别，所以工作积极性会大大下降。

五、公平和公正原则

每个人对自己的报酬和贡献往往会与别人的报酬和贡献做比较，只有当两者的比例大致相等时才会觉得公平合理，并且感到满意，从而激发其工作热情。如果两者的比例不等，就会觉得不公平，并且感到不满意，从而影响其积极性。所以在实施激励时，高校的领导必须秉公心、去私利，遵循公平公正的原则，避免激励人为地发生倾斜，使激励真正成为奖赏教职工的良好行为、调动其工作积极性的有效手段。

为了使激励真正做到公平公正，必须注意以下几点：第一，激励程度必须与激励对象的功过相一致，即大功大奖，小功小奖，大过大罚，小过小罚，无论物质激励还是精神激励都是如此。第二，激励的确定必须做到不分高低贵贱，一律平等；亲疏远近，一视同仁；不分上下左右，一个标准。第三，激励时必须功过分明，切不可以功掩过，也不可以过掩功。第四，激励的公平公正原则，还表现在创造平等的竞争环境和条件。第五，激励的公平公正原则，还要求整个激励过程的民主化和公开化。

六、民主与公开原则

民主不仅表现在国家的政治制度上，而且也应表现在人们的日常生活、社会活动和组织工作中。奖励作为一种特殊的组织活动，组织内的任何成员都应享受民主平等的权利。对于谁能获奖，谁不该获奖，谁该获重奖，谁该获轻奖等，组织内的成员都有发表自己意见的权利。而且奖励方法和最后的奖惩结果必须是在科学的基础上民主集中地体现出来。不允许掌权人利用自己的权势来剥夺他人行使民主评奖权力的现象。随着我国政治体制和经济体制改革的深入，人们的民主意识和参与意识正在日益增强，奖励工作就更应该在民主的基础上健康发展。

同民主联系在一起的是公开。为了调动广大教职工的积极性，提高其工作效率，以及反对官僚主义等各种不正之风，必须提高领导工作的“透明度”。奖励是与广大教职工的经济利益和政治利益休戚相关的大事，领导在实施时也必须执行公开的原则。这样可以让教职工了解评选者各方面的情况，参与奖励颁发的全过程。为此，领导者应注意以下几点：不要用领导的意见代替群众的意见；要尊重下级的奖惩自主权；要消除奖励的神秘感，忌用“发红包”方式；发动群众树立典型，评奖和颁奖要公开化。实行民主与公开的奖励原则，不仅表彰了先进，而且能全面介绍先进者的工作方法和工作经验，使教职工更加关心自己的本职工作，增强主人翁的责任感，这样也有利于树立先进典型，使大家学有榜样，赶有目标，激发大家的竞争意识，充分调动大家的工作积极性，使组织发挥出最佳的整体效应。

第三节　激励的方法

要进行有效的激励，除了要掌握激励的一些基本原理之外，还必须掌握激励的一些基本方法。但是，高等学校的组织机构和“产品”加工对象等情况与一般的企事业单位有所不同，一般企事业单位所采用的一些激励方法，在高等学校并不完全适用，因此需要探索出适合高校人力资源的激励方法。

一、待遇激励法

良好的待遇能够保护或保持人们工作积极性的正常发挥，不良的待遇会引起人们的不满情绪，从而挫伤人们的工作积极性。另外，在高校建立良好的待遇系统，对于学校激励人才、吸引人才和满足组织需要都是十分重要的。因此，良好的待遇是高等学校正常运作的必要前提。高等学校的待遇系统一般是由工资待遇、福利待遇和工作待遇等部分组成的。

合理的“工资待遇”是保护教职工积极性的基本方式。教职工的工资是学校为教学和科研工作的教职工所支付的金钱报酬，是学校报酬系统的一个主要组成部分。由于工资待遇是满足教职工生存需要的重要手段，有了它，教职工不仅会感到生活有保障，而且还觉得是自己社会地位、角色扮演和个人成就的象征。通常，合理的工资待遇能够增加教职工的满意度和保护他们的积极性，因此学校领导者可以根据“劳绩挂钩”“奖勤罚懒”等原则，制定出一套合理的劳动工资待遇制度，让每个人都感到满意，以保护教职工工作积极性的正常发挥。为了确保称职的教职工队伍的稳定和吸引校外优秀人才到本校进行教学或从事科研工作，除了教职工的整体工资水平要达到社会公认的标准外，还必须使本校的工资水平具有竞争力。最好是把工资额、提高工资以及工资体系、结构、奖金、退休金等，分别作为制度合理地规定下来，并为全体教职工所了解。

在设计工资结构时最好把工资分成固定工资和绩效工资两部分。固定工资一般由岗位工资、薪级工资和津贴补贴等组成，它是教职工工资的主体部分。为了把工资和绩效联系起来，使工资更能发挥其激励职能，在设计固定工资的时候另外再设计一份绩效工资。只有认真完成教学和科研任务的教职工才能拿到全数的绩效工资。这样教职工为了拿到绩效工资的份额，他们就会加倍努力地为学校工作。

工资在激励中有着重要的作用，学校领导在设计教职工工资制度时，应遵循一些基本原则，如公平性原则、竞争性原则、激励性原则、经济性原则、合法性原则。

公平性原则：高校教职工对工资分配的公平感，即对工资发放是否公正的判断与认识，是高校在设计工资制度和进行工资管理时首先需要考虑的因素。工资的公平性可以分为三个层次，一是外部公平性，是指在同一地区具有同等规模的同类高等院校中担任类似职务的教职工的工资应当基本相同。因为他们的知识、技能与经验的要求相似，他们的各自贡献便应相似。二是内部公平性，指同一学校中担任不同职务的教职工所获工资应与各自的贡献成正比例，只要比值一致，他们便会感到公平。三是个人公平性，指涉及同学校同岗位工作的教职工所获工资间的比较。

竞争性原则：指在社会和人才市场中，学校的工资标准要有吸引力，这样才能战胜其他学校，招聘到学校所需要的各种人才。至于应将学校摆在市场价格范围的哪一段，要视学校的财力、所需人才可获得性的高低等具体条件而定。但一定要有竞争力，薪资水平至少不低于市场平均水平。

激励性原则：指在学校内部各类、各级教职工的工资水平上，适当拉开工资差距，尤其是对于那些贡献大的、责任强的教职工给予较高的工资待遇，真正体现“奖勤罚懒”和“按贡献分配”的原则，坚决杜绝“平均主义”和“大锅饭”等现象。这样可以激励广大教职工奋发向上，使他们在教学和科研上取得更大的成就。

经济性原则：提高教职工的工资水平，固然可以提高其竞争性和激励性，但同时不可避免地导致人力成本的上升，所以工资制度不能不受经济性的制约。不过，高校的人力资源管理部门在对人力成本做考察时，不能仅看工资水平的高低，还要看教职工工作绩效的质量水平。事实上，后者对高校竞争力的影响远大于成本因素。

合法性原则：高校的工资制度，必须符合党和国家的有关政策、法令和法规，不得违反国家在工资或用工分配报酬方面的有关规定。所以，高校领导在具体制定工资制度时，必须十分谨慎，要使工资制度既合理又合法。

多样的“福利待遇”是教职工努力工作的重要前提。福利待遇是学校为教职工提供除工资和奖金以外的一切物质待遇。高等院校要最大限度地争夺和留住人才，光靠工资和奖金显然还是不够的，还得把福利计划排上议事日程，为教职工们提供更多的和更好的福利设施。对于高等学校来说，良好的福利待遇能够吸引更多的优秀教职工，稳定教职工队伍，提高教职工的凝聚力，让他们无后顾之忧。由此可见，福利是教职工努力工作的重要前提，也是保持教职工的士气和保护教职工工作积极性的极为有效手段。

高等学校的福利待遇一般由公共福利、个人福利、生活福利和有偿假期等组成。公共福利是指国家法律规定的一些福利项目。它主要有以下几种：医疗保险、养老保险、伤残保险和失业保险等。个人福利是指学校根据自身发展的需要和教职工的需要选择提供的福利项目。它主要有以下几种：住房补贴、公积金、养老金、辞退金、车贴和饭贴等。生活福利是指学校为教职工的生活所提供的其他各类福利项目。它主要有以下几点：法律和心理咨询、教职工单身公寓、托儿所、敬老院、日常生活用品和内部优惠商品等。有偿假期是指教职工在有报酬的前提下，不来上班工作的一类福利项目。它主要有以下几种：寒暑假、节假日、休假疗养、病假、事假和婚假等。

高等学校设立福利的目标应该：必须符合学校的长远目标；必须尽量满足教职工近期和长远的需要；应能激励大部分教职工；必须符合国家和地方的政策和法规；学校能够负担得起这些福利费用。另外，在福利实施过程中还要注意：根据目标去实施福利；福利预算要落实到位；按照各个福利项目的计划有步骤地实施；实施福利要有一定的灵活性；要防止各种漏洞的产生；定时检查福利的实施情况。高等学校在具体设计福利项目时，可以考虑为广大教职工提供多项可供选择的福利待遇，最好让他们通过一种“自助式”方法，即教职工利用学校分配给他们的福利积分，并按照自己的喜好或急需程度来选择自己的福利项目。

良好的“工作待遇”是教职工创造佳绩的有力保证。对于高校教职工来说良好的工作环境或条件、后勤保障、活动设施等工作待遇也是激励的“保健因素”，它是教职工开展工作（如备课、批改作业、撰写学术论文和从事科研活动等）、提高工作效率和创造最佳业绩的有力保证。目前，我国高校大多数教职工的办公条件普遍不够理想，很多高校只是为教职工提供一些简单的办公用具（如办公桌椅），几乎没有任何其他像样的设施。这种极其简陋的办公条件会使教职工产生对工作的不满情绪，在一定条件下影响了教职工的工作热情。因此，学校领导应该想方设法为广大教职工创造一个良好的工作条件和环境，以便消除他们的不满情绪，使他们更好地开展工作。此外，高校的行政和后勤部门在对教职工的后勤服务方面也要多做文章，以便更好地为教职工的教学和科研工作服务。通常，学校领导可以从以下几方面提高教职工的工作待遇：

第一，改善办公、教学和科研等工作条件。学校和各院、系可以共同出资，在不铺张浪费的前提下利用有限的资金对每一个学科教研室和研究室等教职工办公场所进行适当的装修，并对室内进行环境布置，美化办公环境；为每一位教职工提供一套美观而实用的办公桌、办公椅和书橱柜，如有可能还可以设置些隔离板，以减少相互间的干扰和影响，为每一间办公室配备电脑、打印机、复印机、饮水机、电话、沙发和茶几等设施。另外，学校在教室里也应配备好电脑和多媒体教学设备等，这样既可使教职工的教学方式丰富多彩，又可提高教职工的讲课效率。

第二，认真做好教职工的后勤保障工作。高等学校的后勤保障工作一般包括：为教职工提供各种办公用品、为教职工定购飞机和火车票、代教职工报销差旅费、通知教职工参加学校和学院的各种会议、通知教职工参加各种学术交流活动、维护和维修仪器设备等。做好对教职工的后勤保障工作也是高等学校进行正常教学工作和科研活动的有力保证，因此学校和学院两级领导都要足够重视，安排好各类人员做好教职工的后勤服务工作，以便使教职工的教学、科研和学术交流活动能够正常进行。

第三，为教职工提供各类活动的场所。高校教职工除了进行正常的教学和科研活动之外，他们还要参加各种学术交流活动、体育锻炼活动、健身健美活动和各类娱乐活动等。因此，学校和学院领导要为教职工提供进行学术活动的场所，并通过工会为教职工开设健身房、乒乓球房等体育娱乐场所，让教职工积极参加体育锻炼活动、健身健美活动和各类娱乐活动，使他们保持良好的体魄和健康的身心，心情愉快地为学校的教学和科研工作服务。

第四，进一步提高教职工的工作自主权。教职工都希望在工作中拥有更大的自由度和决定权，使之能够以自己认为最有效的方式进行工作，并完成学校交给他们的教学和科研任务。因此，可以根据高校教职工的这一心理，除了按教学计划安排上课以及出席重要会议和正常的政治学习外，其余的工作时间和工作内容可以让教职工自行安排处理。这样，教职工既可充分利用好时间，又可使工作内容丰富多彩。

二、物质奖励激励法

物质奖励是对超额劳动或业绩卓越的人的一种嘉奖。物质奖励在“双因素理论”中属于“激励因素”，是满足人们需要和调动工作积极性的重要手段之一。对于教职工来说，物质奖励是一个令人满意并向往得到的东西，尤其是在学校环境中，得到物质奖励意味着自己所做的工作被学校领导认可，表明了自己对学校的贡献。因此，高校的领导者除了对那些工作表现好、业绩出色的教职工给予表扬和荣誉等精神激励外，还应及时地给予一定数量的奖金、奖品及加薪等物质奖励措施，以便满足他们的需要，调动他们的积极情绪和热情。这样既可以使先进者受到鼓舞，又可使后进者得到动力。

平均奖是指教职工按时完成了学校规定的教学或科研工作量（工作数量），学校为了鼓励这种行为而支付给教职工的奖金。在制定平均奖时要注意：工作量的制定要科学合理；工作量的统计要统一和准确；平均奖的奖金额度要控制在合理的范围内，最好不要超过总奖金的50%。

绩效奖是指由于教职工达到某一工作绩效（工作质量），学校为了激励教职工的这种行为而支付的奖金。在制定绩效奖时要注意：绩效标准要明确和合理；达到某一绩效标准后的奖金数量要一致或统一；以递增方法设立绩效的奖金，鼓励教职工不断提高自己的工作绩效。

职务奖是指教职工担任了学校的某一特定职务或上任某个岗位后，由于该职务或岗位的特殊性，学校支付给该职工的奖金。学校分发一定数量的职务奖可以使担任这一职务或岗位的员工尽心尽职。在制定职务奖时要注意：奖金的金额要适度；无论谁担任某个职务或上任某个岗位，这个职务或岗位的职务奖应该相同。

建议奖是指由于教职工向学校或院系提出了合理化建议，学校为了鼓励教职工多提合理建议而支付的奖金。在制定建议奖时也要注意：合理的建议均应该获奖；奖金的数额相对少一些而获奖面相对宽一些；建议一旦被采纳，还应给予其他奖励（如特殊贡献奖等）。

超工作量奖是指对超额完成学校所规定的教学或科研任务的教职工而支付的奖金。另外教职工在节假日或休息日的加班费也可归为这一类。在制定超工作量奖时应该注意：建立统一的超工作量计算方法；对教职工所完成的超工作量必须认真核查；最好每一学年或每一年度评定一次。

特殊贡献奖是指由于教职工为学校做出了特殊贡献，学校为了鼓励教职工这种行为而支付的奖金。在制定特殊贡献奖时要注意：获奖的面相对较小，只奖励对学校做出突出贡献的教职工；特殊贡献奖的金额应设计得高一些；学校对受奖的教职工要大力宣传，使受奖人和其他人都受到激励和鼓舞。

定期加薪，是指每隔一定期限对在此工作期限内教职工的工作业绩考核每年都能达到学校规定要求的教职工，定期地给予增加1到2级工资，以鼓励他们的这种良好行为能继续保持下去。不定期加薪，是指当教职工在某项工作上做出了突出的成绩或贡献后，学校及时地给予该职工提升工资级别或增加一定数量的工资，以增加激励的时效性。需要注意的是，工资待遇在一般情况下是属于激励的“保健因素”。只有具备合理的工资待遇，才能使教职工维持原状，保持积极性，而如果不具备，会引起他们的不满，因此会挫伤他们的积极性。但加薪是作为对人们良好行为的肯定和鼓励，它属于“激励因素”。因此它可以提高教职工的工作效率、激发其工作积极性。

奖品也是物质激励的重要组成部分。学校在发放奖品时，最好是根据受奖人的需要进行发放，即在对工作突出的教职工进行物质奖励时，在同样的奖品现金价值下，应奖给他最需要的物品，这会使激励的效果更好。

要想使物质奖励发挥出最大的作用，还必须把握以下几点：

第一，奖励必须在目标行为完成时实施。换句话说，奖励必须视教职工的行为而定。如果奖励在目标行为没有完成时就实施，就会失去其激励作用。

第二，在实施奖励时，要弄清楚其结果是积极的还是消极的。这也是很有用的，因为积极的结果是教职工所期望的，并能让他们得到一种满足。

第三，奖励的数量或规模也是有作用的。通常，奖励的数量或规模越大，就越有可能在将来发挥作用。同时，奖励也应具有一定限度，并不是奖励面越广，奖励数额越高，其效果就越好。

第四，要掌握好奖励的度。这主要是指奖励的次数要适当，不能太多，也不能太少。

领导者可以通过制定目标，让教职工知道领导的期望是什么，怎样才能获得奖赏，以此促进教职工的工作愿望，激发他们的工作热情。由于工作出色会受到奖励，教职工还能认识到整个学校的行为方针，认识到学校领导在时刻注意着他们的工作成绩，他们会有一种被承认的满足感和被重视的激励感，保持高昂的工作热情和责任心。

此外，学校的各级领导还必须了解和区别每个教职工的工作好坏，给予不同的人以不同的评价和物质奖励。不公正的评价和不公正的物质奖励，都会打击教职工的士气，降低领导的信誉。作为学校领导，必须时刻保持自己的信誉和威信，否则，各种评价都会被教职工们不屑一顾，也就失去了影响他们的力量。

三、精神奖励法

人们的行为并非仅靠物质利益就能驱动的，还受精神方面因素等影响。物质奖励，如加薪、发奖金、发奖品等，都会一定程度上增加学校的经费开支和负担。所以，当经费紧张时，可以结合精神激励的方法，如赞美表扬、给予肯定和赏识、授予荣誉等，使人们从各个层面都能受到激励。称赞可以给人们平凡的生活带来温暖和欢乐，可以给人们的心田带来雨露甘霖，可以使人们受到鼓舞并赋予一种积极向上的力量。领导的赞扬可以使教职工认识到自己在群体中的位置、自身价值和在领导心目中的形象，可以满足教职工的荣誉感和成就感，使其在精神上受到鼓舞。所以，当教职工做出了一定成绩时，领导者应该及时加以赞扬，以表示对教职工工作的肯定和赏识。当教职工为学校争得了荣誉或对学校做出了突出的贡献时，学校就应该为这些人颁发各种荣誉证书。这样可以使教职工感到自我价值得到了实现，有助于他们做出更大的成绩和贡献。而且，当他们的工作积极性得到进一步提高的同时，其他教职工也会从中得到鞭策和激励。赞美和给予荣誉等精神激励是鼓舞人们士气的一种有效手段，学校的领导者可以从以下几个方面对教职工进行精神激励。

寻找教职工的优点进行赞美和表扬。高校的教职工，往往会从领导的话里来估计领导对他的印象和评价。因此，领导的称赞对教职工教学工作的开展是至关重要的，他们会因为领导的称赞而增添许多自信并且增加工作的热情。作为领导，在与教职工们进行谈话时一定要寻找他们的优点，多称赞他们。这样领导者找出优点来赞扬教职工——教职工因受到赞扬而产生自信——由于自信，即使受到指责仍可服从，于是有所进步——由于有进步，因而有更多被赞扬的机会，这样就形成一个良性循环。

因此当你想鼓励别人时，就应该留心他的工作情况，找出一些值得称赞的地方，对他进行适时的赞美表扬和鼓励。当然，在称赞或表扬时，领导者还应该注意：首先，称赞的内容要简单明了，不要使教职工产生误会；其次，称赞的内容要具体，不要让人感到费解；再次，称赞必须是真诚的，是发自内心的，否则会引起教职员工的怀疑。

对有成就的教职工授予各种荣誉。领导者给予工作业绩突出的教职工意想不到的荣誉，为他们喝彩，会使他们格外的兴奋和受鼓舞。因为当他们感到自己得到了领导的赏识和认可时，会给他们带来一种极大的荣誉感和自豪感，这种非同寻常的奖赏会给他们留下难忘的记忆，使他们终生难忘。当他们得到这种奖赏后，还会感到极有面子，为了维持这种面子，同时也为了回报给他面子的人，他们就会像以前一样，甚至比以前更加勤奋地工作。

高等学校的教职工，由于文化素质很高，所以境界也相对很高。他们尤其注重精神方面的鼓励。因此，高校的领导，应根据教职工希望得到社会和集体对自己成就的尊敬这一心理需要，对于那些为学校的教学和科研做出突出贡献的人，通过给予一定荣誉的方式，如授予先进工作者、三八红旗手、优秀

（青年）教职工、名誉教授以及终身荣誉等，并将这种荣誉以奖状、奖章和荣誉证书等形式固定下来，通过每年一次的表彰大会予以实施。这样既可以使获得荣誉的人经常以这种荣誉鞭策自己，又可以为其他人树立学习的榜样和奋斗的目标。这种荣誉的激励具有巨大的社会感召力和影响力，能使学校更有凝聚力和向心力。

对提建议者要多加赞扬和鼓励。俗话说“三个臭皮匠，顶上一个诸葛亮”。因此，领导的脑子再好，也不如大家集体的脑子好使。大家都积极思考，参与学校决策，全体教职工就成了免费服务的“智囊团”，这对学校大有好处。所以，领导应该积极鼓励广大教职工提建议，尽量利用别人的头脑来集思广益，不要以为只有自己才有好主意，更不要以为提建议的人是对领导管理能力的轻视和挑战。要像爱护幼苗一样爱护教职工提建议的积极性。

通常，只有那些有强烈责任感和团队精神的教职工，才会向领导提出建议或意见。他们绞尽了脑汁，才小心翼翼地向上司提出建议，这是难得的好事。但是，由于他们业务的局限性和所处的地位，提出的建议难免不太完善，或者虽好但操作性较差。尽管如此，都应该对教职工提出的建议给予高度的重视和肯定，表扬这种为学校的发展排忧解难的创造精神和主人翁精神。

对于建议本身，领导当时不要当面进行表态，因为一般来说，教职工对自己的建议，好像自己的孩子一般爱护。当面说难免使他们扫兴，有伤他们的自尊。如果将建议搁置一段时间，他们自然明白建议不可行，一般不会追问。即使追问，也可以委婉地解释原因，这样一般不会挫伤他们的自尊和积极性。尽管建议未实现，他们仍然实现了自己的价值，也会继续信心十足地投入新的构思，争取自己的建议被采纳。

为了使赞美达到理想的效果，学校领导在赞美教职工的时候要讲究以下的策略。

第一，赞美教职工要持一种平等的态度。放下架子是领导称赞教职工的前提条件。平易近人是教职工希望领导具有的一种素质。经常与教职工一起聊天、娱乐、讨论教学工作的领导更容易被大家接纳，他的话更容易为大家理解、接受，他对教职工的称赞也会自然、得体和到位。

第二，赞美要公平公正。领导称赞教职工实际上也是把奖赏给予他们，这就要求在称赞时要公平和公正，做到一碗水端平，不能对自己喜欢的人极力表扬，对自己不喜欢的人做出的成绩视而不见。要公正地称赞教职工，领导必须注意：对有缺点的教职工要公正；对比自己强的教职工要公正；称赞自己喜欢的教职工要恰到好处。

第三，赞美要及时和真诚。领导的赞美也是一种对教职工自我行为的反馈。教职工需要通过尽快地了解反馈信息，对自己进行调节，即巩固和发扬好的，克服和避免不好的。如果反馈不及时或时过境迁，教职工的热情和情绪就会冷漠，这时的赞美就没有太大的作用了。另外，领导的赞美要真诚。只有真诚的赞美，教职工才能接受。

第四，赞美要公开和得体。领导当着大家的面称赞某位教职工具有两方面的作用：一方面可以鼓励被称赞的教职工，让他意识到领导对他的肯定和赏识；另一方面也可以给其他教职工树立榜样，鞭策别人努力工作。可见，当众称赞某一位教职工是驾驭和控制教职工行为的有效方法。此外，领导在赞美时，只有做到恰到好处，自然得体，方能收到称赞的最佳效果。

第五，赞美要达到情感与理性的统一。肯定和赞美的目的是为了激励教职工，但这种激励应该是真挚热烈的情感与明晰深刻的理性统一。如果上级领导在肯定和称赞教职工时不能情真意切，而是言不由衷，且带有怀疑、嫉妒甚至愤怒时，教职工会觉察出领导并不是因自己的努力和成功而真心的喜悦，那无疑是对教职工心灵的严重创伤。

四、感情投资激励法

感情投资的激励既不是以物质奖励为刺激，也不是以精神鼓励为刺激，而是以人与人之间的感情为纽带，通过关心人、帮助人、尊重人和信任人等感情交流和联系，使被激励的人感受到领导的关爱、信任和重视，从而产生一种“归属感”和“知恩图报”的心理，因而他们愿意尽己所能，激发出创新意识、开拓精神和奉献精神，充分发挥自己的聪明才智和潜能。因此，领导者对教职工进行感情投资，可以使双方的感情更加亲密、关系更加融洽，彼此建立充分的信任，并使教职工在工作中消除心中的各种疑虑和担心，这不但使他们在工作时可以更大胆地向前迈进，而且使他们更愿意把自己的潜力充分发挥出来。

以关爱滋润教职工的心。对教职工进行关心和爱护，不但是领导者富有人情味的体现，而且可以滋润和打动他们的心，使他们在内心深处升腾起“知恩图报”的心理，从而愿意尽心尽力地为学校工作。否则，会使教职工感到领导者的冷漠和无情，挫伤他们的工作热情。如果想成为一个卓越的领导，就必须时刻关心和爱护教职工的工作和生活，与他们进行感情交流，对他们进行感情投资。这样才能真正树立“关心人才、爱护人才、珍惜人才和尊重人才”的良好社会风尚。为了使关爱能真正地落实到实处，高校的领导可以从下列最基本的方面入手。

第一，多关心和体贴教职工。由于关心和体贴是领导对教职工的最高赞赏，所以，领导尤其是基层领导应在以下几个方面去表达自己对教职工的关心和体贴：关心教职工的日常生活；留心教职工的身体状况；为教职工庆祝生日；注意欢迎和送别教职工等。这样，领导者从小事入手对教职工的关爱，使自己富有人情味，以便能打动人心，使教职工对此有所回报。

第二，给后进者多一点帮助。对于能力较差、工作情绪低落的教职工，领导者应该给予更多的关心和鼓励，帮助他们消除自卑感，培养他们的工作能力，提高他们的进取心。这不仅使他们本人感动，而且也会使其他教职工因此受到感染，产生敬佩之心。同时领导还要设法帮助教职工解决其实际困难，协助他们处理好家庭事务等工作。

第三，勇于为教职工撑腰。当下属受到别有用心的恶意攻击时，领导则应路见不平，拔刀相助，为下属撑腰，且给下属一个比较宽松的工作环境。

第四，与教职工建立有效沟通。学校各级领导在平日要经常与教职工进行正面交流，建立信任，帮助他们处理好各种人际关系，同时还要利用周末或下班时间到教职工家里进行家访，与他们建立“私交”。这样领导和教职工可以敞开心扉地进行交谈，心灵的距离也就一下子拉近。通过这种人际沟通，既可表达领导者对教职工的关爱、尊重和信任，又可传达领导者的意图，使教职工更能接受领导者的意图，并将这些意图付诸行动。

第五，成立教职工俱乐部。人都是有情感的，高校教职工也是如此。通常，教职工普遍都希望自己有一种归属感，希望自己在某个团体中得到关怀和帮助，并从参与某些团体的活动中得到乐趣。因此，应该为他们成立校级或院级的教职工俱乐部或教职工活动中心等，为他们排忧解难，提供各种交友机会，开展各种文化、体育和娱乐活动，以便充实他们的业余生活，让广大教职工从中得到情感的寄托并享受到生活的乐趣。

让教职工的自尊心得到满足。从“需要层次论”中我们可以知道，人一般有五类从低级到高级的需要，其中对“尊重”的需要是属于较高层次的需要。领导对教职工的尊重，不但能使他们的自尊心得到充分满足，而且能激发起他们的工作热情。同时，领导者也会受到教职工的尊敬和拥戴，更能发挥自己的非权力性影响力。所以，高校的各级领导必须给予高度重视。通常，可以从以下几个方面入手：

第一，尊重教职工的优点和长处。每一个人都希望得到别人的尊重和承认，因为当个人的优点和能力被别人尊重时，会充分提高他的自信心，激发他的创造力。古人云："三人行，必有我师。"因此，领导者不要习惯于去挑别人的瑕庇，而要努力去发现别人身上的优点和长处。

第二，尊重教职工的知识和能力。高校的教职工一般都拥有各方面的基础理论知识、专业知识、科研能力和业务能力，这些知识和能力是一种极其宝贵的财富，对我国的社会主义教育事业和现代化建设事业是非常有用的，因此我们必须给予格外的尊重。此外，尊重知识就是尊重人才，所以它也能使教职工的自尊得到满足。

第三，尊重教职工的人格和资历。高校的教职工通常都具有很高的文化素养，是知识分子中的精英，所以具有高尚的人格魅力。作为资深的教职工还有丰富的教学经验和良好的业务能力，而且，他们对自己学校的远景充满信心，对学校也十分忠诚。因此，应该特别尊重他们的人格和资历，让他们自尊的心理得到充分满足，以期他们能长期为学校工作。

第四，尊重教职工的意见和建议。人们都有希望自己的意见或建议被上级采纳的愿望。无论是多么微小的建议，上级领导如果对他的建议表示赞同，并接受其建议，则此人的工作积极性必定会大大提高。因此，领导不但要尊重他们的建议，而且还要鼓励他们多提建议。

第五，尊重教职工的良好动机。如果能够尊重教职工的良好的动机，就可以点燃他们的工作热情，并可以使他们对工作全力以赴。所以，必须对教职工的良好动机给予充分支持和肯定，并帮助他们把这些动机转换成相应的行动。

以信任诱发教职工的工作热情。人是感情动物，大多数人都有"投桃报李""以心换心"的想法，所以，人在受到别人信任的时候，不但会产生一种快乐感和满足感，而且会想方设法回报信任自己的人，进而诱发出全力以赴的工作热情。领导者应该"疑人不用，用人不疑"，对教职工予以充分信任，放手让他们大胆地行动，发挥其主观能动性和创造力，以此来激发他们的工作积极性。领导者在运用信任激励时必须讲究一定的策略：

第一，只需告诉工作目标，不必告诉工作过程。有很多事，只要告诉教职工工作的最终目标就可以了，不必告诉事情的全过程，否则，反而会弄巧成拙。这是因为：首先，过度管理会妨碍教职工积极性的发挥；其次，过度管理不利于培养和锻炼教职工的实际工作能力；再次，过度管理不利于双方间的相互信任，从而影响组织的活力与工作效率。

第二，信任自己的左膀右臂。领导集体是由不同的能人所组成，再能干的领导也不可能样样精通。第一把手如果碰到不懂的问题，就应该虚心向大家求教，请周围的行家拿出主意和办法，或者干脆授权某位在行的副手全权处理。当然第一把手是整个领导集体中的核心，但在某些局部事情上，应放手让手下人去做，以充分发挥他们的才智。

第三，疑而不用与用而不疑相联系。“疑而不用，用而不疑”是一条重要的用人原则。凡是经过考察和认真研究，觉得不可信任的人，则领导者一定不要重用他。因为失之斟酌，盲目错用，就会自食恶果。对于人才一旦委以重任，就要推心置腹，充分信任，大胆放权，决不干预。领导者对人才只有信任，才能放手让他们独立自主地行使职权，才能充分发挥其各种才能。只有信任，才能使人才忠心耿耿地献身于学校的事业。

五、职业奖励激励法

职业奖励一般包括：授权、权力委任、提拔或提升职务等。授权是指领导者把某件事情或事务全部或部分地交给被授权的人来负责处理。权力委任是指领导者把自己的部分权力委托给受权人，由受权人来行使领导者的部分权力。提拔或提升是指把从事日常事务工作的人员调到管理工作岗位上来，或者是让下属从较低的领导职务调到较高的领导岗位上来。职业奖励不但是对教职工的一种充分信任和赏识，而且也让教职工有了参与学校管理的机会。总之，职业奖励能使教职工尽快地成长，并为他们最大限度地释放出自己的能力和能量提供舞台。所以，领导者可以根据教职工过去工作业绩的好坏，按照“适才适用”“权责相当”的用人原则，授权、委任或提升那些工作表现好和具有一定管理能力的人，这样既为这些人提供了成长和进一步发展的机会，也为学校培养了优秀的管理人才。

需要注意的是，尽管能干可以作为提拔和任用人才的重要前提条件，但是能干不能作为提升的唯一条件。因为能干的人仅仅表明他胜任目前的工作，不表明他一定能胜任将要晋升的职务。因此，在提拔人才时除了要考虑他的才能之外，还要考虑他是否有管理能力，是否具备领导的基本素质和品德，是否具有相关的工作经验等，而这一切不应该受年龄、性别的限制。当然，在特殊情况下，也可适当地考虑年资或服务时间的长短，以利用年长者的经验。作为一个优秀的领导，必须首先认识到授权、权力委任和提升职务的重要性，一定要结合相关的工作实际，巧妙地用好职业奖励，要突破自己惜权不放的心理，大胆放权，对部下放手使用，尤其是要让有才华的年轻人担当些重任，使他们有劲可使，在磨炼中迅速成长。同时还要防止部下的“反授权”，把本该由部下行使的权力交还给授权者，使授权等激励失去其应有的作用。

为了减少提升职务的风险，防止不胜任的人被提拔到某些领导岗位，领导者可以采用非正式晋升的方式，即在不正式授予职务的情况下，让某位员工担负起这项职务的实际责任。从具体操作上讲，在提升某些没有把握的员工时，先不正式宣布任命，而是授予临时负责人、召集人等非正式职务的头衔，但实际负起全处室的或全部门的责任。经过半年或更长时间的全面考核，如果他表现得很称职，就可以正式任命他为部门的负责人。如果表现不尽如人意，缺乏领导的素质，就免去他的临时负责人的身份，让他回到原来的岗位工作。需要注意的是，宣布免去非正式任命时必须非常自然、正常。比如：免去临时负责人时，先宣布新任负责人的任命，那么临时负责人的使命自然就结束了。这样大家都能理解，而且会感到很自然。

一般来说，职业奖励是一项重要而复杂的激励工作，学校的领导要使职业奖励起到所期望的效果，必须注意以下几点：

第一，正确选择职业奖励的对象。对于职业奖励的人，不仅应具备必需的知识、工作技能和责任心，而且还应具备管理能力和过去良好的工作表现或业绩。要做到“因事设人”和“适才适用”，选择那些既能干又肯干的人作为职业奖励的对象。

第二，明确职业奖励的目标。职业奖励既是对工作出色的教职工的一种奖励，也是为了进一步挖掘教职工的潜力，激发他们的工作热情，培养优秀的管理人才，最终实现学校的组织目标。因此，职业奖励的目标就是为了实现上述学校领导所期望的结果。

第三，职业奖励的权责应相当。权力的有效性体现在所授予的权力与分派的职责对等上。有责无权，则无法承担责任；有权无责，则会滥用职权；权力太小，则无力尽责；权力过大，会干涉他人。所以，职业奖励时不仅要有责有权，还要权责相当。

第四，对受权人的行为必须控制。领导在授权、委任和提职后必须对受权人的行为进行有效的监督和控制，以确保下级正确行使职责和使用权力。授权人在必要时，可以纠正下级的行为，甚至收回其权力，以防止不利于实现学校组织目标的行为。

职业奖励的激励方式除了授权、权力委任和提升职务之外，还可以是：对认真做好教学和科研工作，并在国内外的重要期刊上发表优秀论文，在学术上达到较高水平的教职工，学校可视具体情况提前或破格晋升该教职工的专业技术职称；将工作出色、具有良好管理能力和道德修养的中青年教职工进行管理人才的重点培养，使其在将来适当的时候担任某个重要岗位的领导职务；将对工作认真负责、在教学或科研上做出一定成绩，且在业务上有发展前途的中青年教职工派往国外进行出国深造或出国考察，以便把他们培养成为学校将来的学术骨干；将在学术上有极高造诣、在国内外有一定影响力的著名教授、博士生导师等聘任为某个专业学科的学术带头人；对荣获中国科学院或中国工程院两院院士的教职工，学校可以考虑让他们享受某种终身的待遇等。

六、人力资本投资激励法

对于知识型的高校教职工，当然用物质奖励、精神鼓励、感情投资和职业奖励等激励方式是能够激发他们的工作积极性的。但是，如果我们再结合人力资本投资的激励方式，即给予教职工在职培训和进修深造，提供各种学术交流的机会和教职工个人成长的机会等人力资本投资，则更能激发他们的工作积极性和创造性。这是因为，当今社会里，知识的更新和技术的创新是个人成功的关键。教职工只有不断地更新知识、掌握新的技能，才能更好地立足于高校教职工的队伍行列，才能更好地培养年轻一代的大学生和研究生，才能更好地开展各项科研活动。因此教职工十分渴望学校对他们进行人力资本方面的投资，使他们尽快掌握新知识、新本领，以提高自己的综合素质和获得“终身就业的能力”。这样为了感激学校对他们的人力投资，必然会对这份投资有所回报，因此他们会更加努力地为学校工作。

当然，高等院校对教职工的人力资本投资不仅提高了教职工的综合素质，而且使高校本身也获得了可贵的人力资源。因此，高等学校更应该主动为教职工进行人力资本投资。通常，高等学校为教职工进行人力资本的投资可以从以下几个方面着手：

第一，进行在职培训。由于高校的大部分青年教职工是从高校毕业后直接走上教学岗位的，普遍缺乏教学经验，所以高校领导应该为这些教职工进行免费上岗培训，以提高他们的教学水平和工作能力，使他们尽快胜任自己的工作岗位。另外，学校领导应该对所授课程与实践有紧密联系的教职工提供必要的社会实践机会。比如，到企业进行实习，到机关或政府部门进行挂职锻炼等。这样可以使他们加深对这些理论的理解，以便他们在给学生上课时把这些课程的理论知识讲得更透彻、更准确。

第二，提供深造机会。尽管大多数教职工是高学历的人员，但在我们的教职工队伍中还有相当一部分教职工的学历是本科或硕士。这部分人为了更新自己的知识、进一步提高自己的业务水平和专业技能，非常希望学校为自己提供继续深造的机会。因此，高校的领导应从整个学校的利益出发，主动为有培养前途的教职工提供进一步深造的机会。比如，让他们进修高级专业课程、攻读硕士学位和博士学位等。对于在学校的教学和科研中有突出贡献的人，学校可以将他们派往国外，为他们提供出国留学的机会。

第三，提供各种学术交流的机会。高校教职工除了进行正常的教学和科研活动之外，还必须积极参加各种学术交流，以便提高自己的学术水平。但是大多数人进行学术交流的机会很少，这对他们的个人发展极为不利，很多老师对此颇有怨言。因此学校就应该为广大教职工提供多方面的学术交流机会，比如在校内或院系内开展各种学术交流活动，邀请有一定知名度的校内外人员到本校做学术报告，提供一定的名额让教职工到兄弟院校进行参观访问或进行学术交流，派遣有一定学术水平的教职工到国外进行讲学或参加国际学术交流活动等。

第四，提供教职工个人成长的机会。与一般企事业单位的员工相比，高校的教职工更加重视能够促使他们不断发展的、有挑战性的工作，他们对知识、对个人成长和事业发展有着持续不断的追求。因此，学校的各级领导应该创造各种条件，为教职工提供个人成长的机会，例如：让教职工上以前从未上过的且有一定难度的课；让他们参与某些重要课题或重要科研项目的研究工作；让他们承担一些重要任务等。这样，可以使教职工在从事具有挑战性的工作中锻炼自己，提高自己，激发出自己潜在的能力，最终实现自己的理想和抱负。

七、民主和参与管理激励法

民主和参与管理是为发挥教职工的所有能力，并为鼓励他们对学校的事业做出更多的努力而设计的一种参与过程。在企事业单位中实行民主和参与管理是世界各国管理思想发展的共同趋势。学校要保证决策的准确性和科学性，必须实行民主管理，让广大教职工参与学校的一些决策和管理，发挥他们的聪明才智，这有利于教职工体验到当家做主的感觉，激发其主人翁的精神，调动其工作积极性。同时，可以满足教职工的合理需求，为他们的自我发展与自我实现提供更加广阔的场所。另外，教职工参与管理也是克服领导的官僚主义、主观主义、瞎指挥等情况的有效途径。

当然，在激发教职工主人翁精神上需要注意的是：领导干部必须做到以身作则，支持教职工参与管理；把学校的利益与教职工的个人利益结合起来，使他们在实践中感到主人翁的作用；教职员工必须有足够的参与时间和参与能力。

一般情况下，学校可以通过下列方法使教职工们加入到民主与参与管理的行列：

第一，决策参与。教职工一旦把学校作为自己的归宿点，必然有强烈的决策参与意识。学校应坚持教职工民主管理制度，按照有关规定，应交教职工代表大会审议、决定的事情，都要交给教代会审议，让教职工代表在招聘、解聘、福利、培训等相关切身利益方面派出自己的监督者。同时，学校还要强化民主决策的程序，充分听取各方面的意见和建议。

第二，荣誉分享。教职工既然是学校的一员，他就有权分享学校评得成就和荣誉的喜悦。当他们从完成任务中体验到了自身的成就感和自豪感时，就能进一步将个人动机转化为劳动热情。要使教职工感受到学校成功的喜悦，学校领导在舆论上要突出学校的成绩是全体教职工共同努力的结果，在行动上要体现成果分享。

第三，困难共担。向教职工讲清楚学校的困难，不仅不会导致他们的失望，反而会激起他们共度患难的团结之情，这也是另一角度的参与。让群众了解“自家”的情况，不仅满足了参与的需要，还能激发教职工潜在的工作积极性，这也是一种归宿效应。

第四，民主对话。设立专题接待日是民主对话的有效途径。民主对话的原则是“民主和谐，敞开思想，围绕主题，明确方向”。参加民主对话的人员可以是校级领导、院系级领导、学科带头人、一线教职工和普通教职工等。学校领导应真诚地请教职工们坦诚地发表自己的看法，寻找学校目前存在的问题，再通过沟通思想，统一认识，然后找出解决问题的具体办法。

第五，教职工代表大会。要真正贯彻民主管理，就必须有一定制度的保证，其中，定期召开教职工代表大会是实行民主管理的有力措施。这是因为，教职工代表大会是学校实行民主管理的基本形式，是广大教职工行使民主管理权利的机构。通过教职工代表大会，广大教职工可以参与学校的发展规划、教育方针、工资方案、奖金分配方案、福利方案等决策和制定，把民主和参与管理落到实处。

八、目标和竞争激励法

社会实践证明，宏伟的目标具有巨大的感召力和激发力。目标能够激发人们的行为向预期要求的方向迈进。目标的激励特性，决定了它对行为具有指向和驱动的重要作用。所以，对于个体来说，目标意味着自己努力的方向，对于群体来说，目标则通常表现为行动的纲领。运用目标动力去激发下属的积极性应该是现代用人的一种主要手段。领导者应该为学校勾画一个通过努力能够达到的而且是广大教职工所期待的美好远景，让教职工拥有梦想，这样他们就能接纳，并激发出热情投入到实现这个远景中去。这不但能使学校实现自己的目标，而且也能让教职工从中实现自己的梦想。

领导可以通过培养教职工的自我领导能力来提高他们的工作业绩。由于自我领导的一个重要因素是制定自我发展目标，因此，领导者需要做出的主要工作是鼓励教职工制定他们自己个人的发展目标。当然，教职工在制定自己的个人发展目标时，应该把个人的发展目标和学校的组织目标有机地结合起来，以便更有效地实现个人目标。需要注意的是，制定目标是一种在工作中学到的行为，因此，领导者要扮演的将是一个模范教练或老师式的角色。另外，教导教职工如何制定目标时，应该遵循一个基本框架：首先是给他们提供一个可以仿效的模型；其次允许他们有指导地参与；最后是让他们承担起自我领导的重任。作为领导，有责任对其他教职工仿效的目标行为亲自说明，以便让他们制定更加明确而准确的目标。目标的激励作用不言而喻，但确定远景目标时，需注意以下三个方面：

首先，所定目标必须有适当的高度。这个适当的高度就是既需要人们付出一定的努力，又在努力后确实能达到的高度。如果教职工认为目标太高，难度太大，则对实现目标缺乏信心，目标也就不会成为真正的动力；如果教职工认为目标太低，并且认为实现目标的价值不大，那么，目标也就没有了吸引力和鼓动性。

其次，所定目标必须结合教职工的需要。如果领导者所制定的目标离教职工的实际需要太远，尽管领导十分强调这个目标的重要意义、深远影响，但教职工总会感到这种目标与自己无关或关系不大，甚至认为这种目标只是领导者个人的利益，那么，这种目标对广大教职工就没有什么感召力。

最后，所定目标必须融于个人目标。一个组织或集体的大目标能否具有强大的感召力，不仅在于它是否制定得当，是否代表了群众的要求，而且在于它是否融合了人们的个人小目标。在现实社会中，人们的兴趣、爱好和追求是客观存在的。如果领导者承认个人目标的合理性，并将其与组织或集体的目标统一起来，这样的个人目标就会成为组织或集体目标的强大动力；如果盲目地排斥个人的小目标，把它们与组织或集体目标截然对立起来，就会严重挫伤人们的工作积极性。

通常，人们总有一种在竞争中成为优胜者的心理。竞争可以提高他们的进取心；竞争可以发挥每个人的聪明才智和最大潜能，使每个个体都得到充分发展；竞争可以充分调动教职工的工作积极性，使他们的工作表现越来越好；竞争可以激发教职工的学习欲望，促使他们不断地思考，并使他们不断提高和完善自己。所以，可以通过组织形式多样的竞争比赛，公布竞争成绩，奖励优胜者，以激发教职工的工作积极性。当然，在组织竞争活动时要注意竞争的规则，要尽量使竞争科学、合理，要防止不正当的竞争发生，要尽量减少竞争的负面影响。总之，领导者要善于利用竞争去激励和锻炼广大教职工。

要进行竞争，领导者不仅要创造条件鼓励教职工参与竞争，还要鼓励他们有向现状挑战的勇气。要使竞争的激励发挥最大的效能，领导可以从以下几方面着手：

第一，鼓励教职工挑战现状和未来。有一句老话说：“如果我们做的只是我们过去做过的，我们得到的也永远就像过去一样。”如果我们要求质量、效益和服务更上一层楼，我们必须经常设法寻找改进现行制度、服务和产品质量的方法。我们必须鼓励每个人，从一线教职工起一直到领导都要经常向四周一切事物提问题。如果我们总是墨守成规而不向现状挑战，那么，我们的事业就不可能发展。

领导者应该懂得，学校最需要的是肯动脑筋和设法改进工作的人。只有通过鼓励教职工向现状不断挑战，使他们想出更新、更好、更有效的办法促使学校发展，学校才有生机和活力。所以，学校应为广大教职工树立宏伟的目标，为他们编织绚丽的梦想，从而激发教职工的竞争意识，使他们在实践中加以磨炼，最后奔向美好的目标。只有这样，才能培养出具有雄心壮志、充满斗志、不畏困苦、勇于进取的人才。

第二，积极引导教职工间的良性竞争。良性竞争对于组织是有益处的，它能促进教职工之间形成你追我赶的学习和工作气氛，大家都会积极思考如何提高自己的能力，如何掌握新的教学方法，如何取得更大的成绩，等等。这不但能大大提高学校的效益，还能融洽同事间的关系；而恶性竞争会使同事间相互拆台，互相戒备，弄得人心惶惶，会严重影响学校的效益。所以，领导必须从多方面入手，遏止教职工间的恶性竞争，积极引导教职工进行良性竞争，激励出大家的工作热情和干劲，让大家心往一处想，力往一处使，将学校的工作越做越好。

通常，领导者可以用以下几种方法来引导教职工的良性竞争：制定一套正确的业绩评估机制。要依实际业绩来评价教职工的工作能力，不要用自己的好恶来评价教职工的业绩。总之，评判的标准要尽量客观。在学校内部建立一套公开的沟通体系。要让大家多接触、多交流，有话摆在明处讲，有意见当面提。不鼓励教职工的告密、揭发等小动作。不能让教职工相互之间进行监督，不能听信个别人的一面之词。坚决惩罚那些为牟私利而不惜攻击同事和破坏学校正常工作的人，只有清除那些害群之马，整个学校才会有序地运作。

第三，对教职工进行在职培训以提高其竞争力。为了增强教职工的竞争能力，校领导不但自己要身体力行地对中层干部进行在职教育，而且还要对中层和基层干部进行督促，要求他们对教职工进行教育和培训。对于主动实行教育培训的中、基层干部，校领导要加以褒奖；对于害怕部下威胁自己的地位，并逃避对部下进行教育培训的中、基层干部，校领导必须加以指责。通过在职培训可以使教职工逐渐精通自己的本职工作，提高其工作能力和竞争力，增强自己的自信心。这样可以充分发挥出教职工的工作热情，提高他们的竞争力。

九、批评和处罚激励法

激励既要有称赞也要有批评。因为批评的目的在于帮助人们认识和改正自己的错误并使其向更好的方向转变，所以它是一种针对人的缺点和错误而进行的积极思想斗争。领导者对工作中犯错误或有过失的教职工，应该耐心说服，和风细雨地进行疏通和引导，采用一种能使对方便于接受的方法，实事求是地指出他们在认识上的不足、方法上的错误、工作上的差错，以及采取何种正确行为，使其心悦诚服地接受批评和教育。

批评要成为一种有效的激励方法，就必须讲究批评的艺术。只有掌握好批评的方式方法，才能真正取得激励的效果。因此，在具体进行批评时应该注意以下几点：

第一，批评要以理服人、以情感人。正确有效的批评，绝对不要掺入个人感情用事的成分，而应该十分冷静，处处体现理性。所以，真正的批评，应该是一次感情经过细腻处理的、冷静的、充满理智的谈话。在批评时要尽量以理服人、以情感人，让对方认识到自己存在的缺点和不足，这样，他们就会心服口服，对你的批评也就容易接受。

第二，批评时不能伤害别人的自尊。人都有自尊心，如果在批评中否定人的自身价值，只能给人带来痛苦，产生积怨，甚至从此自暴自弃，破罐子破摔，同时也会伤害上下级的关系。所以在批评时要有诚意和爱心。诚意是指批评的形式、手段和方法要光明磊落，态度要诚恳、友好。

第三，对不同的人采用不同的批评方式。人由于年龄、性格与修养等不同，对同一批评会产生不同的心理反应。对此，领导者在批评时要区分对象和情况，灵活采用多种批评方式。例如：对于自觉性较高者，宜采用婉言、含蓄、启发自我批评法；对于思想比较敏感者，宜采取暗语批评法；对于性格耿直的人，宜采取直接批评法；对于问题严重、影响较大者，宜采取公开批评法；对于思想麻痹者，宜采用警觉性批评法。正确的批评要求细致周到，恰如其分。属于普遍性的问题，可当面进行，而个别性的现象宜个别单独进行。

为了使批评达到理想的效果，下面介绍两种常用的迂回式批评方法。一种是旁敲侧击法，不直接批评有过失的人，而是故意批评其他的人，让有错误的人受到震动，以此引起警觉。这种方式往往比直接批评本人更有效。抓住某人充当“替罪羊”，让他受训斥时，其他人会受到震动，并因为躲过上司对自己的批评而暗自庆幸，从而不易形成反抗心理，他们就会悄悄地改正自己的错误和缺点。

先褒后贬法。批评应对事不对人，在批评之前，应先设法对受批评的人表扬一番，即先进行表扬，后进行批评，这样可融批评于表扬之中，在被批评者自尊心理的天平两边各加上相同的砝码，使他保持心理平衡，这样批评就很容易被人接受。所以，领导者应当记住，你无论批评什么人，都应该先在此人身上找点值得表扬的东西先给予表扬一番，然后再指出他存在的不足，这样批评的效果就会更好。

激励可以从正面激励，也可以从反面激励。物质奖励、精神鼓励等奖励方式是从正面对人们进行激励，而处罚和批评等方式是从反面对人们进行激励。所以，处罚和奖励一样是必不可少的和有效的激励手段。处罚是社会或组织为了防止人们不良行为和重大过失的发生而采取的一种制裁方式。一般情况下，处罚会给犯有严重错误的人一种难忘的甚至是痛苦的经历，能使他们对自己所犯的错误或过失有一种比较深刻的认识和反省。为了摆脱这种令人不愉快的经历，他们会下定决心痛改前非，因此在以后的工作中就会兢兢业业，再也不犯以前的错误。有的人甚至会脱胎换骨，激发出前所未有的工作热情，给自己树立一个崭新的形象。另外，处罚对其他人也是一种警示和教育作用，这样可以防止人们不期望行为的发生。对于高等学校来说，对教职工进行处罚的激励方式主要有以下几种：

第一，扣发工资和奖金。对没有完成教学工作量和科研任务的教职工，以及工作态度较差和违反学校劳动纪律和规章制度的教职工，扣发浮动工资和一部分奖金。

第二，撤职或降职。对担任某些领导职务的教职工，如果不能很好地履行其职责，或在工作中出现重大差错或失误，并对学校造成较大损失，那么就要给予撤职、降职和调离等处罚。

第三，取消晋升职称的资格。对工作态度差，违反校纪校规以及经常完不成工作量的教职工，无论其学术水平有多高，科研能力有多强，都应取消其晋升职称的资格。

第四，取消某些福利待遇。对于工作态度极差，严重违反校纪校规，以及屡教不改的教职工，如有必要，就应该取消其享受的某些福利待遇，比如：各种津贴、休假和疗养等。

第五，给予纪律处分。对于犯有严重错误和发生重大过失的教职工，学校可以视其情节轻重，分别给予警告、严重警告、记过、记大过以及开除公职等纪律处分。

奖励和处罚作为激励人们行为的不同调节手段，是相辅相成、融为一体、不可分割的。奖励是从正面对人们良好的行为进行有效鼓励，而处罚是从反面对人们不良的行为进行遏止。它们是从不同的侧面规范人们的行为，使其朝着组织所期望的方向前进。但研究表明，作为阳性诱因的奖励一般比作为阴性诱因的处罚的激励效果要好。因此，在进行有效激励时，最好以奖励为主，而以处罚为辅。此外，奖励和处罚都必须严格按照奖惩的标准行事，应做到“无功不赏，无罪不罚”，而且要人人平等，不能以个人的好恶和恩怨来决定奖励和处罚。特别需要指出的是，处罚一定要十分谨慎。因为处罚不当，或者罚错了对象，有可能会产生不良的后果，这特别要引起领导的高度重视。

第四节 激励的模式

对高校来说，确实有不少人力资源激励措施正在发挥着作用，但这还不够，我们要采取更有效的激励措施，并且和原有各项措施有机结合起来，才能发挥整体力量，取得更好效果。高校人力资源激励模式的建立，为高校人力资源激励的操作提供了依据，但这一模式的有效实施还需要注意防止负激励、促进积极心理契约的形成等多方面的问题。

一、高校人力资源激励的模式

根据以上关于激励原则及方法的论述，结合高校人力资源的特点，我们提出高校人力资源激励模式设想。

第一，需要分析系统。只有时时追踪教职工的需要变化，满足他们的需要，才能达到好的激励效果，所以，需要分析在激励模型中占有重要地位。但不顾学校的发展需要只一味地满足教职工的需要是不现实的，双主体激励理念提示我们，只有将学校的需要和教职工的需要有机地结合在一起，采取的激励措施同时满足双方的需要，激励才是成功的、有效的。

首先，进行高校需要分析，对学校的需要进行全面、彻底的分析，为今后的发展将奠定良好的基础。其次，进行教职工需要分析。要定期对教职工进行民意测验、调查和访谈，了解其近期的现实需要；同时，结合职业生涯开发系统提供的教职工职业生涯计划，仔细分析他们所处的职业阶段、所具有的素质和经历、是否需要培训、是否需要升职等等，最后，结合学校和教职工的需要分析结果，对他们采取相应的激励措施，该加薪的加薪，该培训的培训，该升职的升职，具体措施如下表。

一般激励因素	需要层次	采取的措施
成长、成就、提升	自我实现需要	挑战性的工作；创造性的工作；在学校被提升；工作成就。
承认、地位、尊重	尊重需要	赋予责任；上级以及同事认可；给予奖励。
关心、爱护、友谊	社交需要	同事的友谊；管理的质量；和谐的工作环境。
安全、信任、稳重、保障	安全需要	安全的工作环境；福利；增加工资；职业安全。
食物、住所	生理需要	基本工作报酬；物质待遇；工作条件。

第二，招聘子系统。进行学校需要分析和教职工需要分析之后，如果有岗位空缺及管理职位空缺情况，除了考虑内部人员的升迁外，还有必要对外招聘。

要使招聘带来激励作用，一定要切切实实执行好专业技术职务聘任制度。教职工竞聘上岗，使能者有其岗，庸者无其岗，那种旱涝保收的优越性就不复存在了，那种不思进取、不求收益之人就很难混饭吃了，这就打破了教职工铁饭碗的保护伞，大大提高他们的积极性。同时，实行有效的竞争激励机制，会减少学校的人数，增加教职工收入，满足他们增加收入的愿望；实行有效的竞争激励机制，增加高校管理效能，增强教职工对高校积极主动的服从与参与，加强他们的积极性，提高他们的工作效率，提高高校教学、科研、社会服务等活动的社会效益和经济效益。

第三，梯队规划子系统。梯队规划是指通过对组织内部潜在的候选人的发展情况进行追踪培养，以帮助组织确保在需要的时候，有可利用的在职人员，梯队规划是保证为组织在职人员不断提供适合他们自身发展机会的同时，也为他们提供特殊的培训服务。

第四，人力资源职业生涯规划子系统。赫兹伯格把人受尊重、自我发展和自我实现的需要作为激励的因素，是很合乎现代人力资源管理中以人为本思想的。在当今社会，追求自我发展和自我实现是一种趋势，尽管组织有着优厚的待遇和良好的工作条件，如果满足不了人们的这种愿望人们就会另谋高就，高薪和工作条件即使能成为激励手段也有可能是短暂的，任何别的组织也可以效仿和提供同样的甚至更好的条件。所以对于高校来说，就必须坚持和教职工一起发展的原则，激励他们和留住他们，否则，就难免产生人才的流失。

高校的成功，可以体现在两个方面：一是高校的各种目标得以实现，二是对教职工进行有效的激励从而更充分地发挥他们的主观能动性。所以，高校应该根据学校的各种政策如培训政策、晋升政策、奖励政策以及处罚政策，再结合教职工的实际情况与他们本人一起研究、制定其职业生涯开发规划，满足他们自我实现的需要，满足他们个性化的要求。

职业生涯开发规划一般包括五个部分的内容：确定职业目标、确定成功目标、制定职业发展计划、制定培训计划、制定时间表。

目标作为一种诱因，能不断引发、导向和激励教职工，只有不断地追求目标，才能启动他们奋发向上的动力。高校要依据不同岗位需要的不同条件，结合学校的政策，与教职工一起研究他的职业目标，目前的差距在哪里，如何制定职业发展计划，是参加培训还是加强自我实践和自我提高，最后预算达到目标的时间。

在教职工的职业生涯开发中，一定要进行动态的追踪管理，要不断地对他们的职业发展计划做修改或者增加新的内容。在教职工达到了某个职业目标时，高校要与他们一起研究比较，看看是提前达到了职业目标还是延后了，提前了应该鼓励他再接再厉，向更高的目标迈进，如果延后了，高校更应该对他给予关注，找出原因，提供各种条件帮助他成长，真正做到让他们感到学校不仅仅是谋生之所，更是一个他们施展才华和实现个人价值的地方。

第五，培训子系统。根据梯队规划和教职工个人职业生涯开发规划的要求，高校要明白对他们进行哪些培训，既能保障学校的发展，又能解决他们在职业生涯发展中遇到的问题，给他们一个学习和进步的机会，从而使教职工和高校两者都能得到最大程度的满足。这样进行的培训将不再是单调的培训，而是注重了教职工个性发展的真正具有激励作用的培训，教职工和高校在培训工作中更容易产生共鸣，加深感情联系，稳定学术队伍。

关于培训的内容，不能只进行本专业方面的培训，还要进行自我意识特别是自我激励意识的培训。著名心理学家阿尔波特举过一个例子，美国一位电学家无意触电死亡，并且留下了触电的典型反应，但实际上那根电线不带电，他死于那种怕触电的自我意识或者说自我暗示。自我意识的强大作用由此可见一斑，如果培养出积极的自我意识，它将对教职工的潜力开发产生巨大的作用。

第六，校园文化子系统。营造一种严肃、团结、紧张、活泼的校园文化氛围，将对教职工产生意想不到的激励效果。

严肃，是指学术氛围，主要针对教学和科研。在教学和科研上来不得半点马虎，学校要形成一种气氛，谁在教学和科研上不严肃、不认真，谁就要受到惩罚；谁在教学和科研上取得成绩，谁就得到褒奖。只要这种氛围形成，学术水平就会稳步升高，学校的实力也相应越来越强。

团结，主要是指领导班子和教职工队伍的团结。校园本来就是最圣洁的地方，领导、教职工都是人类灵魂的工程师，在这些人之间没有利益之争，很团结。现在最主要的任务就是进入社会主义市场经济时代后如何继续保持这种团结，只要这种团结保持下来了，校园就会成为越来越多优秀人才向往的地方，这对学校的发展非常有利。

紧张，就是要给教职工施加适当的压力，在教学和科研上设定硬性指标，指标完成情况作为考核的依据。许多教职工是希望有指标的，一方面考核的时候可以作为依据，使考核更直观、更公平；另一方面指标是日常工作的一个动力源泉。人在紧张、有压力的情况下会保持一种兴奋感，这将大大提高工作效率以及提升工作效果。

活泼，一是校园生活气息浓郁宜人；二是学校的全体教职工互相关心、互相帮忙，其乐融融。种树挖塘，营造绿意盎然的校园生活空间。学生各种活动、教职工各种活动以及离退休人员各种活动互相交织，相互感染，这些都有助于形成使人不忍离去的校园氛围；教职工互帮互助、轻松愉快，教职工之间、教职工与学生之间尽情沟通、交流无阻，恐怕也只有在大学里面才能寻到人间天堂的感觉。

可以想象，教职工生活在这样温馨的大家庭里，能不安心、努力工作，快出、多出成绩吗？这恐怕是激励的最高境界了。

第七，考核系统。高校要对教职工的工作态度、工作能力、工作业绩、潜在能力及适应性等方面进行全面考核。考核要坚持公平、公正、合理、透明的原则，考核结果要与专业技术职务聘任联系起来，真正有能力的可以考虑破格聘任职务，提高他们的积极性；不合格的一定要给予批评、惩罚，屡教不改者，可以考虑解聘其专业技术职务，这样才能达到考核的激励效果。

在考核执行过程中，往往犯“走过场”的忌讳，原因是大家平时一团和气，最终每位教职工的考核结果也都差不多，这就是目前许多高校考核的现状。所以在高校中有必要推行“三百六十度”考核法，这种方法又被称为多方考核者考核法，考核者包括直接上级、间接上级、同事、学生和自己，考核的指标从五个方面来设计：工作态度、工作能力、工作业绩、潜在能力及适应性。每一个大指标可以下设几个小指标，比如工作态度可以包括教学任务完成的质量、对学生的感染力、同事的认可度等，这样考核指标的五个方面就相当于构成了五个指标体系，全面而且翔实。

“三百六十度”考核法有三个优点，一是考核方法较简单，可操作性强；二是多方考核者参与考核，使考核更具民主性；三是提供分析的信息量大，管理者可从中获取较多的第一手资料。从这几个方面来看，“三百六十度”考核法基本上可以体现公平、公正、合理、透明的原则。

第七，测评与反馈系统。测评与反馈系统是模型里面非常重要的环节，我们考察各种性质的组织，无论是党政机关还是企事业单位往往都忽视这个环节，高校也不例外。测评与反馈做得不好，整个模型就会在低水平层次上徘徊。

所以有必要再次强调测评与反馈的重要性，首先，考核结果出来以后，要将考核结果与教职工职业生涯开发规划中设定的目标、学校的目标进行比较、分析，得出结论；其次，要对激励模型中各模块职能实现情况进行测评；最后，对上述结论仔细分析，看看哪些做得比较好，哪些还有很大差距，哪些需要进一步改善，并将所得的结论反馈到需要分析系统，这样，一个完整的循环就完成了，那么在进行下一个循环的时候，各模块的水平都会相应提高上去。

综上所述，由需要系统到测评与反馈系统这一系列的系统就构成了高校人力资源激励模型，这些系统互为支撑，任一系统如果出现问题，都将降低整个模型的效率和效果，所以我们在执行过程中，一定要对各模块都保持充分的重视，只有这样才能达到预期的目的。

二、激励实施中要注意的问题

高校人力资源激励模式的建立，为高校人力资源激励的操作提供了依据，但这一模式的有效实施还需要注意，比如防止负激励、促进积极心理契约的形成等多方面的问题。下面就依据激励相关理论和双主体激励理念对高校人力资源激励模型的实施提出四项具体的建议。

防止反激励：反激励是与激励相对而言的，它抑制或降低教职工工作的积极性，使他们产生不满意感，使工作效率降低或维持在低水平。一旦产生反激励，就会削减教职工的努力程度，具体表现在谁也不愿意再多贡献一份力量，即在首次体验到反激励后，教职工下一次的努力水平会比上一次低。产生反激励的因素与产生激励的因素是可以相互转化的，即当某一因素能够满足教职工的需要时，它是激励因素，当它不能满足教职工的需要、或在实现过程中出现了偏差，它就可能成为反激励因素。

高校能产生反激励的因素要通过广泛、深入的调查进行识别。对于目前高校的实际情况，存在着 6 个方面的反激励因素，包括：公平与认可、人际关系、责任、工作条件、发展和工作中的报酬，具体如下表所示。

名称	主要变量
公平与认可	专业技术职务聘任受到不公正待遇，领导专制、不听教职工意见，得到的报酬与所做工作不相称，奖罚没有与实际表现相结合，领导不关心教职工生活，即使表现出色也没有提升的机会
人际关系	在学校里得不到他人尊重，工作成绩不被注意，家庭及邻里关系不和
责任	在工作中没有什么责任承担
工作条件	工作单调重复没有吸引力，高校不能为教职工提供好的工作条件，规章制度不明确、不合理，所在学院管理混乱看不到前途，领导作风不正
发展	缺少参加学习和培训的机会
工作中的报酬	与其他高校相比，收入及福利差一些，在高校自己的才能没发挥出来

进行竞争性激励管理：高校需要稳定教职工尤其是中青年优秀教职工，但过分的稳定与安全并不利于教职工发挥积极性和创造性。所以要在高校内部建立岗位竞争的同时引进高校外部的人才市场竞争，真正做到岗位能上能下、教

职工能进能出、待遇能高能低，为此，高校可以和教职工建立聘用合同，以书面的形式规定服务期限、服务内容、服务要求、提供待遇等多方面问题，实行人事关系代理制，将教职工的人事关系委托人才市场管理，打破铁饭碗，增加高校教职工的紧迫感和竞争意识。

激励制度化与人性化的平衡：激励管理是制度化和人性化的平衡。对于管理，一般而言，制度是基础，因为，无论在管理理论的哪个阶段，制度化永远是实现组织效率的前提。正如泰罗早年指出的，对组织的运行效率来说，制度是第一要素。对于高校教职工激励的制度化管理前面已经建立了激励模型进行说明，但同时需要注意的是，激励是以人本理论为基础、以人为中心的管理活动，要求更多地注重人的精神生活和自身发展，正如马克思指出的：越是文明和发达的社会形态，越能容纳社会生产力的更大发展，最终必然能够导致人类本身的更为充分的发展。因此，不能仅仅依靠高校人力资源激励模型单独发挥作用，还要同时注意人性化管理。

在高校人力资源激励人性化管理中重要的一点是重视高校教职工的心理契约。心理契约是指高校与教职工彼此之间对对方所抱有的一系列微妙而含蓄的期望，这里所说的期望，就是预料和期待对方将会满足自己的某种需要，是想要对方做出自己盼望对方所显示出的某些行为；微妙和含蓄是指这些期望不但未形成文字记录在案，而且甚至都未曾在口头上表露出来过，它是一种心理的约定，其内容要留待双方去细心观察、捉摸、估测和领会。对方若未能领悟自己的期望，甚至完全忽略了这种期望，就无法满足自己的要求，也就违反了约定。破坏了心理契约，后果可能是破坏性的，反过来说，要想保持、巩固和加强双方的关系，就要认真履行双方之间的心理契约，这就需要高校和教职工之间的坦诚相见，加强了解和沟通，设身处地地替对方着想。

实际上，高校和教职工之间存在着一系列的交换关系，这些交换有物质的，也有精神的，教职工能否有效地工作，能否对高校萌生责任感、忠诚心和热情，以及能否从工作中得到满足，在很大程度上取决于这样一个前提：教职工用收入来交换用在教学科研上的时间，用社交和安全需要的满足来交换勤奋的工作和忠诚心，用自我实现的机会和挑战性的工作来交换教学质量、科研成果和为高校所做出的创造性努力，上述这些交换要让高校和教职工都感到公平才行。

因此，高校要建立起有效的信息沟通体系，可以通过在学校网站上发布学校近期目标、远期目标、发展方向以及各项政策，使教职工了解学校的全面情况，通过鼓励教职工在网站专门频道上留言来了解他们的期望，并且设立答复系统及时对教职工提出的问题进行解答，这样就真正实现了高校和教职工之间的沟通，进而满足双方的期望，使双方产生一种相互支持的关系，建立积极的心理契约。

上面提到的通过互联网进行沟通是随时的，效果比较明显，但还有一种沟通方式也要引起充分注意，即一年一度的职代会。虽然职代会的周期较长，但在其间反映的问题却是重大的、关系高校和教职工切身利益的，所以一方面教职工要深刻领会学校职代会的会议精神并在工作中努力实践，另一方面，学校也要认真的考虑教职工在职代会上提出的问题，并切切实实解决好，让广大教职工满意，这两方面的事情都做好了，高校和教职工之间积极的心理契约也就更加牢固地建立起来了。

满足需要和引导需要相结合：高校在满足教职工的各项需要方面做得比较好，确实可以在很大程度上调动教职工的积极性，但是，一味地满足教职工的需要，也会带来激励工作的被动局面以及使激励工作出现偏差。经济学家诺斯在论及人未来的行为时指出："人们通过实现存在的心理构想来理解环境、解释环境、并用以解决他们所面临的问题。"因此，高校在满足教职工需要的同时，还要善于引导他们的需要，向他们灌输符合社会需要和学校需要的价值观，使学校的价值观渗透进广大教职工的内心，这样做要达到三个目标：教职工对高校目标和价值观的强烈认同和接受，教职工为高校目标付出巨大努力的愿望以及保持高校教职工身份的强烈愿望。达到了这三个目标，才算真正实现了教职工长远目标和高校目标的一致性，从而实现双主体激励理念中自我激励的最高境界。

↗第五章

绩效管理

第一节　理论分析

绩效管理不仅是人力资源管理体系的基础，也是一种战略思考。有效的绩效管理体系有助于高校的资源配置和目标协调，为教师职业生涯发展规划与教育培训提供客观依据。高校在设计绩效管理体系时，应从战略的高度，对自身的优劣势、外界环境的机会和挑战、高校的发展方向和目标进行充分的分析，形成清晰的认识，并依此设计符合高校发展的绩效管理体系。

一、绩效管理的含义与功能

界定绩效管理的内涵，首先要定义“绩效”的概念。“绩效”最早来源于经济方面的定义，主要以可计算的利润来表达。随着社会经济和企业管理发展的需求，绩效的含义逐渐扩展。但目前学术界还没对绩效形成一致的定义，主要有下列几种观点：

伯纳丁等人认为，绩效是在特定时间范围，在特定工作职能、活动或行为上生产出的结果记录。该定义将绩效视同任务的完成情况、结果、产出。

凯恩贝尔、迈克罗依、奥普勒和赛格提出，绩效是员工自己控制的与组织目标相关的行为；绩效是多维的，没有单一的绩效测量；绩效是行为，并不必然是行为的结果；这种行为必须是员工能够控制的。这种观点把行为而不是把完成的任务或达到的目标等结果作为绩效。

波曼和摩托维德勒提出了任务绩效和关系绩效的概念。任务绩效是组织所规定的行为，是与特定工作中核心的技术活动有关的所有行为；关系绩效则是自发的行为、组织公民型、亲社会行为、组织奉献精神或与特定任务无关的绩效作为，它不直接增加核心的技术活动，但都为核心的技术活动保持广泛的、组织的、社会的和心理的环境。这种观点是通过区分绩效的指向对象来划分两个维度的。

彭国甫教授认为，绩效又称“生产力”“业绩”“作为”等，是主体为实现其目标而展现在不同层面上的有效输出，它包括个人绩效和组织绩效两个层面。个人绩效是组织绩效的基础，组织绩效是个人绩效的整合和提升。

方振邦指出，绩效指的是那些经过评价的工作行为、方式及其结果。这种解释将绩效的概念和评价过程联系在一起。

上述观点有的是从人力资源管理学的角度来界定绩效，有的是从组织与个人的两个层面来理解绩效。作者认为，绩效是指组织立足于长远发展，以提高个人绩效和组织绩效为目标，为个人积极性的提高和创造性的发挥提供空间，并以组织服务对象的满意度为衡量指标的一种新的衡量。

从绩效的特征来看，绩效是个人或组织为实现其特定目标而展现在不同层面上的有效输出，包括个人绩效和组织绩效两个层面；绩效可用系统的产出与投入的关系表示，绩效评价时不仅要计算有形的产出与投入，而且要综合考虑有关的无形的产出（服务）与投入（知识、管理、创新）；绩效兼具客观和主观的因素，绩效的本质除作为系统性评价的客观指标以外，在主观上也可视为一种持续性的创造发挥过程及一种求新求变、与时俱进的心理态度。从管理实际的历程来看，人们对绩效的认识是不断发展的：从单纯地强调数量到强调质量再到强调顾客需要；从强调“即期绩效”发展到强调“未来绩效”；从强调结果到强调输入与过程。绩效归根到底要由人来创造，因此提高人的积极性，使组织处于高激励状态，有助于组织长远的发展。

认识到绩效对组织效益增长的重要性后，对绩效进行管理的具体技术方法和实施手段开始受到普遍的重视，这其中包括对个人绩效和组织绩效的管理，也包括一整套的实践手段、技术、工具、管理体系的设置。到 20 世纪 80 年代后期和 90 年代初期，绩效管理已成为相当流行的管理理念，也成为许多企业组织管理的主要方法之一。关于绩效管理的含义，目前国内外学术界众说纷纭。

阿姆斯拉尼提出，绩效管理是通过在员工与管理者之间达成目标、标准和所需能力的协议，在双方相互理解的基础上使组织、群体和个人取得较好的工作结果的一种管理过程。

雷蒙德·A·诺依等将绩效管理定义为管理者为确保雇员的工作活动以及工作产出能够与组织的目标保持一致的过程。有效的绩效管理系统必须在环境约束条件下，根据组织战略目标，对组织内员工的个人行为进行科学的组织和有效的引导。

美国国家绩效评估的绩效衡量小组曾定义绩效管理为：利用绩效信息协助设定统一的绩效目标，进行资源配置与优先顺序的安排，以告知管理者维持或改变既定目标计划，并且报告成功符合目标的管理过程。他们认为绩效管理是对公众鼓舞和计划目标进行设定与实现，并对实现结果进行系统评估的过程，该定义得到普遍认同。

国内有学者认为绩效管理，就是运用科学的方法、标准和程序，对组织的业绩和实际工作做出尽可能准确的评价，在此基础上对组织绩效进行改善和提高。绩效管理是以实现组织管理的经济、效率、效益和公平为目标的全新的组织管理模式。在微观层面上是对员工工作业绩、贡献的认定；在中观层面上是组织各分支部门、机构，如何履行其职能服务的质量评价等；在宏观层面上则是整个组织的绩效测评。

也有学者提出绩效管理是指为了达成组织的目标，通过持续开放的沟通过程，形成组织目标所预期的利益和产出，并推动团队和个人做出有利于目标达成的行为。

上述各种定义，有的是侧重于员工与管理者之间的沟通，有的强调绩效评价功能，但都缺乏对绩效管理的整体把握。作者认为，绩效管理是为了实现组织战略目标，通过持续有效的沟通反馈，对组织成员的活动进行组织、引导和评价，在此基础上改善组织和个人绩效的管理过程。绩效管理一般具有以下四个方面的特征：

第一，绩效管理是一个以绩效改进为目的的管理过程。绩效改进是绩效管理的最核心目的，绩效管理的各个环节都是围绕着这个目的来进行的。绩效管理系统对组织和成员在活动过程中产生的信息进行收集、处理和反馈，根据设定的基准，有效测量和评估组织内各部门和员工是否达到了相应的绩效水平，并不断调整、改进绩效管理系统的战略规划、绩效指标以及相应的激励机制，以确保组织在不断总结经验教训中改善绩效水平，达成预先设定的目标。

第二，绩效管理是一个持续的沟通交流过程。绩效管理侧重于信息的沟通与绩效提高，强调事先沟通与承诺，它伴随着管理活动的全过程。绩效沟通反馈可以让员工了解自己工作中的优缺点，明确将来自己应保持并继续发展的方向，对缺点和不足则采取相应的措施加以改进，最终使自己的素质和能力有所提高，使工作业绩得到改善。

第三，绩效管理是一个包括若干环节的闭环系统。绩效管理是一个闭合的系统，系统内部各个环节相互影响，只有当系统的每个环节都做到位，系统才能发挥其最大的效用。一个绩效管理周期包括绩效计划、绩效实施、绩效考核、绩效反馈、绩效改进以及绩效结果应用等环节，而绩效改进计划通常又是下一个绩效管理周期的开始。绩效管理注重达成绩效目标的过程，强调通过控制整个绩效周期中员工的绩效情况来达到绩效目标。

第四，绩效管理与绩效考核既有联系又有区别。绩效管理是个包含若干环节的闭合管理过程，各个环节相互影响、相互作用。一个绩效管理过程的结束，是另一个绩效管理过程的开始，通过这种循环，个体和组织绩效得以持续发展。因此，绩效管理具有前瞻性、策略性、积极性和主动性，它能有效地规划组织与员工的未来发展。绩效考核是指考评主体对照工作目标或绩效标准，采用科学的考评方法，评定各种任务完成情况、职责履行程度和员工的发展情况。绩效考核与绩效管理并不是等价的，绩效管理是人力资源管理体系中核心的内容，是事前计划、事中管理和事后考核所形成的三位一体的系统。而绩效考核只是绩效管理中的关键环节和手段，侧重于判断与评估，强调事后的考核，而且仅在特定的时期内出现。我们必须将绩效考核纳入绩效管理制度当中，才能对绩效进行有效的管理和监控，从而实现绩效管理的目标。

根据绩效管理的内涵及特征，我们可以定义，高校人力资源绩效管理是指依据高校发展战略，管理者与教职工达成绩效目标，以及管理者对教职工进行绩效指导、管理与考核，以此提高高校绩效和教职工个人绩效的管理过程。实施高校人力资源绩效管理，可以了解学校绩效实现的程度，可以为把握高校和各部门的整体运作情况和教职工个人工作状况提供客观依据，为高校降低工作成本、提高工作效率、进一步改善和提高管理水平以及教职工个人发展提供科学的分析基础。

一个好的高校人力资源绩效管理系统应该能帮助高校和教职工特别是教师取得成功。科学合理的绩效管理系统不仅仅对教职工的行政行为、教育教学行为、科研行为进行评价，而且从促进教职工发展的目的出发，让他们了解学校对他们的期望，以此激发他们的主人翁意识，鼓励全体教职工参与绩效管理的积极性，制定双方认可的绩效计划，并由双方共同承担发展目标的职责。总的来说，高校人力资源绩效管理的功能包括以下几点：

第一点，控制功能。大多数人的绩效必然影响组织绩效的状况。了解、分析并改进组织成员的个人绩效，是把握组织整体运转状况的基础。在获得有关教职工的充分信息之后，绩效管理通过运用科学的方法与技术，对他们的工作行为和工作效果进行检查、评价，在沟通与反馈中共同制定改进计划。因此绩效管理有助于确认高校各项工作的具体内容以及一个员工所能从事的任务的多样性，从而把高校教职工的工作数量和质量控制在合理范围内，控制工作进度和协作关系，从而使教职工明确自己的工作职责和任务，使学校的发展不偏离预设的目标轨道。

第二点，激励功能。绩效管理强调员工的主体地位。教职工参与学校战略目标的分解过程，参与制定自己的工作目标与发展目标，在整个制定过程中伴随着强大的培训与沟通计划，使学校每一个教职工都有机会了解到学校的学术和整体发展方向以及围绕发展方向所设置的各个维度，了解到他们自己在学校发展目标实现过程中所做的贡献，找到自己的定位。教职工由此有了自己明确的职业发展计划，工作热情不断提高。绩效管理强调展示成绩与改进激励，不仅重视工作绩效，更关心教师本人的发展。绩效管理是教师展示才华、完善自我的过程，通过充分肯定教师的工作业绩，能使其体验到成功的满足感与成就的自豪感，并帮助其制定下一步的绩效计划和改进计划，有利于鼓励先进、鞭策落后、带动中间，从而对每个成员的劳动行为进行有效激励。

第三点，导向功能。高校人力资源绩效管理会对高校教职工产生重要的导向作用。首先，绩效指标设定对教职工行为和价值取向有导向作用。绩效考核的关键指标作为教职工工作的“风向标”应该与影响教职工工作绩效的关键因素相对应。关键指标及其权重会对他们的价值取向、工作重点和时间安排起着牵引和导向作用。其次，绩效管理有助于强化教职工的职业精神。高校人力资源绩效管理注重外在环境的重要性，衡量个人绩效的标准不单纯是工作量，而是引入了学生考评和同事考评，注重服务对象的满意度反馈，促使教职工自觉主动地提高工作服务的质量。再次，绩效管理有助于增强教职工的协作精神。现代社会越来越显示出对协作的重视，许多工作的完成通常是团队协作的结果，高校部门的运作也不例外。如课题的申报、完成，学科的建设，等等，通常都不是某一个教师或领导能独自完成的，而是由一个学术团队共同努力的结果。个人要取得好的绩效就必须加人团队中。因此，绩效管理能增强教职工之间的协作。

第四点，发展功能。首先，管理者可以根据绩效实施的结果，为教职工提供合理建议、制定正确的培训计划，从而达到教职工改正缺点、提高业务能力的目标。同时不断参与绩效管理实践活动能强化教师的专业意识，使他们产生自觉的教育行为，形成教职工职业特有的专业素质。其次，通过绩效管理，管理者可以帮助教师发现其在工作上的特点，发挥个人特长，将个人发展方向与高校发展目标相结合。管理者与下属在绩效活动中持续的沟通和反馈，也可以让管理者明确自身工作中存在的缺陷，起到相互改进的作用。最后，高校通过人力资源的绩效管理，可以发现整个高校运作中出现的问题，及时采取措施，调整工作目标，保证高校的正常运作，促进高校的进一步发展。

第五点，沟通功能。没有有效的沟通就可能导致绩效管理的无效。绩效管理是一个持续的沟通过程，在绩效计划的制定、绩效实施与指导、绩效考核、绩效结果的运用以及绩效改进中，都存在着组织与教职工之间的双向沟通与反馈。管理者将工作状况和考核结果反馈给下属，并听取下属对考核结果的意见和看法，使双方了解彼此的期望。因此，绩效管理不仅为管理者与下属之间提供了一个良好的沟通平台，而且有利于管理者和下属了解自身的优缺点状况，为绩效的改善提供基础，也有利于组织为下一步绩效管理方式的改进提供依据和参考。

二、绩效管理的原则与流程

（一）绩效管理的原则

绩效管理活动必须遵循一定的原则，它既是绩效管理制度建立的重要理论依据，也是一套行之有效的绩效管理制度的基本条件。高校人力资源绩效管理的基本原则包括：

1. 以人为本的原则

以人为本是绩效管理的精髓，其目的是为了人的发展，即将以人为本的理念运用于具体操作中，从而通过技术手段实现激励人、开发人的目标。高校人力资源绩效管理不单纯是决定教职工奖金多少、职级升降，而主要是促使每个教职工奋发向上并帮助他们发展的重要手段。组织要利用绩效实施、绩效考核过程和考核结果来帮助教职工分析绩效不高的原因，排除各种不利因素，促使他们在绩效、行为、能力、责任等多方面得到切实的提高。

2. 客观性原则

绩效管理要做到以事实为依据，对被管理者的任何考核都应有事实根据，避免主观臆断和个人感情色彩，要依据工作性质、工作重点和服务对象的不同设定不同的考核指标，定性考核与定量考核相结合。要从客观条件、主观努力等方面客观分析绩效结果，提出务实的改进方案。

3. 开放沟通原则

在整个绩效管理过程中，管理者和被管理者要开诚布公地进行沟通与交流，共同制定工作任务目标，对工作中出现的问题共同协商解决；评估结果要及时反馈给被评估者，肯定成绩，指出不足，并提出今后应努力和改进的方向。对于评估中出现的问题或有不同意见应在第一时间内进行沟通。

4. 差别性原则

对不同部门、不同岗位进行绩效评估时，要根据不同的工作内容制定贴切的衡量标准，评估的结果要适当拉开差距，不搞平均主义。具体表现为对学校不同学科的教师、不同部门的员工或同一部门的不同岗位以及岗位相同但工作重点不同、内容不同的人员进行绩效评估的衡量标准不同；对学科带头人、骨干教师和一般教师或高层管理者、中层管理者、基层管理者和一般工作人员的评价标准应有相应的调整，不能全校人员统一用一张评估表格。

5. 发展性原则

绩效管理通过约束与竞争促进个人及团队的发展，因此，管理者和被管理者都应将通过绩效管理提高绩效水平作为首要目标。任何利用绩效管理进行打击、压制、报复他人和小团体主义的做法都应受到制度的惩罚。

（二）绩效管理的流程

绩效管理的程序揭示了有效的绩效管理的展开步骤，程序的科学性和规范性是避免绩效管理困境的根本前提和基本保证。绩效管理是一个包括绩效计划、绩效实施、绩效考核、绩效反馈以及绩效结果应用等环节的闭环系统。

1. 绩效计划

绩效计划是绩效管理过程的起点，是绩效管理初期由主管人员和下属共同制定的绩效契约，是对学校整体目标的分解和落实。绩效计划绝不是上级向下级下达绩效指标。它需要在双方共同沟通的基础上，达成对工作任务的一致认识，形成绩效契约。绩效计划成功的关键是员工的参与和承诺。如果员工不理解、不接受工作任务，再好的绩效计划也只能成为纸上谈兵。绩效计划的制定要注意是否适合本校的定位和发展方向、是否顾及了教职工的发展潜力。例如高校教师的绩效计划应是院系或教研室有关领导与教师依据职务说明书和上学期的教学与科研情况共同商讨制定适合本人的本学期绩效计划，包括每位教师的绩效计划，在授课过程中应注意什么问题、应达到什么样的效果、科研工作应达到什么样的水平、有什么样的要求和想法、哪些教师需要培训学习等内容。因此，绩效计划是对在本绩效管理期间结束时教职工所要达到的期望结果的共识。

2. 绩效实施

制定了绩效计划之后，教职工就可以按照计划进行科研教学及其他管理服务工作。绩效实施的过程也是绩效诊断和辅导的过程，领导者和下级之间进行的双向沟通是实现绩效监控的重要手段。在绩效实施中可以同时分析引起各种绩效问题的原因，领导者和下级通过相互沟通寻求工作支持与了解，领导者在了解情况后要及时辅导、帮助下级克服障碍。每学期例行的期中检查就不会再流于形式，而是依据计划进行检查，发现的问题可以及时得到解决，计划的不足也可以得到及时调整。这样做的同时也能改变高校教师单打独斗的学术风气。这种绩效沟通可以是正式的途径，如定期的会议，也可以是非正式途径，如随时的交流、谈话等。

3. 绩效考核

绩效考核是一个按事先确定的工作目标及其评估标准，考察教职工实际完成的绩效情况的过程。绩效考核的步骤包括：一是召开绩效评估沟通会议，对参与绩效评估的人员进行培训。二是进行自我评估和同事评估，教师和其他直接服务于学生的人员还应进行学生评估。三是主管人员评估并与下属沟通。四是综合各项分数，确定最终评估结果。五是上级主管审批评估结果，评估表格经教职工本人、直接主管、上级主管三方签字后交人力资源管理部门备案。绩效考核实行自我评估与直接主管的评估相结合，以双方沟通达成一致的结果，结合其他部门对工作的满意度评估进行全方位的绩效评估。人力资源管理部门负责全校绩效评估工作的组织、实施、调整、监控以及制度的解释，处理有关评估投诉。

4. 绩效反馈

高校人力资源绩效管理的过程并不是为绩效考核制定一个分数、分出一个等级，绩效考核的最终目的是为了鼓励教职工更好地履行岗位职责。绩效管理必须重视考核结果的及时反馈沟通，各类评估结束后，被考核人员有权了解自己的评估结果，评估者有向被评估者反馈和解释的职责。绩效反馈沟通的方式有很多，概括起来分为正式沟通和非正式沟通两种，正式沟通主要包括会议沟通、定期汇报等，非正式沟通主要包括直接面谈或电话沟通等，最好采用直接面谈方式。例如院系领导与教师进行一次或多次的面对面的交谈，通过绩效反馈面谈，使教师了解学生对自己的期望，了解自己的绩效，认识自己有待改进的方面；并且教师也可以提出自己在完成绩效目标中遇到的困难，请求上级的指导。领导和员工在一种相互尊重和相互鼓励的氛围中讨论如何解决员工绩效中存在的问题，在协商中有针对性地改进目标，激励并督促其执行。

5. 绩效结果的实施

正确运用绩效考核的结果是发挥绩效考核导向作用的前提和基础。首先，正确分析、理解绩效结果，发掘绩效问题的实质，提出切实可行的绩效改进措施。其次，作为奖惩和培训的依据。绩效考核的结果充分利用可以起到激励和鞭策作用。绩效考核结果除了应用于教职工的评优评先，对教职工起到鼓励先进、鞭策后进的作用之外，更应运用于员工的培训和继续教育，即应把绩效考核结果作为员工接受培训和继续教育的依据。对绩效好的要给予适当的奖励，比如到国内外访问学习、或精神物质奖励；针对绩效考核中所暴露出的问题，在思想素质、业务水平、综合能力及人文精神等方面开展有针对性的培训和继续教育活动，对绩效不佳、特别是连续几年不佳的人，就要劝其离开当前岗位而到其他合适的岗位。

第二节　规范分析

高校人力资源绩效管理是一个动态的系统工程，它包括绩效计划、绩效实施、绩效考核、绩效反馈和绩效结果运用等一系列子系统。其中，绩效计划是确立绩效管理所要达到的目标，绩效考核是绩效管理的关键环节。高校人力资源绩效管理系统充分发挥各个环节的功能，整合高校的信息和资源，推动团体和个人的进步，进而实现绩效管理的各种目的。

一、绩效管理的目的

传统的绩效考核侧重于管理控制，规定了管理者希望员工采取的特定行为，然后对其是否达到了要求进行考核，这种体系是与工业时代以机械为核心的管理相适应的。而随着社会的发展、时代的变迁，绩效管理适应了企业管理理论和实践的发展，转而关注战略实现和员工发展。高校人力资源管理可以借鉴企业人力资源绩效管理的成功经验，为高校的整体发展提供良好的人才平台。高校人力资源绩效管理的目的可分为战略目的、管理目的和开发目的三个层次。

战略目的：在绩效管理中处于核心地位，这种核心地位要求绩效管理系统确保组织的所有活动都支持组织战略目标的实现。绩效管理系统实施目标管理，能够将员工的努力与部门、学校的战略目标紧密地联系在一起，通过提高教职工的个人绩效来提高组织的整体绩效，从而保证高校战略目的的实现，提高在市场竞争环境中的核心竞争实力。高校战略制定的终点正是高校人力资源绩效管理的起点，即制定绩效计划，阐述高校战略目标。

绩效管理具备引导与控制高校战略实施的功能，可以在高校战略实施过程中检查高校和各部门为达到目标所进行的各项活动的进展情况，考核实施战略后高校的绩效，分析产生偏差的原因并纠正偏差，使高校战略的实施更好地与当前所处的内外环境、目标协调一致，保证高校战略得以有效实施。在运用绩效管理系统实现高校战略目标时，应首先明确高校的战略，然后通过目标管理，将战略目标层层分解、逐层落实，将高校的中长期目标分解到部门和教师个人，界定出实现战略目标所必需的工作方式和结果，在此基础上定立相应的绩效考核指标和标准，设计相应的绩效考核和反馈系统。

管理目的是高校在多项管理决策中都要使用绩效管理信息（尤其是绩效考核的信息），绩效考核结果是给予相应的薪酬决策、奖惩决策、晋升决策等重要人力资源管理决策的重要依据。

对教职工的绩效考核，不仅是教职工的个人培训发展的依据，在另一方面它也是一种价值考核系统，即考核作为价值创造者的教职工所创造的价值，合理考核其对组织的价值。因此，绩效管理体系是一条纽带，它把价值创造和价值分配体系紧密结合起来，是通过对教职工个人贡献的考核，牵引和鼓励每一个教职工都投身于高校的成长与发展的事业中，这要求高校管理者借助公正、合理的价值考核体系对教职工的绩效表现给予考核，同时把绩效考核的结果作为薪酬决策、奖惩决策、晋升决策等的重要依据。

开发目的包括两个方面，一是对于教职工个体发展，通过绩效管理，让组织和教职工发现工作中的不足，找出绩效不佳的原因所在，并进行针对性的培训和改进，从而帮助每个员工提高工作绩效与工作胜任力，建立适应高校发展战略的人力资源队伍。对教职工的绩效考核并不是绩效管理的目的，关键是通过绩效管理能够让组织和教职工本人发现自身存在的不足之处，针对不足之处进行改进和培训，达到提高绩效和自身能力的目的。二是对于高校发展，在绩效管理的过程中，促进管理者与下属之间的沟通与交流，形成开放、积极参与、主动沟通的组织文化，增强学校的凝聚力。当一位员工的绩效没有达到预期的绩效目标时，这就要求管理者在绩效反馈过程中帮助他找出这种绩效不良的原因，然后针对问题采取措施。这种沟通与交流能够吸引教职工投身于高校的发展中，从而提高组织的凝聚力。

二、绩效考核体系

评估是绩效管理的一个关键环节，如果无法衡量，就无法改善，除非能在绩效目标实现程度的衡量方法方面取得共识，否则一切确定绩效目标或标准的努力都是徒劳无益的。对员工绩效进行有效管理必须要获得相对准确的绩效信息，绩效考核正是发挥了此功能。高校人力资源的绩效考核要确定合适的考核主体，设立科学的考核指标体系，针对不同时期、不同阶段的考核目的，采用有效的考核手段对教职工的能力素质、工作过程和工作成果，进行全面的、公平公正的、客观的考核。高校教师承担教学和科研双重任务，他们的劳动具有难以计量性、很强的能动性、极大的创造性、很大的迟效性和交叉性。教师劳动的这些特点决定了高校教师绩效考核具有全面性、复杂性和模糊性等特点，是高校绩效考核的重点和难点。通常，绩效考核系统的考核主体包括五个方面，即直接主管领导考核、综合考核小组考核、同事考核、自我考核和学生考核。

直接主管领导考核：由直接主管领导对下属的工作绩效进行考核是大多数工作绩效考核制度的核心所在，而且应占有相当的权重。

综合考核小组考核：综合考核小组由人事处、党委办、校长办、教务处、科研处、学生处的负责人、高校领导和教职工代表组成，负责教职工的绩效考核，对教职工绩效考核工作把关，因为该小组综合了学校人力资源方面的专家，具有较高的水平，因此应占较大的比重。

同事考核：由于同事之间长期接触，彼此之间比较了解，相互考核是保证教职工绩效考核准确性的一个重要方面。

自我考核：教职工自我考核的作用是显而易见的，能充分调动他们的积极性，但自我考核常会出现自我宽容，与他人的考核结果不一样，因此比较适合个人发展，不适合人事决策。

学生考核：对于直接服务于学生的教职工，学生对其职业道德、学识水平等有一个清楚的认识。因此，在此类岗位人员的绩效考核中应引入学生作为考核主体。

绩效考核可以分为能力素质考核、过程考核和结果考核三个阶段。能力素质考核的目的是评价教职工是否能够胜任其岗位，是否具有胜任岗位所需要的能力。过程考核是指对工作的阶段性完成情况进行考核，以防工作出现落后、不能如期完成的情况。对教师的过程考核包括教学过程考核和科研过程考核。结果考核即业绩考核，是对教职工的工作量和成果进行考核，全面反映每位员工上一阶段的工作业绩。目前，我国高校绩效考核的总体内容主要是德、能、勤、绩四个方面。以教师为例，德、能、勤、绩的具体内容如下：

德：教师是学生学习的榜样和人格示范，教师应具有良好的师道、人格形象、良好的职业道德和健康的心理素质。教师的道德素质是教师在教学过程中所表现出来的责任心和道德感。在教育领域中，教师首先必须有对教育事业的敬爱与热诚，有对学生利益的维护。此外，教师在与学生交往过程中体现出来的言行举止、对学生人格的尊重等，对学生的成长有着不可替代的重要影响。对教师“德”的考核主要从政治表现、思想状况、职业道德水平三方面进行。

能：包括智能结构和能力，特别要求教师要有较深的专业知识水平和较宽的知识面。能力包括知识更新能力、创新能力、实践能力和科研能力。

勤：对勤进行考核首先是考核教师为教育事业付出的努力程度。其次，是考核教师对其职业、学院或部门、其服务对象的责任感。因此，对勤的考核应从事业心和责任心两方面进行。

绩：是教师个体对组织贡献程度的衡量，是所有工作关系中最本质的考核。它直接体现出教师在学院中价值的大小，与被考核者担当工作的重要性、复杂性和困难程度呈正相关关系。通常称为考绩，是对教师承担工作的结果的考察与考核。绩包括教学业绩、科研业绩。

当前，德、能、勤、绩的标准仍然是高校行政人员绩效评价的主体内容，其具体考核内容与教师绩效考核有共通之处，但两者因工作性质和工作内容不同而存在考评具体内容的差异，其考评方法和周期也会有相应的调整。因此，在实践操作中不能全校一张表格一个形式。

在绩效考核指标方面，要坚持定性指标与定量指标相结合，要考虑指标数据来源是否易于取得，其信息来源渠道是否可靠等要求。高校教职工由于其工作任务、素质能力、角色等方面的特殊性，实施绩效考核的时间、目的的侧重不同，绩效考核指标的设计具有极大的复杂性。在设计绩效考核指标体系时，除了要遵循上述要求，还要明确学校属于什么性质、对哪些人员进行考核以及考核的目的，以确保绩效考核指标体系的合理性和适用性。

高校人力资源绩效考核指标设立的程序分为岗位分析、要素调查和确定指标、修订三个环节。

岗位分析：根据考核目的，对被考核对象岗位的工作内容、性质以及完成这些工作所具备的条件等进行研究和分析，了解被考核者在该岗位工作所应达到的目标、采取的工作方式等，初步确定绩效考核的各项要素。

要素调查，确定指标：根据上述步骤所初步确定的要素，可以运用多种灵活的方法进行要素调查，最后更加准确、完善、可靠地确定绩效考核关键指标。

修订：一般分为两种，一种是考核前修订，通过专家调查法，将所确定的考核指标提交领导、专家会议及咨询顾问，征求意见，修改、补充、完善绩效考核指标体系；另一种是考核后修订，根据考核及考核结果应用之后的效果等情况进行修订，使考核指标体系更加理想和完善。

绩效考核指标权重的确定。指标的权重是指指标对总目标的贡献程度，当被评价对象及评价指标都确定时，综合评价的结果就依赖于权重系数，权重系数确定得合理与否，关系到综合评价结果的可信度。同时，准确、合理的权重，可使教职工能够集中主要的精力去完成重要而复杂的工作目标，也使管理者能够更客观地去考核员工的工作绩效。

层次分析法是确定指标权重的有效方法。层次分析法把一个复杂问题分解成各个组成要素，并按这些要素的支配关系组成递阶层次结构，通过两两比较的方法确定层次中诸因素的相对重要性，然后综合决策者的判断，确定决策方案相对重要性的总的排序。它体现了人的决策思维的基本特征，即分析、判断、综合，它又是一种定性与定量相结合，抓住了问题的整体判断，能较全面地反映考核对象的整体情况，避免片面性。

高校人力资源绩效考核的指标体系构建可以借鉴由卓越设计的“维度——基本指标——修正指标”组成的多维度绩效指标模型结构。维度位居于指标体系的最高层，是对评估范围的类型划分，通过维度区分，可以使评估层面更加条理化，评估视角更加集中，可以使评估指标更具有可比性。维度与指标相比，维度是评估对象、评估行为的类型区分，规定了评估的基本层面。基本指标直接与评估对象的工作性质与职能相关，由评估对象的主要工作职能分解或组合而来。基本指标数量少，概括性强，在实际工作中容易掌握，通过对基本指标的评估，已经可以反映出评估对象的绩效概况。修正指标是指用以对基本指标进行校正的重要辅助指标，它可以依赖于基本指标独立发挥作用。根据高校人力资源绩效考核的内容，通过层次分析法和专家打分可以确定不同类型员工的绩效指标体系。

必须强调的是，指标的设计应充分体现出高校的特色、战略和教师自身的发展要求，不能一刀切。具体指标的设置以及各项指标的标准分值和加权计算必须根据各个高校的类型和发展层次来确定。不同的学校对教师工作的重点要求不同，如职业技术学院要求教师是“双师型”，有较强的教学能力和实践能力；研究型大学则对教师的科研能力有特别要求。同时，在同一个学校内各项指标的具体权重也应根据不同学院、专业的学术目标和研究领域、研究特色做相应的调整，对不同层次的教师，如学科带头人、骨干型教师、一般教师，其权重和量化标准也应有所差别。另外，行政人员的绩效考核指标与教师的指标应不同，不同的行政岗位考核指标和权重也要体现出岗位和具体工作内容的差别。

目前在我国的高校领导群体中，学术型领导干部占很大比例，据教育部有关调查显示，这一比例大于85%。高校院系学术型领导干部在教育创新、提高教育教学质量和科研水平、推动院系发展中起着重要乃至决定性作用。他们的工作具有双重性：一方面，他们把学术研究作为主要的奋斗目标，在任职期间仍然不放弃科研、学术任务；另一方面，他们又承担领导责任，即承担着引导、激励、协调高教系统中的个人和组织去实现高等教育、高校科研管理等目标的责任。因此，考察兼职的学术型领导干部个人绩效评估，要结合行政人员考核与教师考核两者的特点，主要根据其职责和任务，从德、能、勤、绩四个方面来反映其全面履行岗位职责的业绩状况，并应将院系发展的综合业绩与个人领导绩效综合在一起进行评价。

三、高校人力资源绩效沟通反馈机制

绩效管理活动是建立在主体间交往关系之上，以绩效管理目的为桥梁的相互对话、沟通与理解的过程。心理学家发现，反馈是使人产生有效表现的最重要的条件之一。在没有反馈的情况下，人们无从对自己的行为进行修正，从而无法逐步提高，甚至可能丧失继续努力的愿望。开展富有成效的交流和沟通，可以提高教职工参与绩效管理的积极性，有助于教职工了解自己的优势与不足，在宽松的气氛中思考如何改进自己的绩效水平。

持续不断的沟通反馈是串联绩效管理各个环节的工具。绩效计划是在管理者与下属相互协商沟通的基础上制定的，教职工的参与使得绩效目标得到更好认同与执行。管理者与下属之间进行的双向沟通是实现绩效的重要手段。在绩效实施过程中，通过相互交流绩效信息，管理者就可以对下属的工作进行指导、监督和鼓励，双方就工作中出现的问题共同商量解决的对策。教职工参与绩效考核标准的制定能促进考核的公平公正，从而使考核结果更具客观性和可接受性。考核结果能否有效用于改善被考核教职工的工作状况，在很大程度上取决于考核结果的沟通和反馈。因此，持续沟通反馈的重要意义在于能够前瞻性地发现并解决问题，同时加强了管理者与下属之间的联系，促使双方经常就存在和可能存在的问题进行讨论，共同解决问题，达到共同进步和共同提高的目的。有效的高校人力资源绩效沟通反馈过程必须具备以下几个特点：

第一，对事不对人。对事不对人是指在绩效沟通反馈中只针对事情本身。在沟通和反馈考核结论时，应使用描述性的语言，而不是判断或考核性的语言，反馈都仅仅只是针对事情本身，而不是针对对方的人格方面，以免伤害对方的自尊心。

第二，强调具体的、可控制的行为。首先，管理者应针对教职工的具体行为或事实进行反馈，避免空泛陈述，而应描述关键性事件，指出其具体的优缺点。其次，管理者所反馈的下属的行为应是可控制的行为，人们对自己可控制的事情总是采取积极努力的态度。

第三，要保持持续的双向沟通。首先，绩效管理应该是一个持续的沟通过程。沟通反馈应自始至终贯穿于整个绩效管理过程。其次，绩效管理的沟通反馈应该是一个双向的过程，是管理者与教职工之间的互动。一方面，教职工应该就绩效目标、绩效计划、绩效实施和绩效考核的准确性、公正性等相关问题向管理者提供反馈；另一方面，管理者应该向教职工提供反馈，以帮助他们提高工作能力，改善教学水平。

第四，落实绩效改进计划。绩效管理的目的是提高业绩，实现组织的战略目标。因此沟通反馈只有产生改进的实效，才是成功的。管理者与下属在绩效实施中以及绩效结果反馈中达成共识之后，应就存在的问题进行商讨，共同找出原因，商量出针对性的改进计划。在改进计划中可以涉及双方共同确定需要解决的问题、解决的途径和步骤，以及教职工所需要的帮助等内容。

在绩效沟通反馈方式中，面谈是其中一个最重要的方式。在面谈过程中，管理者和教职工能够进行直接的交流，共同探讨、研究出改进的方案，能够更加有效地提高教学工作绩效，实现绩效管理的真正目的。面谈时，要确定在最恰当的时间、最佳的场所进行反馈，营造出融洽的气氛，尽量做到“先表扬、后批评、再表扬”，以理服人。

一般说来在面谈前，要做好相应的准备工作。在面谈前，应该通知教职工面谈的时间和地点，明确面谈的目的和内容。管理者和教职工都必须收集与讨论有关的所有信息资料，检查重要事件的记录以及行为描述记录。面谈主要有四种类型：单向说服式面谈、双向交流式面谈、处理问题式面谈和混合式面谈。

单向说服式面谈。单向说服式面谈又称指令性面谈，是指让教职工了解自己的工作状况，如果有必要，说服他们接受制定用于提高的明确目标。这种面谈方式对于改进工作表现很有效果，尤其适用于那些参与意识不强的教职工。但是这种面谈也可能使学校领导听取教职工业务水平的正当理由的渠道受阻。

双向交流式面谈。双向交流式面谈没有很严格的形式，但要求教职工事先准备一些问题，而且要有问和听的技巧。这种面谈形式给教职工提供了参与的机会以及与不同管理者进行交流的机会。它的目的是让教职工了解管理者对自己优缺点的考核，并对此做出反应。但这种形式不利于为教职工设立工作改进的具体目标。尽管被考核人员对考核结果感到很满意，而他们的工作表现却不会发生太大的变化。

处理问题式面谈。处理问题式面谈可以制造一种活跃的、开诚布公的交流氛围，对所提出的各种观点和解决问题的措施加以讨论，寻求最佳实施办法。另外，用于改进工作状况的目标也得以确定。

混合式面谈。混合式面谈综合了单向说服式面谈和处理问题式面谈的优点，但要求管理者具备相当的面谈能力和技巧。单向说服式面谈适宜于考核目标，而处理问题式面谈更适宜于发展目标，混合式面谈一次可以达到两个目的。通常在面谈开始前由教职工听取绩效考核的结论，然后参与讨论，提出改进工作的具体措施，最后制定出一致通过的工作改进目标。

四、高校人力资源绩效考核结果应用

绩效评价结果的运用是一个绩效管理周期的最后环节。考核结果的应用是指依据对被评估者的评估结果，实施相应的人力资源管理措施，将绩效管理与其他人力资源管理制度联系起来。绩效评估结果主要运用于以下几个方面：一是作为绩效改进的主要依据。二是作为职位等级晋升（下降）、岗位调配和薪资调整的参考依据，与薪酬制度接轨。三是作为制定培训计划的依据。四是记入教职工发展档案，为制定教职工职业生涯发展规划提供依据。

绩效改进计划的制定：教职工素质与能力的提高及绩效持续改进与发展，是高校人力资源绩效管理的根本目的。所以，绩效改进与导人工作的成功与否，是绩效管理系统是否发挥功用的关键。管理者和教职工应及时针对评估中未达到绩效标准的项目分析原因，制定相应的改进措施。管理者有责任为教职工实施绩效改进计划提供指导、帮助以及必要的培训，并予以跟踪检查。

薪酬发放、奖惩、职称评定、聘任等：这是实施高校人力资源绩效考核结果的最基本应用，通过这些活动有效地达到激励目的。

岗位聘任：对于考核结果为基本合格或不合格的人员，各部门、各单位可根据不同情况予以调整工作岗位、低聘或待岗。对于考核不合格人员，除按制度规定降低其岗位工资等级外，还应酌情给予调离原工作岗位，参加人力资源部门组织的脱岗培训，经培训考试合格后方可重新上岗，否则做辞退处理。

考核奖惩：绩效考核与奖惩相挂钩，是激励原则的重要体现，激励包括正激励和负激励，既要对优秀人员进行奖励，也要对不合格人员实施一定的惩罚。院校自行确定各等次奖励标准，对优秀者、基本合格人员分别规定不同等级数额，不合格者不发，从而体现差别。对于在考核中被确定为基本合格及以下等次的人员，可以是书面上的警告，如评估周期完毕，学校将差者和不合格者以教学文件形式公告；可以是经济上的处罚，如适当扣除岗位津贴等；也可以是职务晋升上的处罚，如取消当年申报专业技术职务资格或者根据不同情况予以解除职务、高职低聘，同时取消当年度行政职务晋升资格等。对于长期不合格者或长期评估为差者，取消教学资格或调离现任岗位。

绩效管理本身也是一次培训需求评估，通过对教职工绩效的考核，管理者可以明确教职工出现业绩问题的原因所在，达到一个培训需求分析的目的。将考核的结果与教职工的培训相挂钩，也是一种激励方式。对于考核结果为优秀者，可以给予其优先参加国家和学校组织的培训进修的机会；对于考核结果为基本合格及以下等次者，学校将取消其国内外进修资格，同时安排有针对性的培训。这样既可以起到激励作用，又能增强广大教职工对培训和学习的重视。

对于高校而言，培养出一位优秀的教学科研人员和管理人员需要较长的时间，为了能够吸引人才、利用人才、留住人才，高校必须要关注教职工的职业发展规划，为其进行职业发展设计，以使教职工的个人目标与学校的发展目标紧密结合起来。教职工的绩效考核结果是其职业发展设计的重要依据，学校应将他们个人历次评估结果记入个人发展档案。依据各自的发展战略目标，管理者应该结合教职工的个人实际情况，帮助他们制定未来的个人发展目标。

第三节　存在问题及对策

我国高校人力资源绩效管理主要集中在对教师的绩效考核上，对管理人员的考核参照公务员绩效考核的方法。我国教师考核始于20世纪60年代，1984年5月，我国正式加入了国际教育成就考核协会（IEA）组织，此后，在国家教育体制改革的推动下，我国的教师考核得到了较快发展，1991年5月，全国第一次教育督导工作会议颁布《教育督导暂行规定》，标志着我国教师考核工作的全面开展。这段时间，教师考核的理论有了一定程度的发展。此外，《义务教育法》《教育法》《教师法》等的相继颁布与实施也为教师考核实践的发展提供了法律保障。目前，随着高校人事制度改革的开展，高校在改革教师聘用制度的同时，也加强了对教师的考核，一些重点高校相继出台教师考核办法和方案。

如北京大学在考核上对教师实施分类管理，将教师分为教学科研岗和专任教学岗两类，后者占教师总数的15%，这个方案的最基本之处就是引进了市场机制，通过考核淘汰不合适的教师；中山大学每三年为一个考核期，根据《教师职务聘任合同》规定的权利和责任条款对每位教师进行考核，各院系制定本院系的教师职务基本责任标准（包括工作量规定等）；湖南大学教师考核实行年度考核和三年合同期满后考核的制度；暨南大学制定出一套量化考核体系，这套指标由教学工作、科研工作、加分三个一级指标构成，并有德、能、勤、绩四项定性考核指标，与业绩量化考核分乘积为实得分，另外将考核成绩与校内工资分配进行挂钩。

综观全局，大学旧有的人事管理已不适应新形势的需要，急需用高效、专业化的管理模式和方法增强自身的竞争力。培养塑造一支高素质的教师队伍是增强高校竞争力的关键因素，而突破旧的管理模式，对教师实施绩效管理是提高教师素质的重要途径。20世纪90年代初，随着人们对人力资源管理理论和实践研究的重视，绩效管理逐渐成为一个被广泛认可的人力资源管理过程，它的方法已被国内外众多企业采用。高校不同于企业，如何将企业的管理方法有机地嫁接到高校，多年来一直是理论界积极探讨的一个热点问题。目前，我国高校尚未全面系统地实施绩效管理，对教师的管理注重考核评价，忽视了教师的能力培训和职业发展，最终限制了高校的可持续发展能力与核心竞争力。因此，打破高校旧有僵化的教师评价体系，建立更加科学合理的教师绩效管理系统势在必行。

一、存在的问题

一般认为，我国具有现代意义的高校教师绩效考评工作是从20世纪80年代中期开始的。经过数年的发展，到1999年，我国已有将近500所高校不同程度地开展了校内以课程评估和教师教学质量评价为重点的教学评估，高校教师的绩效考评开始步入规范化的轨道。但目前很多高校的人力资源绩效管理仍没有一个科学、完整的体系，在绩效管理工作中存在很多问题。

在观念方面，重考核，轻管理；重奖惩，轻发展。很多高校缺乏有效的绩效管理宽度，将绩效管理等同于绩效考核，其他环节形同虚设，流于形式，使绩效管理的有效性缺乏形式上的保障。绩效管理重在管理，它包括目标与计划、跟踪、考核、考核结果应用四个部分。考核只是绩效管理的一个组成部分，是对目标与计划的完成情况的一个检查。而很多高校在工作中重在考核，对目标的合理性、指标的科学性分析重视程度不够，考核时以行为表现为主，主要检查被考核者是否正确地做事。绩效管理要求在做正确的工作的前提下，正确地做工作，二者兼顾。将考核当成对员工进行奖惩的手段，而不是从学校发展和教职工发展的角度出发，总结目标完成情况，查找自身存在的不足，制定改进绩效的计划，并在下一个绩效管理周期监控需改进的方面，从而更好地实现学校目标。

在具体实施方面，绩效管理目标不明确，绩效考核机制不够完善，缺乏沟通和反馈。高校每个学期初都会公布一个工作计划，然后组织各学院学习，没有将学校的总体目标有效分解到各学院。各学院虽然会根据学校的工作目标制定自己的工作计划，但也没有有意识地将本学院的工作目标分解落实到各部门和个人，以致学校对学院的绩效考核方向不明，学院对本学院各部门的考核方向不清，考核的内容与学校和学院的目标不相关，甚至背道而驰。

绩效考核机制不完善突出表现为考核指标的不合理。绩效考核的指标普遍雷同，缺乏针对性。高校主要由教学、管理、后勤以及附属单位等几个部分组成，很多高校对上述部门的考核指标毫无差别，不能充分体现各个部门的特色以及工作绩效，不能体现各个岗位之间的区别，以至于大家的考核报告年年如此，有如流水账，千篇一律，考核部门不愿看，教职工不愿写，起不到应有的考核效果。目前各高校普遍采用的考核指标虽具有可操作性优点，如以公开发表论文、出版著作、科研经费及上课的课时作为教师考核指标，在执行中可以减少人为干扰的因素，能体现客观、公正的原则，但指标过于细化并绝对量化，往往引导教师和科研人员为论文和著作的篇幅和课时的积累而疲于奔命。高水平的教学成果和学术成果需要时间的积累，而过度追求量的积累，对高校宝贵的人力资本和有限财力而言是无谓的占用和耗费。

信息不能及时准确地反馈，造成教职工对绩效管理体系缺乏理解。好的绩效管理应该是双向的甚至是多向的及时的沟通与反馈。目前一些高校在绩效管理的设计过程中缺少教职工的参与，造成教职工对有些制度、体系不清楚，不理解，易产生冷漠、抵触等情绪。

二、实施难点

高校人力资源体系作为一个相对独立的子系统，构成要素与相互关系组成了它的内部环境；同时，作为高校组织内的一个子系统，人力资源绩效管理功能的发挥必然要受到高校内部其他因素的影响和制约。高等教育多样化与高校定位合理性、绩效管理组织文化还未建立、高校的组织结构的复杂性、高校内部管理体制的阻力以及高校教师人力资源的特殊性等，都为高校人力资源绩效管理体系的完善和绩效管理活动的实施带来困难与挑战。

高等教育多样化与高校定位不合理。目前，我国高等教育毛入学率达到19%，进入大众化高等教育阶段。随着高等教育大众化的发展，必然出现高等学校的分化和高等学校办学的多样化。所谓多样化，是指在层次（专科、本科、研究生）、类型（单科、多科、综合性）、能级（研究型、研究教学型、本科教学型、职业技术型）、科类（文、理、工、农、医、财经、政法、师范等）、形式（全日制、夜大、函授、广播电视、远程教育）、举办形式（国办、公办、民办）等方面的多样化。一方面，各个办学层次的社会任务、发展的要求不同，相应地，教职工的工作目标和工作内容也会有差别。例如研究型大学，科研投入要占到学校总收入的25%到30%，总收入的1/4或1/5直接来源于科研，总资产的1/4或1/5是科研活动的积淀，师资队伍中要有50%是受过系统训练、具有博士学位、能够独立开展科学研究的人才，学校研究生与本科生的比例要达到1:1或者2:1，显然这不是所有高等学校在短时间内所能具备的。因此，高等教育的多样化使制定出一个通用的高校人力资源绩效管理模式几乎不可能。另一方面，现在许多地方高校在办学层次上存在明显的攀高现象，中专变大专，大专变本科，专科变学院，学院变大学，教学型大学想变为教学研究型大学，而教学研究型大学又想变为研究型大学。高校的合理定位影响高校教职工的个人特征、个人行为和客观结果，对高校人力资源管理功能的发挥起着内在的导向和规范作用。高校盲目攀高、定位不合理，不顾地方情况和自身的办学实力盲目提升办学层次，必然导致大量的人力资源浪费。

绩效管理组织文化还未建立。组织文化是一种重要的精神资源，其功能主要表现为稳定组织系统、变革组织体系和支配组织行为。绩效管理文化影响和制约着高校人力资源管理，构成高校人力资源绩效管理体系和绩效管理活动的深层结构，是高校绩效管理之魂。其中，绩效价值取向是绩效文化的核心部分，它以鲜明的感召力和强烈的凝聚力，有效地引导和规范教职工的各种行为，使其能够产生对绩效管理的认同，支持和维护绩效管理体系；同时，绩效价值取向能使教职工自觉调整自身的行为和活动方式，纠正不符合绩效价值标准的行为，发扬符合绩效价值标准的行为。目前，我国高校绩效管理文化并未建立起来，原因至少有三点：一是绩效管理理念产生时间并不长，为人们所接受还需要一定的时间。二是绩效管理一直运用于企业管理，移植到高校管理中还需要解决很多的实践性问题。三是与传统观点相冲突。传统的观点认为绩效管理意味着挑毛病，是对自己或别人的不信任，影响人际关系的和谐。当教职工不能完全认同和接受绩效管理理念时，就会产生冷漠、消极怠工的行为，很少参与到绩效管理中来，甚至对绩效管理提出异议，抵制绩效管理的实施。因此，高校应尽快建立与绩效管理相适应的组织文化，推动高校人力资源绩效管理体系的建立健全。

高校的组织结构的复杂性。高校具有的教学科研机构松散型组织状态和弹性化管理方式与政府机关层级制组织体系和封闭式管理模式的双重特点，加剧了高校人力资源绩效管理的实施难度。首先，高校工作岗位繁多，按工作内容可横向分为党务、行政、教学、科研、学生管理、财务管理、资产管理等，纵向分为高层管理（校级管理）、中层管理（部门管理）、基层管理（院系管理）等多种类别。由于工作性质、工作特点差异大，要使绩效管理体系科学合理，就必须在工作分析的基础上，将评价因素充分细化、具体化。要达到这样的要求，就必须增加考评成本，但对大多数学校来说，目前还难以支付这样的成本，不得不使用原则性的、笼统的标准，这样往往导致考评结果的失真，严重损伤考评的公正性和有效性。其次，由于高校管理工作中的弹性化特征，使同一性质的工作在全校不同的单位面对不同的评价标准，影响了绩效评估的有效性。

高校内部管理体制的阻力。学校虽然积聚了高素质专业人才，然而却仍旧延续着老的人事管理模式，以“萝卜加大棒”的刚性制度管住教职工，以职称、工资、津贴来激励士气与积极性，否定了教职工在学校管理中的主体地位。在管理上，长期以来，高校人力资源由学校统一调配，校内各单位无偿使用，这就使人力资源的开发管理与使用脱节，作为一项重要管理手段的绩效管理也就理所当然地不被用人单位重视。加上高校执行的是国家刚性工资制度，一般情况下不能降低教职工的基本工资。至于聘任、解聘等管理活动，更要受到多种因素的制约，绩效管理的管理、激励、开发等功能就更难以得到充分发挥。随着高校内部管理体制改革的深入，人事管理机制不断创新，灵活的用人机制为高校的发展注入了新的活力，同时也对学校管理提出了新的课题。如大量的兼职、临时性岗位越来越多地出现，对这部分人员的绩效管理会有别于固定的在职人员，这对全校的绩效管理制度将带来一定影响。

高校教师人力资源的特殊性。高校教师是高学历、高智力的知识密集型群体，他们的劳动具有创造性、复杂性、特殊性的特点。高校教师的人力资源特性包括：持续的工作欲望和动机；事业效益显现周期较长；人力资源价值的隐藏性较强；其工作投入程度和工作量难以测量；自主性需求较高；教师人力资源具有多元化功能。高校教师具有主体地位、业务自主性、持续开发、良好的生活、工作条件等方面的需要。因此，相对于其他组织，高校教师人力资源的特性和需求决定并扩大了高校人力资源绩效管理实施的难度。

在高校教师群体中学科带头人、拔尖人才、课题负责人等高层次优秀人才的绩效管理如何科学地开展，是一个比较棘手的问题。由于其工作的特殊性，他们的工作过程难以直接监控，工作成果难以衡量，使得价值评价体系的建立变得复杂而不稳定。高校管理者应摒弃传统的、严格的等级秩序和细致的分工体系下的精确定位，而按照工作定位与角色定位，对高校高层次优秀人才进行分层分类的管理，在不同层次、不同类别上来确定他们的任职资格、行为标准和工作规范。

由此可见，完善高校人力资源绩效管理制度是一项艰巨的任务，需要长期探索与实践。

三、完善我国高校人力资源绩效管理体系的对策

面对时代发展带来的机遇和挑战，我国高校必须提高高校人力资源的管理，发挥高校教职工的积极性。尽管我国人力资源绩效管理取得了很大的进步，但由于起步较晚以及旧体制的束缚，与国外高校人力资源绩效管理相比较，我国高校人力资源绩效管理无论是在观念上还是在体制建设上都存在差距。要完善我国高校人力资源绩效管理体系，必须转变管理观念，构建先进的绩效文化，合理定位，明确绩效管理的目标，和谐沟通，搭建绩效管理的平台，多元考核，促进人力资源的全面发展。

第一，转变管理观念，构建先进的绩效文化。以往将绩效管理等同于绩效考核，重结果轻管理，重惩罚轻发展，以偏概全等观念，其实质是缺乏与绩效

管理匹配的组织文化和以人为本的关怀。广泛宣传绩效管理理念、以人为本是构建先进的绩效文化，转变管理观念的有效途径。

广泛宣传绩效管理理念。深入了解是广泛参与的前提。通过广泛的宣传，介绍绩效管理的理念、意义和方法，并开展相关的公共讨论，发动全校教职工参与到人力资源绩效管理系统的设计中来，充分听取他们的意见和建议。这样可以使管理者与教职工意识到绩效问题关系到整个学校，包括校长、相关部门及所有教职工的利益，能帮助员工提高工作效率，提高工作能力，最终受益者是所有的学校工作人员。同时逐步培养每一名教职工都成为自己的绩效管理专家，教会他们如何制定自己的绩效计划，并很好地管理自己的绩效，使教职工都能增强“自适应、自发展”能力，更好地实现自我完善与发展。使所有教职工由被动到主动，变“要我做”为“我要做”，这样才能使绩效管理在高校人力资源管理中深得民心，推动学校和教职工个人共同进步。

以人为本。现代人力资源管理强调以人为本，把人的发展也看成是组织发展的一个重要目标。因此，高校人力资源绩效管理应该对教职工的职业发展充满人文关怀，把教师的职业发展与学校的发展有机地结合在一起。发展性绩效管理强调以促进教职工的专业发展为目的，是一种考评者与被考评者双方在互相信任的基础上双向进行沟通的管理活动，和谐的气氛贯穿于评价过程的始终。学校领导应注重长期的目标，注重教职工的未来发展、个人价值，发挥全体员工的积极性，制定教职工认可的评价计划，双方共同承担实现发展目标的职责。绩效管理体系应体现教职工的主体性。管理者应以人性化的态度强调教职工在评价中的主体地位，给他们充分的自主权，发挥其主体积极性，主动参与评价过程，使绩效管理成为促进教职工最好的发展与自我实现的工具。只有对教职工的职业发展充满人文关怀，绩效管理才能缩短管理者与教职工的心理距离，才能使他们真正认识到绩效管理对于自己的重要并对绩效管理产生一种内在的需求，绩效管理也才能起到其应有的作用并收到最好的效果。

第二，合理定位，明确绩效管理的目标。高校人力资源绩效管理是通过识别、衡量和传达有关教职工工作绩效状况的信息，从而使高校的发展目标得以实现的一种逐步定位的方法。因此，高校的定位是教职工个人行为进行定位的前提。为了实现更好的绩效管理，高校的定位要合理，高校的定位和发展目标战略要能准确、清晰、明确地传达给每一个教职工，从而使他们明确各自在高校发展中的定位。高校应依据自身特色和优势合理确定自身定位，将自己定位为教学型大学与定位为研究型大学会有不同的高校战略目标。高校战略是以高校未来为出发点，旨在为高校寻求和维持持久竞争优势而做出的有关全局的重大筹划和谋略，是绩效计划的依据。绩效目标的制定，应该从高校战略出发，按照高校战略、高校目标、部门目标（学院目标、专业发展目标）、个人目标的逻辑顺序，进行瀑布式分解，这样就形成了一个绩效目标从上到下层层分解，各个层面横向联结的明确的绩效目标体系。

第三，和谐沟通，搭建绩效管理的平台。创造和谐的校园人际关系和情感氛围，是做好学校一切工作的基础。管理者与教师之间的沟通与交流，能促进形成开放、积极参与、主动沟通的组织文化，增强学校的凝聚力。在高校人力资源管理实践中如果缺乏较强的人本意识，没有充分的情感交流，一味地下行政命令，广大教职工很容易产生逆反心理，思想上离心离德，行动上一盘散沙。绩效管理提倡管理者与教职工是一种绩效合作伙伴的关系，管理者有义务与教职工就工作任务、绩效目标、考核标准和改进计划等问题进行沟通。这种沟通不仅包括信息的交流，还包括情感、思想、态度、观点的交流。管理者通过交往和联系，可以了解教职工心理动态和工作状况，以及他们之间的和谐与协调情况。人本意识的直接结果是情感管理，注重教职工的内心世界，从内心深处来激发他们的内在潜力、主动性和创造精神，形成和谐、奋进、具有亲和力的人际环境和“家庭式”的氛围。

第四，多元考核，促进人力资源的全面发展。高校人力资源绩效管理工作不仅是要提高组织的绩效水平，而且应该创造机会与空间让每个教职工的才能都得到充分的发展。在绩效考核指标体系上也要充分地体现这一点。要依据高校各个不同的工作岗位合理制定考核指标体系，尤其是要慎重确定权重系数，管理人员考核应不同于教师考核。高校教师追求自我实现和社会价值的潜在形式是多种多样的，专业教学、道德教化、学术业绩、社会服务，高校的功能正是通过教师人力资源的全面使用与发挥充分体现出来的，单一或局限的考核维度或单纯的企业管理定量化考核与评价方法，都不适合于高校人力资源绩效管理。为综合考核高校教师的绩效状况，就应该对教师的教学、育人、科研、服务四个方面分别设计考核指标体系，将定性考核指标与定量考核指标有机地结合起来，通过四维度指标全面考核高校教师的业绩。这种多元化的高校人力资源考核与评价体系，能够保护、发挥和强化高校教师人力资源多元化功能，鼓励与激发每个教师最大限度地、全面地去发展自己。

第六章

信息化建设

第一节　高校信息化建设综述

随着信息革命的兴起，信息时代随之到来，全球掀起了一场迅猛的信息化浪潮。信息化作为工业社会向信息社会前进的动态过程，反映了从有形的、可触摸的物质产品起主导作用的社会，到无形的、难以触摸的信息产品起主导作用的社会的演化或者转型。随着信息化的进程，信息技术在国民生活的各个领域得到了普及和发展。发达国家首先提出了 ITE（IT in Education）概念，主要指信息技术在教育机构中的应用。20 世纪 90 年代以来，中国也出现了教育信息化的概念。2001 年 7 月，教育部在《全国教育事业第十个五年计划》中，正式提出了教育信息化概念，从此，教育信息化在中国教育机构获得了高度重视和飞速发展。2004 年 2 月 10 日，教育部在《2003—2007 年教育振兴行动计划》中又明确提出“教育信息化建设工程”，使得教育信息化建设工作更是如火如荼。2010 年 4 月 15 日，国务院总理温家宝主持召开国家科技教育领导小组会议，审议并原则通过了《国家中长期教育改革和发展规划纲要（2010—2020 年）》，将教育信息化纳入国家信息化发展整体战略，明确提出“加快教育信息化进程”。

很多学者对教育信息化进行了深入研究，并提出了教育信息化的诸多定义。在教育信息化概念被官方正式提出之时，有学者认为教育信息化是指在教育过程中比较全面地运用以计算机和网络通信为基础的现代化信息技术，促进教育的全面变革，使之适应于正在到来的信息化社会对于教育发展的新要求；也有学者认为教育信息化是指一个学校（或教育部门）利用现代信息技术，通过教育信息资源的深入开发、整合和广泛利用，不断提高教育和教学的管理、决策、服务的水平，提高教学效率与质量，进而提高学校效益和竞争力的过程。经过十多年的发展，教育信息化的内涵逐渐清晰，即“信息与信息技术在教育、教学领域和教育、教学部门的普遍应用与推广”。

高等院校作为培养高层次专门人才的重要基地，以及基础研究和高技术原始创新的主力军，在中国教育体系中占据着重要的地位。因此，随着“教育信息化”概念的推广，“高校信息化”的概念也应运而生。有学者认为，“高校信息化是以信息通信技术作为工具和手段，以数字化校园为技术构建基础，将信息技术充分应用于高校的管理、教学、科研和图书资源等方面，进而促进高校的管理、教学及科研的水平和效率，最终达到培养出能够适应信息社会要求的人才和更好地为社会服务的系统建设者工程”。

通过大量学习与研究，我们认为，“高校信息化建设”反映了通过网络化、数字化、智能化，充分利用信息技术为教学、科研、管理和校园生活提供全过程的支持与服务，全面提高办学效率和质量，实现高等教育现代化。

一、高校信息化建设的内容与过程

高校信息化建设的内容十分丰富，涵盖了高校各项活动，主要包括基础建设、资源建设、组织建设三个方面。

基础建设由网络基础建设和应用系统建设两个部分构成，是高校信息化建设的基石。网络基础建设主要指高校校园网以及基础数据库的建设，具体内容包括校园骨干网、信息中心、无线网、局域网、服务器机房等方面的建设。通过在网络基础设施方面的建设，建成覆盖整个校园、服务稳定、功能齐备的校园计算机网络系统，同时建成信息准确、管理规范的基本信息数据中心。作为在所构建的校园信息化网络中能够实现特定功能的系统或平台，应用系统的优劣直接决定了信息化网络建设和信息化网络应用的水平，是信息化网络建设的综合表现。应用系统由办公管理系统、教学管理系统、服务保障系统等组成。基于校园网的办公管理系统主要由校内各职能部门实现特定管理服务的子系统组成，这些子系统包括基于网络的安全认证系统、数据管理、教务管理、学生工作、财务审计、人力资源管理、科研管理、国有资产管理等一系列管理信息系统。网络教学系统为校园网络中的实时或者非实时教学提供双向、交互式的多媒体网络教学环境，也为自主学习提供远程网络教学环境。后勤服务系统提供了诸如邮件服务、校园一卡通服务、网络维护服务、生活服务、信息技术培训、学生综合服务等。

高校网络资源包括高校教育信息化、管理信息化、服务信息化的各种信息资源，如人事管理信息、财务信息、国有资产信息、教务教学信息、网络学术资源、电子图书资源、多媒体素材、多媒体课件、电子教案、教学案例、共享办公软件等。有专家认为，高校网络环境下的日常管理、教学、科研等活动的开展与控制都必须依赖于对学校信息资源的传播、分析、处理、加工和利用。我们可以看出，信息资源是高校开展各项活动的基础，网络资源建设的水平是高校信息化建设的重要指标。

组织建设作为高校信息化建设的保障，主要包括信息化建设的组织机构建设、信息化建设的管理队伍建设、技术队伍建设、教师队伍建设和相关信息化的制度建设。

从 2000 年至今，中国的高校信息化处在快速发展阶段，因此，在信息化建设工作中，必须要在学校各级领导的高度重视下坚持科学的总体规划，明确信息化建设机构的功能和作用，以丰富的信息资源建设和利用为核心，坚持理性开发、科学管理和使用建设资金，注重信息化人才的培养，走一条适合中国国情与高校特色的信息化建设道路。

高校信息化建设作为一项长期且不断发展的过程，简单来说可以分为调研规划、组织实施、评估完善三个步骤。在实施信息化建设之前需要进行大量的前期调研，分析国内外高校信息化建设过程中的得失，结合高校实际，做出科学的、具有指导性和可操作性的规划。以规划为指导，组织实施基础建设、基础应用系统的建设，以及各种辅助教学科研交流平台的建设。在基础应用系统建设过程中要避免部门各自为政、应用系统之间缺乏统一的接口和标准，形成信息孤岛。对已实现的建设成果能否帮助高校实现真正意义上的信息化、能否有效提高高校教学、科研和管理的效率，需进行科学评估，并作为后续改进的具体指导。

二、国内外高校信息化建设现状

国外高校的信息化建设起步早，20 世纪 60 年代美国就开始了计算机辅助教学。20 世纪 90 年代初期，以“信息化校园计划”为标志，美国正式启动了高校信息化建设，并将重心放在购置电脑、服务器、新建多媒体教室上，以此满足教育教学的需要。90 年代中期，克林顿政府提出了“教育技术规划”，规划指出，“到 2000 年实现美国所有的大学都建立校园网，每间教室和每个图书馆都能连上 Internet”，至此，美国高校信息化建设进入了信息系统建设阶段。进入 21 世纪，美国政府出台了一系列政策支持高校信息化建设，美国高校信息化建设总支出以每年 10% 的速度增长。一些著名高校的信息化建设，在基础设施建设、信息资源建设、信息技术的应用、信息产业建设、管理体制及运行机制等方面都进入了相对成熟的阶段。以美国加州大学伯克利分校为例，该校以具有完善的数字化校园信息化基础架构、具备丰富的教学网络资源、关注信息技术应用、注重推动系统建设和投资收益四个方面为目标，建成了由统一身份认证、资源管理平台和网络门户系统组成的数字化校园系统。

作为全球范围内教育信息化发展的显示器与风向标，国际新媒体联盟（NMC）发布的《2013 年度地平线报告（高等教育版）》中指出，在未来五年内影响高校信息化建设的六大技术为大规模开放网络课程、平板电脑、游戏和游戏化、学习分析技术、3D 打印机、可穿戴技术。这些新技术将对高等教育教学中所涉及的沟通交流、获取信息、社会交往、日常学习等方面产生重大而深远的影响。

美国高等教育信息化专业组织是高等教育信息化领域颇具影响力的专业组织，是推动全球高等教育信息化的引领者。其从 2000 年至今发布的年度美国教育信息化十大战略议题清晰地描述了美国高等教育信息化的发展重心。从其发布的 2014 年度十大议题可以看出，当今美国大学校园信息化建设热点主要集中在以下几个方面：通过能够以战略方式促使技术发生改变的制度变革提升学生的学习成绩，以大规模开放在线课程为代表；信息化上升为学校发展战略；帮助教师把信息技术融入教学中；建立信息化的人员配置和组织模式；改变信息化资金投入模式，保持核心服务、支持创新和设施设备的增长；对无线接入需求以及无线设备的爆发式增长高度重视；确定在线学习的作用，并寻求相应的策略使其充分发挥作用。

可以发现，国外高校在战略层面考虑的是如何整合现有资源、充分利用已有的信息化建设成果，战术层面更多地关注信息技术应用、网络资源的开发和利用、IT 人力资源开发。

三、高校信息化建设与人力资源管理

高校信息化是国民经济和社会信息化的重要组成部分，以高校信息化带动高校现代化，进而实现教育的全面发展已成为中国教育事业的战略选择。在中国政府政策及资金的大力支持下，中国高校信息化建设取得了长足的发展。具体表现在：基础建设达到了较高的水平，中国教育和科研计算机网已经成为世界上最大的学术交流网络，高校的信息化设备已经基本得到普及，大部分高校建成了网络安全保障系统；信息资源投入逐步加大；信息技术应用有所提高。在高校信息化建设过程中，也反映出一些问题，如高校信息化理念认识不到位、信息资源不能有效整合、缺少专门的管理部门和人员、人才数量和专业准备不充分、相关调查研究不够全面。总体来说，中国高校信息化建设总体发展良好，但是和国外（特别是美国）的高校相比差距还很明显。

信息化建设能有效地促进高校人力资源管理的发展，它不仅能够直接促进高校人力资源管理的信息化、现代化进程，也给高校的组织变革、管理理念更新以及学校的改革和发展等都带来积极的变化。

（一）对人力资源管理的影响

信息化建设不仅为高校人力资源管理带来高新技术的应用，引入了一种新的管理思想，更为高校原有人事管理理念带来革新，同时还对高校教职员工心理和行为带来双重改变，具体表现在：

管理方式的变革。信息化建设的实施使高校人力资源管理人员实现工作时间分配和工作方式的巨大转变，使其战略性、策略性的工作占用时间远大于基础性的行政事务性工作时间，将人力资源工作内容提升到战略性和开拓性工作的高度，即站在高校发展战略的高度，主动分析、诊断人力资源现状，为高校决策层准确、及时地提供各种有价值的信息，支持高校战略目标的形成，为目标的实现制定具体的人力资源行动计划；并重点思考如何创建良好的校园文化、个性化的员工职业生涯规划、符合高校实际情况的薪酬体系与激励机制，特别关注对高校人力资源管理的深度开发，为高校的人才培养、科学研究和社会服务提供更为优质的人才智力支持。

管理理念的转变。信息化建设的实施，使高校人力资源管理从单一的、自上而下的管理，向互动、全方位、专业化的方向发展。高校信息化人力资源管理系统的建成，促进了人力资源管理向全员参与管理模式的转变，使得每一位教职员工都可以参与人力资源部门的工作，使教职员工在管理过程中不再处于被动的地位，从而形成“以人为本”、互动管理的人力资源管理局面。

业务流程的优化。依托信息化建设而建成的高校信息化人力资源管理系统，能够消除手工作业分散、隔离、盲目等缺陷，实现各管理功能的关联，消除信息孤岛，保证信息共享，促使流程规范化，从而使各项人力资源管理职能在实际运用中得到衔接。同时还能为高校管理和决策提供准确、全面、及时的人力资源信息支持。

信息化建设可以提高高校人力资源管理水平。随着互联网、数据库技术、电子邮件、OA 系统、协同办公系统等软硬件设备以及相关基础设施的建成和普及，高校人力资源管理充分利用信息技术快速、准确、互动、海量存储等特点，对人力资源管理专业理论在高校管理实践中的应用起到了关键性的推动作用，有效地扩展了人力资源管理的覆盖面，提高了高校人力资源管理的效率和质量。无论是高校决策层、人力资源管理业务部门，还是普通教职员工，都可以从高校信息化建设中获益。高校信息化人力资源管理系统的应用便于建立上下沟通、左右协调的信息网络。传统的人事管理是层级推进的，所有的管理政策和信息都是一级一级地自上而下传递到基层，速度较慢，且过程中容易出现信息变形和信息量的衰减。而高校信息化人力资源管理系统，能够使高层的有关信息和资料直接传递到基层教职员工，有利于管理和政策的实施，促进高校组织机构扁平化。

信息化建设能够降低高校人力资源管理成本。随着高校信息化人力资源管理系统的普及，大大降低了高校人力资源管理的直接成本和间接成本。在降低直接成本上面，表现在减少人力资源管理的操作成本、减少行政性人力资源管理人员的数量、减少通信费用等方面。系统可以通过软件和网络来完成原本需要大量人力、物力的工作（如各类统计报表、各类查询信息、考勤考核情况），不但实现了无纸化办公而且还减少了相关办公用品的支出。对于部分存在多校区运行的高校，通过信息化人力资源管理系统，可以大大减少通信及相关费用。另外，系统可依托网络、信息及时沟通，工作协调力度提高，使人力资源管理各项工作效率大大提高，间接降低了人员成本。通过全员参与开放的管理平台，使人力资源信息及时更新与共享，从而避免了管理疏漏造成的额外成本。同时，高校信息化人力资源管理系统以技术手段促进了管理手段的进步，使各种现代统计理论、运筹学知识得到广泛应用，在管理过程中通过定性和定量指标衡量各项工作，能够避免在绩效考核、人才引进等方面由于单一考察方式对工作衡量的失真。

（二）建设原则与发展趋势

信息化时代高校人力资源管理建设是一项关系高校发展全局的战略措施，对高校管理理念的转变、组织架构的设计、组织文化的改善和业务流程的优化等都具有举足轻重的影响。为保证信息化时代高校人力资源管理建设的有效成功，必须遵循一定的原则。

第一，系统规划原则。高校人力资源管理建设涉及高校的教学科研等多方面，影响到所有的教职工，具有综合性、系统性和整体性，因此，必须进行统一规划、统一标准、统一建设和统一管理，以实现高校主要人力资源管理业务的电子化和信息资源的高效利用。高校人力资源管理信息化建设进行系统规划可以有效地防止重复投资，避免进行孤立的系统设计或某项业务的信息化而形成的信息孤岛问题。

第二，循序渐进原则。国家政策法规的变动、高校的发展、信息技术的进步以及高校人力资源管理的发展都会对高校人力资源管理信息化建设造成影响。因此，高校进行人力资源管理信息化建设，在总体规划的基础上，既要坚持科学性、适用性，又要兼顾先进性和前瞻性，循序渐进、量力而行，要有条不紊地逐步完善。

第三，讲求实效原则。信息化时代下的高校人力资源管理建设，必须从高校的实际情况出发，充分考虑高校的管理水平和业务需求，以信息化的实际应用为着眼点，将先进信息技术与管理创新相结合，以此来设计实施高校人力资源管理信息化的解决方案。

第四，信息安全原则。高校教职员工的人事信息具有一定的机密性，要以严格的管理制度为基础，以有效的监督措施和先进的信息安全技术为手段，确保高校人事信息安全。在高校信息化人力资源管理系统建设过程中，要严格遵守国家有关信息安全的法律规定，制定涉及教职员工人事信息等方面的规范要求，高度重视互联网的安全威胁，采取必要措施，建立有效的信息安全保障机制。

第五，信息共享原则。信息化时代的高校人力资源管理建设，要与教育管理、科研管理、财务管理和学生管理等多职能部门的管理信息系统相配合。因此，高校人力资源管理信息化建设要从校园数字化、信息化的全局出发，充分利用已建成的基础网络环境和信息系统，采取切实可行的信息技术手段和管理制度，努力实现人力资源管理和其他管理信息系统的互联互通及信息共享。

随着全球信息化浪潮的推进，以信息技术为载体的互联网络迅速消除了国家、地区、行业之间的疆界，在这样的全球化背景下，迫切需要中国高校建设信息化、网络化、数字化的校园环境来实现与世界知名高校的接轨。人力资源部门作为高校行政管理中非常重要的部门之一，担负着学校行政管理职能中的许多具体管理业务，涉及每一位教职工的切身利益，工作效率的高低、质量的优劣直接关系到学校的管理效益和教职员工的认可度。因此，信息化时代的高校人力资源管理要探索信息化管理的方案，提高工作效率和质量，将日常工作更多地转移到为领导提供决策、为广大教职员工提供服务上来，这将成为信息化时代高校人力资源管理的必然趋势。

四、高校信息化建设发展趋势

进入 21 世纪，涌现出一大批诸如云计算、虚拟存储技术、物联网、大数据挖掘技术的新技术，高校信息化建设也随之飞速发展并不断创新。高校信息化建设发展到开始构建整合统筹机制，使信息技术、服务和应用完全覆盖高校职能，实现高校从环境、资源到全部教育过程的数字化，也就是“数字化校园”的建设。全国高校信息化研究会 2001 年工作报告指出：“数字校园建设对学校内部来讲，是网络与各种应用系统的整合、统筹、完善，使各种应用更加贴切实际教学、科研和管理工作，达到应用系统之间的无缝连接和数据共享；对学校外部来讲，则是打破传统的大学围墙限制，使大学成为一个覆盖全社会的无疆域大学。”

信息技术从最初的单一计算机到向现在的网络化发展；从过去的单击文件管理到客户机/服务器资源管理，再到服务器/WEB 浏览器的网络存储化发展。中国高校首先建立并完善信息技术中心部门，通过信息技术中心建立信息平台，信息平台不仅要包含学校与二级学院主页的网站建设，还需要建立统一的信息资源平台供学校所有部门进行信息资源共享，避免信息孤岛的出现。

此后 10 年是中国经济社会发展的重要战略机遇期，也是中国迈向教育现代化的重要战略机遇期，教育信息化是教育现代化的基础性、全局性、先导性战略任务。高校信息化建设的核心是教学信息化。高校教育教学随着信息技术的发展从过去单一的计算机辅助教学，到网络平台的教学方式的出现，再到信息技术与高校各学科的整合，信息技术给高校教育方式、教育模式带来了巨大的改变。信息技术不仅改变了高等教育中教师的教学方式方法，也同时改变了学生的学习方式和学习途径。多媒体教学方式、网络教学、视频教学方法都被应用在高等教学方式中。随着信息技术的大力发展，高校的图书馆逐步成为资源中心，教师、科研人员、学生、管理人员乃至工勤人员可以通过简单搜索查阅共享各种文献资料、学术论文、期刊论文等资源。随着信息技术的日新月异，高校各学科之间交叉、渗透，综合性学科的建设、跨学科平台的建设都成为高校发展的新方向。

科研、办公、管理信息平台将在未来的高校信息建设中得到大力发展。在高校各部门之间通过数据交互使用，将零星分散的数据进行归纳整理，实现数据信息资源共享，在大量的数据信息里挖掘出有价值的信息，并对其进行分析、比较、决策、选择，从而提高高校管理和决策的可行性与科学性。建立完善的科研、办公、管理、财务等信息资源平台可对高校从过去单一的辅助管理向未来辅助管理、决策支持、服务教职工的方向发展，不仅节约了办公成本，提高了管理的效率，还为决策层制定政策提供了具有说服力的信息依据。

高校在信息化建设过程中要不断适应社会、经济高速发展的需要，根据自身特色和差异性，摸索出具有特色的适合本高校信息建设的发展道路。高校信息建设中新的教育模式强调以学生为中心，强调灵活性和方便性，强调学习的主动性。高校信息化建设也可以和部分信息建设有丰富经验与成功案例的大型企业或信息技术公司合作，实现双方共同建设、优势互补、相辅相成、共赢的开发建设模式。

第二节　人力资源管理信息化

当今世界，各行各业都面临着巨大的竞争，这种竞争归根到底就是人才的竞争。为了确保在人力资源强国建设中发挥重要作用的高校能够培育出优秀的人才，高校人力资源管理工作尤其重要。进入 21 世纪，随着大数据时代的到来和信息化进程的飞速推进，传统的人力资源管理方式已经无法满足管理者的需求，推进人力资源管理的信息化已经成为不可阻挡的潮流。

人力资源管理信息化指的是采用信息技术的手段，基于人力资源管理信息系统的平台，实现提高管理效率，降低管理成本并且全员参与管理的目的，提升人力资源的战略地位，并最终形成新的、开放的人力资源管理模式。由此可知，高校人力资源管理信息化就是在高校中应用人力资源管理信息化。具体来说，高校人力资源管理信息化是一套完整的解决方案，旨在实现高校的战略发展，提升高校的教学和科研水平，并运用先进的现代信息技术，打造基于校园网的全新高校人力资源管理信息系统。

当然，机遇和挑战并存，在运用大数据分析提升高校人力资源管理、实现人力资源管理信息化的过程中，我们会遇到各种挑战。总体来说，高校现在面临着数据维护工作量过大、信息化管理水平要求高、标准化软件产品缺乏等多方面的挑战。

数据维护工作量过大。我们举一个简单例子，假设是一所中等规模的综合性大学，一般来说在校教职工约为五千余人，退休教职工约为五千余人，那么高校人事部门管理的人力资源总数则超过万人。而高校人力资源管理信息系统涵盖了教职工各方面的信息，如科研、教学、研究生指导、专利、项目、住房、教育经历、薪资、工龄等，每一位教职工的基本数据近百条，所以，全校教职工的基本数据少则达到百万条。因此，数据维护的任务非常艰巨，工作量非常大。

信息化管理水平要求高。高校人力资源管理信息化的核心任务是提供决策支持，而决策支持以准确的数据为基础。高校人力资源管理信息系统必须及时且准确地记录教职工的报到、进修、岗位轮换、离职、组织单位变更等，从而决策制定者能够从系统中读取到真实可靠的数据。然而，真正意义上的信息化管理不是简单的结果信息的录入，而是需要通过信息系统形成一整套工作开展的业务流程，也就是说信息系统中的数据在生成、变更和传递上与业务流程的开展相伴相生。因此，人力资源管理的相关工作基于信息系统来开展，无疑是对高校的信息化管理水平提出了相对更高的要求。

标准化软件产品缺乏。当前广泛使用且功能齐备的人力资源管理软件，如SAP等，基本都是面向企业，这些应用程序功能齐备、设计合理、界面友好，但是高校如果进行使用的话，需要根据自身业务需求进行二次配置。国内如SPMIS等专门针对高校的人力资源管理软件，虽然可以直接使用，无须二次配置，但是操作比较烦琐、界面设计不够合理、人际互动性欠佳。因此，高校人力资源管理缺乏针对高校的标准化软件。高校如何衡量各方因素后从现有软件中挑选最适合的软件产品，成了当下高校推进人力资源管理信息化所面临的实际问题。

在高校信息化建设中，人事管理信息化建设是一个极其重要的部分，它既可以切实有效地提升人事管理工作的水平和效率，又可以及时有效地为校领导提供重要的数据依据，以便更好地制定科学决策，因此，人事管理信息化建设具有重要意义。

第一，人事管理信息化建设能够提高人事管理的效率和水平。人事管理工作是一项例行性事务工作，复杂且烦琐。虽然其中大部分工作都是经验性的重复劳动，需要花费人事管理人员大量的时间，但是它们又是人事管理中必不可少的基本事务，是与每个教职员工息息相关的重大事务。所以，人事管理的信息化建设能够帮助人事管理人员从烦琐的日常事务中脱离出来，从而有更多的时间和精力去挑战更有意义的课题。与此同时，人事管理的信息化建设能够方便且及时地统计、分析各种信息，提高人事管理工作的效率。

第二，人事管理信息化建设能够为高校教职工和各个部门提供更多增值服务。借助学校的信息化管理平台，人事管理信息系统能够为高校各个部门及教职员工提供增值服务。通过校园网授权的方式，高校教职工可以“自助式”快速查询所需的人事信息，而各部门也可以免除大量重复的事务性工作。人事管理信息化建设还能及时有效地为学校领导提供决策所需的信息，例如，如何制定人力资源战略，如何制定能够为学校引进所需人才的招聘方式和测评方法，以及如何制定能够提升各部门、各个教职工绩效的绩效管理体制。

第三，人事管理信息化建设可以让高校人事部门各个科室之间加强团结协作，实现互通有无，即信息资源的高度共享。人事部门一般采用 Excel 和一些较简易的数据库对人事信息进行处理，少量科室虽然采用了具有一定应用能力的数据库和管理系统，但是因为各个科室在职能上的差异性，导致各科室的信息内涵、范围各有不同，因此，信息共享存在一定的难度。

而人事工作的各个方面存在很大的相关性，因此，整个人事部门必须实现互通有无、信息共享，否则会导致大量的重复劳动和不必要劳动，且存在因信息采集不全面而导致决策失误的情况。而信息化管理一旦实现，借助人事管理信息化系统，高校人事部门各个科室就能共同操作人事信息，共同享有各个科室所收集的人事信息，从而保证了数据的实效性、一致性和完整性，以及信息资源的高度共享。

第四，人事管理信息化能够实现人事信息资源的最大化利用。过去，人事信息资源一般都是以纸为载体的实物资源，既不方便携带，也不利于传输。而人事管理信息化使得各类人事信息资源能够以数字信号或磁信号的方式呈现，这使得使用和传输都变得非常便捷。而且，通过使用各种人事管理软件，人事信息资源能够得到归类整理以及分析，从而人事信息资源在得到共享的同时，还能充分实现最大化地被利用。

第五，人事管理信息化建设是深化校、院两级改革和实现校、院两级人事工作分配的基础。众多高校在实施校、院两级人事分配改革，将过去相对集中的人事管理工作分散、分布到各二级部门，一定程度上帮助校级人事部门减轻了工作压力和工作强度。通过人事管理信息化建设，各二级学院承担起了基本数据采集和教职工基本信息的维护工作，因此，校级人事部门的工作强度得到了大大减少，与此同时人事信息的精确度也得到了保障。

第三节 协同办公系统

办公自动化是以先进的科学技术为基础，主要包括信息技术、系统科学和行为科学为支柱的一门综合性技术。20 世纪 70 年代美国季思曼教授将办公自动化定义为：办公自动化是将通信技术、系统科学和行为科学、计算机技术综合起来，应用于那些数量巨大且结构不清晰，而传统的数据处理技术难以处理的业务上的一项技术。办公自动化系统通过综合应用计算机技术和通信技术，完成各项办公业务，并尽可能地利用信息资源，以提高生产效率、工作效率和工作质量，从而促进办公活动规范化和制度化，以获得更好的办公及管理效果。

协同办公系统是在办公自动化系统基础上增加了部门间协同处理日常事务环节，通过计算机和网络通信技术手段建立起来的一个高质量、高效率、智能化的为办公提供信息服务和决策的软件系统。协同办公系统实现了办公自动化、网络化以及单位各部门人员协同工作。基于协同办公系统，业务的处理和流转速度变得更加快捷，办公效率得到了提高，用户能够更加便捷地进行日常办公，信息得到了充分共享，决策更加科学准确。

国外自动化办公系统是从美国、日本开始，并在欧洲各国得到极大发展。在20世纪90年代后期，国外的自动化办公系统呈现众多特点：自动化办公设备形式多样、性能优异；信息系统具有智能化、数字化、集成化等特点。

中国的自动化办公系统发展历程可以分为三个阶段。20世纪80年代，办公自动化系统进入中国。最早的办公自动化系统是以档案管理和公文处理为主要目的，系统的核心是数据处理，主要是通过个人电脑中的办公软件进行文字和表格的处理，使文件从纸质档向电子档转变。通过计算机存储文件和表格，利用计算机软件对所存储的数据进行查询、处理，减少了工作量，提高了工作效率。这为后来的自动化办公系统发展奠定了基础。

进入90年代，结合互联网技术的发展，以Internet为基础，工作流和Chient/Server架构成为办公自动化系统的主流。工作流的出现，使得人们可以在单位内部局域网范围内进行人力资源、业务、文档的自动化管理。此阶段的办公自动化系统已经具备了行政办公中的大部分必要功能，对于移动办公和远程办公有一定的支持。但是其结构相对简单，对部门间的协同支持力度不够，无法有效地实现多部门协同工作。同时，由于C/S架构的OA系统对于系统升级和异地办公的适用性较小，系统升级维护困难。

90年代后期，自动化办公系统进入以知识管理为核心的时代，系统更注重知识的收集管理和决策的支持，系统架构也过渡到Browser/Server架构，系统的访问性和可维护性都得到了极大的提升。此类自动化办公系统融合了协同管理思想，能够大大提高人与人、部门与部门间的协同性，在更大程度上提高了工作效率。

一、特点及当前存在问题

高校协同办公系统发展至今，取得了令人瞩目的成绩，但是也暴露出不少问题，如，投资巨大且盲目跟风、重硬件轻软件、科技含量低、重复开发等浪费现象严重、管理负担重等。目前存在的问题主要表现在以下一些方面：

第一，认识存在误区。部分高校用户对协同办公系统的理解存在相当大的误区，简单地认为办公自动化就是会使用电子邮件传递信息，或者使用办公自动化软件进行文字和表格处理，对协同化的理解更加片面。这样的观念和认识，对办公流程的规范和协同办公系统的推广使用产生了相当大的阻力。这就需要我们的管理层发挥更大的宣传和推动作用，让强调“协同”的自动化办公软件理念深入人心。

第二，规划的缺乏。部分高校在进行协同办公系统建设过程中，没有充分考虑自身的特点，未能制定个性化的开发方案，或者只是简单地购买现成的自动化办公系统，缺乏对高校自身需求特点的分析和认识，系统与学校的发展战略不匹配，导致系统在实际工作中没能发挥应有的作用，最终成为面子工程和形象工程。

第三，制度的健全性。高校协同办公目前处在快速发展阶段，但还没有达到成熟阶段。高校协同办公系统的制度建设还比较缺乏，部分高校在系统的开发、维护、运行等各个阶段没有规范的管理制度，造成了开发的混乱、运行的不规范和后期维护的缺乏。

第四，系统的安全性。随着协同办公系统对计算机操作、网络访问的依赖程度越来越高，计算机网络安全成为困扰协同办公系统维护与发展的主要问题之一。在协同办公系统中，信息存储于个人电脑或者数据服务器之中，通过网络实现信息的传输和交换。信息在存储、交换、传输过程中都有可能受到网络攻击，所以信息安全问题一直都是人们关注的焦点，现阶段可通过使用硬件防火墙、对机密文件加密、使用防病毒软件、对数据库进行权限设置等手段提高系统的安全性。

二、技术分析

第一，工作流技术。不同的研究者或者工作流产品供应商对工作流的定义各有不同。其中，工作流管理联盟认为：工作流是一类能够完全或者部分自动执行的运营过程，它根据一系列过程规则、文档、信息或者任务能够在不同的执行者之间进行传递与执行。工作流技术则是业务过程建模、业务过程仿真分析、业务过程优化、业务过程管理与集成，从而实现业务过程的自动化的核心技术。

在协同办公系统中引入工作流技术是十分必要的。高校工作通常需要多个部门、多个工作人员彼此衔接配合来完成，一个工作的结束通常是另一个工作的开始。这些具有衔接性质的任务构成了工作的流程化。有了工作流技术，我们就能很好地解决流程型工作处理问题，而这样的流程型工作在高校中是非常普遍的。在协同办公过程中，信息需要及时地在各个部门、各个工作人员之间传递，这样才能实现相应部门或个人完成相应的工作或做出相应的决策。在工作流技术的支持下，我们就能够实现办公流程的自动化、协同化，使得工作流程更加规范。目前，工作流技术已经成为协同办公系统的基础性技术之一。

第二，WEB 技术。基于 WEB 技术，我们得以将协同办公系统的内、外部资源有效地结合，使组织各个部门之间、各个成员之间甚至是和用户之间形成有效的组织，使部门、成员、用户通过 WEB 渠道访问其他所需要的个性化信息，从而实现组织信息的高度集成和业务的快速响应，大大提升工作效率。

一个完整的协同办公系统是由多个模块所组成的，构建时需要对每个模块所包含的部件进行整合，使它们形成一个完全集成的基于 WEB 的体系，从而实现诸多功能。

在协同办公系统中涉及的 WEB 技术，主要分为直接技术支持和间接技术支持两种。直接技术支持是指通过建立相应的网络来服务于办公系统，直接技术支持的代表是 J2EE 技术。J2EE 技术主要用在 WEB 的底层设计上，本质是由一套服务、应用程序接口和协议组成，它为开发基于 WEB 的多层应用提供了强有力的功能支持，使得系统能与现有的企业资源计划系统、管理信息系统实现无缝连接。

第三，SOAP 技术。SOAP 即简单对象访问协议，它是一种基于 XML 的协议，由于其具有轻量、简单的特点，主要用于 WEB 上结构化、类型化的信息交换。SOAP 可以和现存的许多因特网协议与格式结合使用，包括超文本传输协议（HTTP）、简单邮件传输协议（SMTP）、多用途网际邮件扩充协议（MIME）。SOAP 还支持从消息系统到远程过程调用（RPC）等大量的应用程序。SOAP 仅定义了一种简单的机制，没有定义任何应用语义，所以，其易于被多种系统所应用。SOAP 的应用语义主要通过模块化的包装模型及其中特定格式编码数据的重编码机制来表示。

第四，XML 技术。XML 即可扩展标记语言，它是 Internet 环境中跨平台且依赖于内容的技术，是当前处理结构化文档信息的有力工具之一。扩展标记语言 XML 是一种简单的数据存储语言，使用一系列简单的标记描述数据，而这些标记可以用方便的方式建立。虽然 XML 占用了比二进制数据更多的空间，但其学习和使用却十分简单，因此，它作为开放式数据存储和数据交换的关键性语言之一，在当前的业务系统应用中越来越广泛。

第五，PHP 技术。PHP 是从一个 CGI 程序发展成为现在的脚本语言，具有真正的跨平台性和良好的扩展性。PHP 可以在 HTML 语言中嵌入脚本程序，也可以进行编程操作。PHP 具有在服务器端包含脚本、强大的数据库支持能力、广泛支持网络协议的能力、良好的可移植性、极好的开放性和可扩充性等特点，因此，具有极强的交互式 WEB 页面开发能力。

第六，ASP. NET 技术。ASP. NET 是建立在 NET 框架公共语言运行库上的编辑框架，可用于在服务器上生成功能强大的 WEB 应用程序。ASP. NET 框架创建了传统客户端/服务器 WEB 交互的抽象模型，能够使用支持快速应用程序开发和面向对象编程（OOP）的传统方法与工具来进行应用程序编程。ASP. NET 开发的核心技术是 NET 框架，NET 框架提供基本的系统服务来支持 ASP. NET，整个框架都可用于任何 ASP. NET 应用程序，可以使用任何与公共语言运行库兼容的语言来创作 ASP. NET 应用程序。

第七，B/S 系统结构。B/S 结构是对 C/S 结构的一种变化或者改进的结构，在这种结构下，用户界面完全通过 WWW 浏览器实现，一部分事务逻辑在前端实现，但是主要事务逻辑在服务器端实现。B/S 结构利用不断成熟和普及的浏览器技术实现原来 C/S 结构中需要复杂专用软件才能实现的强大功能，前端以 TCP/IP 协议为基础，组织内的 WWW 服务器可以接受安装有 WEB 浏览程序的 Internet 终端的访问，作为最终用户只需要拥有 WEB 浏览器就可以，这样大大简化了客户端，节约了开发成本，是当前协同办公系统的首选体系结构。

正是由于诸多技术的相互融合、相互协作，最终构成了功能完善的协同办公系统为大家所使用。

三、发展趋势

随着科学技术和管理理念的不断发展，高校协同化办公未来将朝着以下几个方向发展：

第一，协同化。协同化办公可以联合高校内部彼此孤立的资源，实现跨部门的信息交流，使得部门间的协作更加流畅和顺利。通过实现资源共享，构建统一的资源平台，借助网络技术、通信技术，协同化办公系统能够保证高校内部各信息系统和部门之间的业务协调合作。因此，从高校工作的特点出发，为保证高校行政工作的高效率、高质量，有必要深化协同化办公，无论是管理理念还是技术手段，都要实现真正意义上的协同化。

第二，集成化。协同办公的集成化，不仅包含单一的软件系统、硬件环境，还包含网络、数据以及应用等的集成。通过分布式对象技术标准、WEB服务标准和基于数据交换标准，提高协同办公系统各个方面的集成度，保证高校教学、科研、人才培养等主要任务的顺利开展。

第三，智能化。现有的协同化办公系统主要基于办公自动化系统，目前还处在让系统模拟人的动作阶段，而这些动作都是由人明确指定的。智能化办公旨在让系统模拟人的思维，系统能够在一定范围内完成人并非确指的工作。同时，智能化办公系统还可以将办公过程独立出来进行管理，实现业务过程灵活管理。

第四，移动化。随着智能手机等移动终端的不断发展和无线网络技术的日益成熟与完善，移动协同办公逐渐成为高校协同办公的发展趋势。移动协同办公系统集通信便捷、软件应用成熟、用户规模易于扩展和业务内容丰富等特点于一身。通过在移动智能终端上部署移动协同办公系统，使得移动终端可以像传统办公系统一样实现数字化办公，摆脱了必须在固定场所和设备上进行办公的束缚，为高校管理人员提供了极大的便利，对于校园突发状况的处理和紧急事件的部署都起到了极大的作用。移动终端设备的多型号、移动操作系统的多样性，实现移动化的同时，实现多终端之间的移动协同应用也是未来的发展方向之一。

第五，依托云计算进行技术提升。如何实现泛高校和跨高校之间的协同应用？如何支撑越来越大的应用？中小型高校如何面对协同办公系统开发的巨大成本？云计算的发展为这个问题的解决提供了思路，未来依托云计算在第三方的运营商部署，让更多的组织和人参与进去，是协同办公系统未来发展的方向。

第四节　人事档案信息化建设

2000 年，国家档案局首次尝试进行档案信息化建设。2002 年 11 月，为适应国家信息化建设的需求和推动档案事业的不断发展，国家档案局颁布了《全国档案信息化建设实施纲要》。伴随着全国档案事业发展“十一五”规划的落实，档案信息化建设被放到更加突出的位置。近年来，中国的高校人事工作者为了提高人事档案管理工作的效率，更充分地利用人才资源，采用了现代办公手段进行人事档案信息化管理。在他们的不断努力下，中国高校人事档案信息化建设已经获得了一定的成果，但因受制于一些客观因素，中国人事档案信息化建设还有待完善，尚处于发展阶段。

一、工作现状

在高校人事档案管理工作上，许多高校目前还普遍存在不足，主要有如下一些问题：

第一，认识和重视力度不够。很多高校普遍认为人事档案工作是一项辅助工作，并非高校工作中的重心，因此没有给予人事档案工作足够的重视。很多高校认为人事档案涉及的是职员个人的历史信息，在当下聘任制风行的情况下，人事档案的现实意义并不强。由于意识淡薄，管理相对滞后，人事档案工作的管理比较松懈，因此，人事档案工作的作用和地位被极度淡化。

第二，传统管理方式导致效率低下。很多高校人事档案的保存、提供以及利用的主要方式是实体档案。虽然实体档案具备适应性强、利用范围广和能够充当原始凭证的优势，但是实体档案存在利用效率非常低且处理工作量大的劣势。

第三，缺乏成熟的人事档案数据库系统。当前各高校采用的人事档案管理软件基本都是自行研发的，只在工作人员基本信息、档案转递、档案目录编辑等常规管理的几个小环节上实现了计算机管理，这些软件功能少、信息存储量小、数据统计和分析复杂、信息化程度低且操作烦琐，难以满足档案管理信息化和网络化的发展需求。

二、主要内容

高校人事档案信息化建设指的是高校在人事档案管理工作的开展过程中，将以实体档案保管为核心的档案管理模式转向以数字化、网络化方式保管档案信息为重心的管理模式，逐步提升档案管理水平和效率的过程。主要内容包括：

将易受损、容量大、利用频率高的重要档案信息实行数字化处理。对高校来说，记录在教职员工人事档案上的信息关系到教职员工的切身利益，具有法律性和证据性。对教职工的职称评聘、干部考核、工资晋升等问题都具有重要的参考意义和充当证据的功能。因此，教职员工人事档案的使用频率非常高，对其进行信息化建设刻不容缓。

实现高校人事档案信息的高度共享，并实现人事档案信息存储、接收、传递和提供使用的一体化，同时采取科学、合理的管理方式。

三、重要意义

高校实施人事档案信息化建设，将对高校的人事、组织和管理工作产生重大的影响。其主要表现在以下几个方面：

第一，有利于人事部门“选用人才”，且能够为领导提供决策支持。成功实施高校人事档案信息化之后，人事档案信息资源能够实现共享，而人事部门和高校领导能够快速方便地了解各级干部的现状和他们在德、勤、能、绩、廉等方面的信息，由此能够为领导提供制定决策所需的信息，并提高干部人事档案信息的利用水平和效率以及增加其使用价值。

第二，有利于人事档案信息的实时更新并保持准确、完整性。传统人事档案在管理过程中，因为档案的转递以及信息沟通渠道不畅，使得档案上的信息和数据库里的信息有一定的延时性，无法得到及时更新和补充。另外，人工将信息录人数据库中，虽然会经过多环节、多方面校对，但是依然无法完全避免信息输入错误的情况。然而，档案信息网络化之后，教职工能够根据访问权限了解个人基本信息，对错误信息进行更改或者提议更改。

第三，有利于全面提升人事档案管理员的服务水平和工作效率。传统的人事档案管理着重于实体档案管理，档案管理人员需要手工收集、整理档案并提供给单位利用，管理人员工作压力大、效率低下。在实现人事档案数据库信息化之后，这种费时费力的档案管理方法会转变为自动且实时化的档案管理模式，管理人员只需要录入一次数据，数据就可以被重复利用，这样一来，即时检索查询就取代了库房查找，人事档案管理人员的工作效率也就得到了大幅提升。

第四，有利于提高档案管理人员的业务水平。人事档案信息化后，档案管理人员能够从烦琐的手工劳动中解放出来，把节约出来的大量时间用于深度钻研业务、学习管理知识、开拓创新、提高管理水平和业务水平上。另外，管理人员待在库房的时间大幅减少，有利于其身心健康，也更加彰显了“以人为本”的管理理念。

第五，有利于保护纸质人事档案。作为最原始的证据材料，人事档案纸质载体的客观性毋庸置疑，因此，妥善保护纸质人事档案的重要性尤为突出。当前，随着社会服务功能的不断开放，人事档案的利用频率大增，人事工作中常常需要查询和核对相关人员的人事信息，基本上平均下来每年每份档案需要被查阅两到三次，部分存在人事争议的档案查阅次数则更多，还有调整工资、评职称等事项都需要查阅人事档案，加以反复的拆装，纸质人事档案不堪重负，而人事档案信息化之后，人员信息可以直接从数据库中检索查阅，那么，工作人员接触纸质原始材料的时间会大大缩减，这非常有利于保护人事档案纸质载体。

四、措施与对策

首先，深化对人事档案管理的重要性的认识。作为一项系统化工程，人事档案管理需要协调人事、组织以及多部门共同管理和推进才能做好。所以人事档案管理必须从加强领导以及优化管理入手，在领导议程中纳入人事档案管理工作，为人事档案信息化建设奠定扎实的基础。同时，还需要加强宣传力度，提高人事档案管理的意识。为了让校领导以及全体教职工深刻意识到人事档案和人事档案管理的重要性，人事档案管理部门应当通过论坛、会议等多种形式加大宣传力度，扩大宣传范围，提高校领导以及全体教职工的人事档案意识，形成大家共同参与建立档案、管理档案、使用档案的良好局面。这样才能把人事档案工作的重要性凸显出来，将其摆在应有的位置上，并配合高校的战略发展需要，逐步发挥出其信息化的优势。

其次，加速研发人事档案数据库。因为各单位自行开发人事档案管理软件，会对人事档案信息的共享造成相当大的不变，所以，国家相关部门应当按照国家人事档案管理工作的要求，研发并推广使用国内通用的、可靠的、功能齐备的人事档案管理软件。通过将人事档案信息进行数字化处理和形成电子档案，记录人员基本信息、表现（德、能、勤、绩、廉等）、诚信记录、专利情况、科研成果、论文发表、干部任免、特长、奖励等，把人事信息转换成有价值的人才资源库。因此，人事档案数据库的研发应带着不断丰富和扩大人事档案信息量的目的，真正提升人事档案数据库的使用效率，充分发挥出人事档案信息的价值。

最后，扩大投入，为人事档案信息化建设提供强有力的保障。目前，全国绝大部分高校都实现了高科技和计算机作业，人事档案有专人管理，这些都是人事档案信息化建设的重要物质基础，使得人事档案信息的共享成为可能。但是在人事档案信息化建设的过程中，高校还应扩大资金投入，为人事档案信息化配全所需的设备，进一步开放利用档案信息资源，并合理、高效地利用现有人才做好人事档案信息化的研发、推进工作。

总而言之，在社会经济和信息技术快速发展的当今世界，高校应依托信息化，采用先进的现代信息技术开拓创新、转变观念、整合资源，尽早实现高校人事档案管理信息化，让人事档案管理工作为教职工、学校和社会提供更好的服务，并最终推动高校人事档案工作的高效开展和学校的不断发展。

第五节　信息化建设案例分析

香港地区高校在人事信息化建设和人力资源管理上进行过非常有效的探索，并针对其自身特点制定了特色化的制度。毫无疑问，香港地区高校的成功经验对内地高校人力资源管理的发展而言具有相当大的借鉴意义。接下来，我们将了解香港地区部分高校在这些方面的经验和做法，并从中得到如何更好地开展人力资源管理工作相关的启示。

一、香港地区部分高校的人力资源管理机制

人力资源是高校发展的第一资源，因此只有坚持“以人为本”，开发和利用人才，形成合理的人才结构，高校才能与时俱进、不断发展。作为开发、利用人才的驱动机制，人力资源管理机制是高校发展过程中至关重要的一环，因此，高校为谋求发展，必须着重建设合理的人力资源管理机制。部分香港地区高校的人力资源管理机制在运作模式上特点突出、优势明显，主要可以归纳为如下几个方面：

第一，管理效率为上，重视模式创新。以岭南大学为例，其人力资源部并非按照传统模式进行管理，即部门和人员配置按事务进行划分，而是采用分配院系至个人、圈定责任人的方法，由责任人负责完成其所分配的院系涉及的一切人力资源事务。这样的制度安排具有办事效率高、分工以及责任明确的优势。如此一来，每一个人力资源部的工作人员对人力资源工作的各个方面都会

非常熟悉，因此，一方面人力资源工作不会因为某一个人的休假而陷入停滞；另一方面，有助于开展工作交流和探讨，整体改善工作效率和工作水平。虽然岭南大学的这一制度设计是基于其自身办学规模较小的特点进行的探索，但是它在管理模式上不墨守成规、大胆创新，值得我们思考和学习。

第二，以人为本，关怀人才，福利管理集中规范。依然以岭南大学为例，其福利管理包含较多的内容，包括住房津贴、请假管理、酬劳金、行旅津贴等。其中大部分津贴只发放给高层次人才，就是为了吸引高层次人才的加入，例如，行旅津贴、住房津贴等。在福利管理上，岭南大学将上文提及的一系列福利作为专项明确、集中地列出来，体现了对教职工福利的重视和“以人为本”的管理理念。科学合理的管理通常体现在管理理念的坚持和实践上，同时看重管理方式方法的适时转变。当然，由于所处地域的差异，岭南大学与内地高校在福利上的可比性不强，但是我们仍然可以由此进行一些福利管理和管理理念方面的思索。

第三，经费为上，财务主导人才招聘。以香港城市大学为例，其人才招聘与财务状况息息相关，体现了一种以财务经费为主导的人力资源管理理念。根据这一理念，各学院需要按照自身经费情况来决定人事招聘如何开展，只有在学院经费允许的情况下才能招聘。甚至于香港城市大学的人事信息系统建设也坚持了这一理念，即只有在学院拥有经费时，信息系统才会允许其在系统上进行人员招聘工作相关的后续操作。虽然这种财务主导的管理理念与香港地区高校的办学模式、经费来源等密切相关，和内地高校有较大差别，但是在内地高校推进院、校两级管理改革的背景下，这种管理理念也具有一定的借鉴价值。

第四，择天下英才而用之。高校要走创新发展之路，首先要重视创新人才的聚集。在人才引进方面，除了被动等待人才上门，更重要的是人力资源部门需要主动吸引专业人才。要实现主动吸引，就要首先了解全国乃至全球的人才动态，这就需要借助大数据分析与挖掘系统来实现。通过采集并融合互联网上公开的论文、专利和国际学术会议等信息，形成全球人才动态的海量数据，通过对这些数据的挖掘和分析，能够有效地发现需要引进的高端人才。

二、香港地区部分高校的人事信息化建设

毫无疑问，高校人事信息化是高校整体信息化的基础。不过，如果对人事信息化的理解仅停留在将人事业务和工作流程无纸化或简单计算机化的层面的

话，那么人事信息化作为“三化”助推器的功能是无法实现的。显然，应该从更高层次理解人事信息化，即它应当包含管理咨询方面的内容；是对人事业务以及工作流程的整体反思；是国际化指导下的信息化。在人事信息化方面，香港地区的高校进行了一些有益的探索，我们可以适当借鉴：

第一，人事信息化具前瞻性，现在处理将来事项。以岭南大学为例，在人事信息化建设上，它提出了“预期事项”这一概念，也正着手在其人事信息系统中实现这一概念。也就是说，在人事信息系统中处理预期会发生的事项，同时可以设定这一处理操作的生效时间为该预期事项发生时。这样一来，管理人员可以预先处理一些将来会发生的事件，然后就可以对自己的时间进行更合理的安排，让人事工作的开展不慌不忙、井然有序，从而切实提升工作效率。显然，人事信息系统的前瞻性应成为国内高校人事信息化建设中的一个着眼点。

第二，人事信息化中关注数据库的选用，凸显其稳定效应。当前香港地区各高校正在香港城市大学的带领下进一步推进信息化建设。目前，香港城市大学现有的人事信息系统维持着良好的运行，信息化的成效初显。当然，城市大学人事信息系统的良好运行要归功于数据库的合理选择以及高效利用，同时稳定的数据库为人事信息系统的大力推广和使用带来了便利。因此，对信息化建设尤其是人事信息化建设来说，数据库的稳定是关键，因为如果数据库常出现问题则势必无法为人事管理带来好处，反而带来额外的工作负担。

第三，人事信息化凸显便利性，重视功能齐备。全面且完整的信息化使得几乎一切人力资源事项，如，教职工的考核、晋升、请假等，都能通过人事信息系统操作处理。另外，只要拥有权限，不论身在何方，都能处理相关事项，非常方便快捷。以香港城市大学的人事信息系统为例，其主菜单涵盖职工服务、人力资源管理、金融管理等十项内容；二级菜单中以人力资源管理菜单为例，包括离职管理、聘用条款和教学任务等八项内容；三级菜单涵盖了更多具体的操作功能，可谓系统设计非常完备。而系统设计的完备性，能够大幅提高人力资源管理部门的工作效率和人事信息的利用率。因此，系统功能设计的完备性也应该成为国内高校在人力资源管理信息化建设过程中的一个着眼点。

第四，信息化带来了海量的数据，而数据分析将成为人事工作下一步突破的重点。经过日积月累，全面的信息化带来海量的系统日志数据，这些数据不仅仅是历史行为的记录，更是高校自身的数据宝藏。通过大数据分析和挖掘技术从中能够发现很多有价值的信息，甚至能够帮助预测未来。以某高校为例，通过校园一卡通数据，对学生出入寝室、食堂就餐、校园超市购物、图书馆进出和图书借阅历史等各项校园行为进行分析，发现这些行为和期末成绩之间的关联关系，能够在学期中提前预测学生期末的考试成绩，并且预测准确率超过85%以上。利用这些数据还能发现校园中“孤独”的一群人，这些人很有可能是患有心理疾病而自身并未察觉，通过提前的干预，能够有效帮助这些人重新进入到正常的生活和学习轨道。

三、对其他高校的几点启示

在人力资源管理机制上，需对各类人员实施分类管理，实施长期、短期相结合的聘任制，积极优化员工结构。在香港地区高校教职人员管理中，分类管理很普遍，教学、辅助、文员和行政人员等职能划分明确，任职条件、工资、福利等各不相同。香港地区高校大多同时采用合同制和公积金制招聘员工，且限定了长期聘用的公积金制员工的比例，这样合同期员工会形成一个优胜劣汰系统，表现合格才可续签合同。香港地区高校针对全球招聘人才，考核严格，择优聘请，因此教职工结构良好，有助于提升高校教学质量，提升国际信誉。

在人事信息化建设上，充分挖掘和利用各种校内外资源，加深信息化建设的程度。大部分香港地区高校是由教会资助的，但它们仍非常重视与社会、校友加强联系，广泛吸收社会资金为学校人事信息化建设添砖加瓦。各种校内外资源的进入，既有利于解决人事信息化建设的经费问题，也有利于引进先进的人事信息化建设理念，加快人事信息化建设的脚步，争取早日保质保量地完成人事信息化建设。香港地区各大学高度信息化，校园初访者只要登录校门口摆放的计算机，即可了解学校的大致概貌。而学校师生通过登录学校的相关系统即可申请预订各种场馆或其他各种各样的业务。高度信息化可以为师生节省大量的时间，提高时间利用效率，将更多的精力放在锐意进取、开拓创新上。

第七章

人事档案管理

第一节　人事档案概述

高校人事档案工作是高校人事管理工作的重要组成部分，中央和地方先后制定了一系列有关干部档案管理的条例和措施，通过不断总结和提高，现已形成比较完善的规范体系。

一、高校人事档案的含义

人事档案是国家档案全宗中的一个门类，是干部档案、工人档案等的总称。人事档案的定义和档案的定义有着密切的联系。1996 年 7 月 5 日中华人民共和国主席令第 71 号公布的《中华人民共和国档案法》第二条规定："本法所称的档案，是指过去和现在的国家机构、社会组织以及个人从事政治、军事、经济、科学、技术、文化、宗教等活动直接形成的对国家和社会有保存价值的各种文字、图表、声像等不同形式的历史记录。"据此，高校人事档案的定义应当表述为：高校人事档案是高校在人事管理活动中形成的，记录和反映教职工个人经历、德才水平及工作表现，以教职工个人为单位集中保存供备查的文字、表格及其他各种形式的原始记录。因此，高校人事档案具有两个重要特征：第一，高校人事档案是高校人事管理活动的产物，主要由组织人事等部门在培养、选拔和使用教职工的工作中形成的；第二，高校人事档案是由组织人事等部门形成的，或是经由组织人事等部门审查认可的教职工个人材料。

高校人事档案还是记录和反映教职工个人经历、德才水平及工作表现的原始记录。高校人事档案中的履历表、自传、年度考核表、聘期考核表等，是教职工个人经历、思想政治表现、工作表现、家庭和社会关系的真实反映；历年的鉴定，记载着教职工个人不同时期的表现和组织评价；入团、入党、职务职称晋升、职员职级晋升、技术工人技术等级晋升等材料，是教职工个人成长的佐证；思想政治与工作情况的考核、考察、奖惩和教学科研成果等方面的材料，是教职工个人政治表现、工作能力、业绩贡献以及技术专长的展现。所以，高校人事档案是教职工个人情况的真实反映，是教职工个人历史的记录。

高校人事档案一般由高校档案馆（室）统一保存，但并非所有的人事文件材料都是人事档案，一般来讲，人事文件材料转化为人事档案应具备以下几个条件：

第一，只有办理完毕的人事文件材料才能归入高校人事档案。所谓办理完毕，主要是指完成了文书处理程序，才能转化为档案。比如，对某位教职工的问题的审查，只有调查材料、审查报告，而没有学校或上级主管部门的批复和处理意见，这样的文件材料还不能归入高校人事档案。

第二，只有手续完备的文件材料才能归入高校人事档案。人事文件材料必须是经组织人事等部门认可的个人撰写的材料，体例格式要符合要求，手续完备才能转化为高校人事档案。未经组织人事等部门同意的材料或没有正式签字盖章等手续不完备的材料，均不能作为高校人事档案予以保存。

第三，只有内容真实的文件材料才能归入高校人事档案。高校人事档案是考察了解教职工的依据，这种凭证和依据作用是以档案形成的真实性和准确性为前提条件的，内容的真实与否，对组织人事部门及有关领导在了解教职工和使用教职工时关系极大。

第四，只有对今后有考察价值的材料才能归入高校人事档案。人事档案是经过鉴别挑选后确有保存价值的文件材料。文件的查考价值是决定文件能否转化为档案以及能否永久保存的内在生命力。

高校人事档案是以教职工个人为立卷单位，按照一定的原则和办法加工整理的专卷。只有以教职工个人为单位，把属于教职工个人的全部材料集中起来，按照有关规定和方法组成专卷，才能便于高校人事档案管理部门的保管和组织人事等部门的使用。

高校人事档案的定义所具有的这四点含义，它们之间是相互联系、相互依存、相互制约的，高校人事档案是这些含义的总和。以上这些含义又构成高校人事档案的基本要素，是鉴别和判定高校人事档案材料的理论依据。

二、高校人事档案的作用

高校人事档案是高校人事管理实践活动的产物，它服务于高校人事工作，促进高校人事工作的开展，它是高校人事管理工作的信息库，是高校组织、人事部门了解人、任用人的主要依据来源之一。直接关系到高校管理人员、专业技术人员和工人三支队伍的建设。具体作用表现在以下三个方面：

第一，高校人事档案是考察和了解教职工的重要依据。知人是善任的基础，而要真正做到知人，就要全面地去了解教职工。既要知其德，又要知其才；既要知其长，又要知其短；既看到其曾经犯过的错误，更要看到其后来改正的表现。力求做到“善用人者无弃人，善用物者无弃物”。不拘一格用人才，充分发挥每位教职工的积极性。高校组织人事部门了解教职工的方法，除派人直接考察外，还必须查阅教职工个人人事档案。

第二，高校人事档案是澄清个人有关问题的凭证。高校人事档案的形成有两个显著特征：是组织上在知人和任用人的过程中产生的；大多数材料是当事人填写，并经过组织人事部门审查认可的。所以，高校人事档案的内容比较客观地反映了教职工以往各方面的真实情况，具有无可辩驳的证据作用。高校人事档案可以为提拔干部和任用干部、评定专业技术职务、调整教职工工资以及解决教职工个人历史遗留问题，提供可靠的佐证。实际工作中的许多疑难问题，往往一查人事档案，便可迎刃而解。

第三，高校人事档案可为高校人才资源开发提供准确、全面和可靠的信息。高校人事档案的信息作用表现在：高校人事档案是储存人才资源的信息库，具有信息集中、准确、系统、全面等特点，能为高校人事管理工作提供各种有价值的信息；组织人事部门可通过对高校人事档案材料中储存的各种数据的统计和分析研究，从中探索高校人才的成长规律，择才而用，同时，能为高校组织人事部门制定方针政策，准确地进行人才规划，制定长远的人才工作计划等提供信息服务；在高校内根据人事档案提供的信息，可以合理使用人才，促进人才的合理流动。

三、高校人事档案的内容

高校人事档案是记录和反映教职工个人基本情况、工作经历和业绩的重要凭证。按照中组部、国家档案局1991年4月颁发的《干部档案工作条例》和中组部2009年7月颁布的《干部人事档案材料收集归档规定》，干部档案正本由历史地、全面地反映干部情况的材料构成。包括以下10类材料：干部履历材料；自传材料；考核、考察、鉴定材料；学历材料（包括学籍、学历、学位、培训结业成绩材料）和评聘专业技术职务材料（包括考绩、审批材料）；政审材料（包括党籍、参加工作时间等问题的审查材料）；加入中国共产党、共青团及民主党派的材料；奖励材料（包括科技奖励、英雄模范先进事迹）；处分材料（包括甄别、复查材料，免于处分的处理材料）；录用、聘用、转业、任免、工资待遇、出国（出境）、退休、离休、退职材料以及各种代表会代表登记表等材料；其他可供组织参考的材料，即上述前9类未包括的、对组织上有参考和保存价值的材料。可以说高校人事档案十大类内容涵盖了教职工成长的全过程，因此，高校人事档案的本质属性是个人情况的历史记录。

在实际工作中，高校人事档案记录和反映的内容包括：历年的履历表及属于履历性质的登记表等材料；自传和属于自传性质的材料；领导干部个人有关事项发生变化的报告表等材料；在重大政治事件、突发事件和重大任务中的表现材料；定期考核材料；年度考核表、聘期考核表、援藏、援疆、挂职锻炼等考核材料；工作调动、转业等鉴定材料；后备干部登记表等材料；经济责任审计结果报告；高中（中专）毕业生登记表、普通高等教育、成人高等教育、自学考试、党校/军队院校报考登记表、研究生报考登记表、专家推荐表、各级各类教育入学考试各科成绩表、学生在校学习期间的成绩表、学籍登记表、毕业生登记表、毕业证书、党校学历证明、各级各类学校授予学士、硕士、博士学位的授位登记表、学位证书；选拔留学生资格审查表等参加出国（出境）学习和中外合作办学学习的相关材料；教育部、国务院学位委员会授权单位出具的国内外学历、学位认证材料等；为期两个月以上的教职工培训（学习、进修）登记表、考核登记表、结业登记（鉴定）表等材料；职业资格考试合格人员登记表或职业（任职）资格证书复印件、教师资格认定申请表等材料；专业技术职务任职资格评审表、申（呈）报表，聘任专业技术职务审批表等材料；当选为中国科学院院士、中国工程院院士的通知、遴选博士生导师简况表、博士后工作期满登记表、被县处级以上党政机关、人民团体等评选为专业拔尖人才的材料，科研工作及个人表现评定材料、业务考绩材料，创造发明、科研成果鉴定材料；著作、译著和有重大影响的论文目录；上级批复、审查（复查、甄别）结论、调查报告及主要依据与证明材料；本人对结论的意见、检查交代或情况说明材料；撤销原审查结论的材料；各类政审表；更改（认定）姓名、民族、籍贯、国籍、入团入党时间、参加工作时间等材料；个人申请、组织审查报告及主要依据与证明材料、上级批复、计算连续工龄审批材料等；加入中国共产党申请书、志愿书、转正申请书；党员重新登记工作中民主评议党员的党员登记表、组织意见材料不予登记或缓期登记的决定、上级组织意见材料；取消预备党员资格材料；不合格党员被劝退或除名的党组织审批意见以及主要依据材料；退党、自行脱党材料；恢复组织生活（党籍）的有关审批材料；中国共产主义青年团入团志愿书；加入或退出民主党派的材料；县处级以上党政机关、人民团体等予以表彰、嘉奖、记功和授予荣誉称号的审批（呈报）表、先进人物登记（推荐、审批）表、先进事迹材料；撤销奖励的有关材料等；处分决定、免予处分的意见、上级批复、核实（调查、复查）报告及主要依据与证明材料；本人对处分决定的意见、检查、交代及情况说明材料；解除（变更、撤销）处分的材料；检察院不起诉决定书、法院刑事判决书、裁定书、公安机关作出行政拘留、限制人身自由、没收违法所得、收缴非法财物、追缴违法所得等的行政处理决定等；应征入伍登记表、招工审批表、取消录用、解聘材料；干部任免审批表及相应考察材料；干部试用期满审批表、干部调动审批等材料；援藏、援疆、挂职锻炼登记（推荐）表；军人转业（复员）审批表；退（离）休、退职审批表等材料；自愿辞职、引咎辞职的个人申请、同意辞职决定等材料；责令辞职的决定、对责令辞职决定不服的申诉材料、复议决定；辞退公务员审批表、辞退决定材料；新增人员工资审批表、转正定级审批表、工资变动（套改）表、提职晋级和奖励工资审批表或工资变动登记表、工资停发（恢复）通知单、享受政府特殊津贴的材料；解决待遇问题的审批材料；因公出国（境）审批表、在国（境）外表现情况或鉴定等材料；外国永久居留证、港澳居民身份证等的复印件；委员当选通知或证明材料；委员简历、代表登记表等；录用体检表、反映严重慢性病、身体残疾的体检表；工伤致残诊断书、确定致残等级的材料；生平、非正常死亡调查报告等材料；干部人事档案报送单、干部人事档案有关情况说明等材料；毕业生就业报到证（派遣证）、人事争议仲裁裁决书（调解书）、再生育子女申请审批表等有参考价值的材料。

四、高校人事档案的特征

从高校人事档案的具体内容可以了解到，高校人事档案具有以下几个显著特征：

第一，真实性。真实性是高校人事档案的生命，它是人事档案能否正常发挥作用的基础和赖以存在的前提。高校人事档案仅有个体的真实性是不够的，还应在每份材料的基础上，完整、系统地保存一个人各方面的材料，档案材料完整也是真实性的具体体现。为确保档案材料的真实性，党和国家做了一系列的规定，并多次在全国范围内开展对干部人事档案材料的复查、鉴别和审核工作，明确规定，凡归入人事档案的材料，都必须是经过组织审查和认可的。为深入贯彻落实中央从严管理干部精神，严格执行《党政领导干部选拔任用工作条例》和《关于加强干部选拔任用工作监督的意见》等有关规定，进一步从严管理干部人事档案，2014 年 12 月，中组部决定，在全国集中开展干部人事档案专项审核工作。从制度上保证了人事档案材料的真实性。

第二，现实性。高校人事档案是高校档案管理部门以在职人员和离退休人员为单位建立的，是在不同阶段形成的，它所涉及的当事人，大多数至今仍然在不同岗位上工作和学习。组织人事部门为考察和使用人，经常会使用人事档案，高校人事档案起着重要的依据作用，它直接服务于现实工作，只有当某位教职工死亡后，这种现实作用才逐渐消失。无保存价值的人事档案，经一段时间的保存后，通过一定的审批手续，可以销毁。高校人事档案的现实性还表现在，它虽然是历史形成的，但反映的对象是不断变化的，除保存一定数量的历史材料外，更应注重收集补充新的材料，避免因材料老化而影响人事档案作用的发挥，这是人事档案的重要特点，也是区别于其他档案的重要标志之一。

第三，动态性。高校人事档案的建立，并不意味着内容的终止和完结，而是为不断积累提供了一个新的起点。其动态性表现为：每位教职工的思想政治表现、职务职称、岗位等是会不断发生变化的；在不同历史时期形成的人事档案材料，有些是有局限性的，必须及时按照党和国家的有关规定，将那些历史形成的已经失实和丧失保存价值的档案材料，经过清理鉴别，及时剔除出去；高校人事档案会因教职工的流动而转递，因此，必须坚持档案管理和人的管理相一致，即“人档统一”的管理原则。总之，高校人事档案从建立到转递直至销毁都始终处于动态，多变常新是正常现象。

第四，机要性。高校人事档案在相当长的时期内是保密的，处于半封闭状态，不宜对外开放。1991 年 4 月，中组部、国家档案局颁发的《干部档案工作条例》中规定：“干部档案整理工作人员必须认真贯彻执行《中华人民共和国档案法》《中华人民共和国保守国家秘密法》和干部档案工作的有关规定，严格遵守安全保密制度，保守党和国家的秘密。”这里讲的虽然是干部档案，但对高校人事档案是完全适用的。高校人事档案的内容涉及每位教职工所经历的重大事件、个人业绩等方面的材料，只能由高校档案管理部门掌握与保管。它属于国家机密，任何人不得泄露和私自保存他人的人事档案。

五、需要遵循的基本原则

高校人事档案管理工作集政治性、科学性、保密性和服务性为一体，在工作实践和规范化方面正不断完善。因此，要做好高校人事档案管理工作，应遵循以下原则：

第一，坚持集中统一管理的原则。《干部档案工作条例》指出：“干部档案管理实行集中统一和分级负责的管理体制。”集中、分级负责管理人事档案，是人事档案工作的组织原则。在高校，校级领导的档案由上级主管部门管理；其他事业编制人员档案由学校档案馆（室）管理；流动人员（非事业编制人员）档案由当地组织人事部门指定的人才交流服务中心管理。高校人事档案必须由组织人事部门集中统一管理。高校人事档案是高校人事管理活动的历史记录，是高校开展人事管理工作的必要条件，集中管理人事档案是高校人事工作自身的需要，是组织人事部门的职责和义务。国家规定：“严禁任何人私自保存他人的档案材料，对私自保存他人档案材料拒不交出或利用私自保存的档案材料搞不正当活动的，应视情节轻重，予以严肃处理。”明确指出人事档案的所有权和使用权属于国家，并由国家授权的组织人事部门统一管理。所有的人事档案材料，除非依规定和审批手续，不得任意转移和销毁。高校人事档案主要包括干部人事档案、工人人事档案、流动人员人事档案、学生档案四部分。其中，学生档案一般由学校教务部门或学生所在院系管理，流动人员档案由当地组织人事部门指定的人才交流服务中心管理，高校组织人事部分主要负责管理干部人事档案和工人人事档案。高校管理人事档案需要有库房和符合一定条件的设备及装具，同时需要配备政治素质、专业素质较高的管理人员和一定数量的管理经费，而人事档案作用的发挥又需要以大量的基础工作为前提，相对集中才便于人事档案各项业务的开展。

高校人事档案管理工作由高校组织人事部门统一指导、监督和检查。指导、监督和检查高校人事档案工作是高校组织人事部门的职责。《干部档案工作条例》指出："各级党委组织人事部门，对下级干部档案工作，在业务上负责检查和指导责任。"高校组织人事部门应依据中央和国家的组织人事部门所提出的人事档案工作方针、政策、规章制度和工作方法，监督和指导本校的人事档案管理工作。

第二，坚持为人事工作服务的宗旨。高校人事档案的收集、鉴别、整理、保管等，最终都是为了人事档案的利用。高校人事档案工作必须适应高校人事管理工作的需要，便于为人事工作服务。这是高校人事档案工作的宗旨，贯穿高校人事档案管理工作的全过程，决定高校人事档案管理工作的任务和方向，也是衡量和检验高校人事档案工作做得好与坏的标准之一。

第三，坚持准确、完整和安全的原则。高校人事档案是高校开展人事工作的重要依据，而人事档案材料的准确性是高校人事档案能否发挥作用的前提。高校人事档案在高校人事工作中的地位和作用，决定了它的内容必须准确可靠。人事档案的准确性，要求在人事工作中必须坚持实事求是的原则，高校组织人事部门对其所收集和保管的人事档案材料要认真清理，去伪存真。对有疑问的材料，要本着对组织、对教职工个人负责的态度，认真核查，在查清事实之前，不得归入教职工个人人事档案。

想要通过人事档案历史地、全面地了解教职工，就必须坚持人事档案的完整性。人事档案的完整性主要包括：一是指人事档案在数量上要齐全，每一位教职工个人档案应集中保存在一起，不得残缺或短少；二是指某一具体的文件材料，要头尾、来源和时间清楚，无残页或缺页，做到内容和外形的完整无损；三是指档案所包含的内容完整，要随时将新的人事档案材料及时补充并归入人事档案，确保人事档案内容的完整性。要防止出现人事档案内容的老化、陈旧，不能及时反映教职工个人现实面貌的情况出现。

人事档案的安全主要包括：一是物质安全。就是要妥善保管，力求避免人事档案遭受不应有的损坏。由于人事档案是记录在一定的物质载体上的，受自然和人为因素的影响，不可能永久保存无损，人事档案工作任务之一就是积极采取各种保护措施尽可能延长档案的寿命。二是政治安全。要健全和认真执行人事档案的保管、借阅使用制度以及保密制度，从政治上保证人事档案的安全，使其不丢失、不泄密是至关重要的。

第二节　人事档案管理的方法及要求

人事档案是人事档案管理部门通过各种渠道收集、积累而成的。有个人形成的，也有组织形成的。从产生活动看，主要是学历教育、招聘、录用、任免、调动、专业、考察考核、专业技术职务评聘、党和群众团体组织建设、干部审查、奖惩、工资变动、出国（境）、人员流动、离退休等。

一、人事档案的收集

高校人事档案首先应保证主档材料不可缺失。因此主档材料应包括：

学历教育材料：从中学起每个学习阶段的材料，如报名表、录取信息表、授位登记表、成绩单、毕业生登记表、授位决议等。高校教职工的特点之一是学历层次普遍较高，学籍材料在个人人事档案构成中占很大比重，要注意确保学籍材料没有阶段性缺失。同时，因高校的学术氛围和工作要求，很多教职工在工作中又再次提高了学历，要注意收集提高学历阶段的学籍材料并补充进个人人事档案。近年，随着有海外教育背景的教职工增多，还要注意收集其海外学历或者经历的相应证明材料，如录取通知书、成绩单及经教育部认证的《留学回国人员证明》等。

履历、自传或鉴定材料：各种履历表、登记表、本人或组织写的个人经历材料、本人写的自传以及各种鉴定表。

入党入团材料：入党志愿书、入团志愿书、入党申请书、入团申请书（包括自传材料）、转正申请书、入党入团时组织上关于其本人历史和表现以及家庭主要成员、社会关系情况的调查材料。

职务任免、调级材料：高校教职工的职务及岗位等级变动具有很强的动态性，要主动及时地更新及补充相关材料，例如：专业技术职务聘任审批表、调级审批表、调动登记表、任免申报表等，以及相应的工资、待遇调整表。

考核和奖惩：考核登记表、处分材料、司法案件的判决材料、奖励通知等。

其他：如调动、离退休、辞退、死亡报告表及讣告等。

收集档案的要求主要包括：保证质量，履历证明材料不可缺失，时间段应连续，材料应具有有效性；主动及时地补充动态性的材料。

二、档案材料的鉴别

人事档案材料的鉴别主要从三个方面进行：鉴定材料的真伪，确认材料是否属于本人，应由组织产生的材料是否经过了正常的审批程序。鉴定材料的内容，审查档案材料是否有前后不一致，内容不属实的情况存在。比如，有的人在不同时期有不同的名字，不同时期填写了不同的出生日期等。特别是出生日期的鉴定，非常重要。鉴定材料的价值，是否存在重复材料，是否存在没有定论或无说明作用的旁证来料。鉴别的目的是保证档案内容真实、准确、有效继续保存，剔除无须保存的档案材料按程序经过批准后进行销毁处理。

三、档案材料的整理

人事档案整理工作，就是依据一定的原则、方法和程序对收集的材料进行分类、分本分册、复制、排列、编号、登记目录、技术加工、装订等。主要包括两个方面：对新进教职工的档案进行系统整理，这部分档案材料可能材料缺失、没有经过系统整理或在原单位按不同的方法和顺序装订过，需要重新收集、整理装订；对动态性产生的入档案材料进行补充，由于人事档案具有动态性的特征，因而对于每一个已经整理好的人事档案来说，其整理工作不是一劳永逸的，已整理好的人事档案有时需要增加或提出一定数量的材料，这就有必要重新整理这部分档案材料，补充或修订目录。

四、档案的保管

现阶段，大多数高校都成立了独立的档案管理部门，便于统一管理学生档案、人事档案及科技档案等。这样的情况下，原来人事档案保管的职能也相应地从组织人事部门转移至档案管理部门。而组织人事部门通常是人事档案材料的主要生成部门，这样的职能划分有时候会造成新生成的人事档案材料未能及时归档。实际工作中发现，职称晋升、工资晋级和年度考核表，缺失情况时有发生，造成履历出现断层。

另外，同一人的档案材料分散保管于学校几个部门也是造成人事档案不完整的因素。不仅档案管理部门会按职能划分为科技档案、党政档案及人事档案等科室，将教务、科研等部门生成教职工档案材料分类保管，而且有时会因为本部门利用方便，都将教职工的教学和科研方面的档案材料留存于本处室，造成组织人事部门的材料收集不齐全，个人材料不完整。例如，反映政治履历的材料存放在人事档案里；反映教学任务完成情况、教学效果评价的材料放在教务处的教学档案中；教师的科研成果和论文专著登记则存放在科研机构的科研档案中。各类档案的存放互相之间缺少联系，就形成了“一人多档”的局面，若要了解一个人的综合情况，就必须到几个部门去查询、统计。这类分散的管理方式往往会造成几个部门重复归档或推诿遗漏档案材料的问题发生。特别是有人员调动时（或需要鉴定材料时）个人档案难以集中，形成只寄出人事档案，而其他教学、科研等材料弃之一旁的情形，既影响了用人单位及时、全面地了解该人的综合情况，也容易造成无头档案材料的产生。这种分散性管理难以保证各方面材料的一致性、准确性和全面性，影响了高校人才队伍建设和人员的合理流动。

五、高校人事档案的利用和转递

高校工作的特点使得人事档案利用比较频繁。教职工职称评审工作要广泛大量地利用人事档案材料。材料齐全、整理有序的人事档案对于职称评定、调级定职有重要的参考意义。

由于当前新的劳动管理制度和用工制度的变化，人员的流动性加大，人事档案管理部门必须随着该人员主管单位的变化及时将其人事档案转至新的主管或协管单位。人事档案转递过程中必须注意档案的安全，谨防丢失和泄密现象的发生。转递人事档案，不允许用平信、挂号、包裹、快递等公开邮寄方式，必须经过严格密封以机密件通过机要交通转递或由转出单位选择政治可靠的人员专门递送。人事档案一般不允许本人自己转递。但是转出的档案要密封且加盖密封章，严格手续，健全制度，保证绝对安全。

第三节 聘用制下的人事档案管理

随着国家人事制度深化改革，各高校的用人机制也发生了巨大的变革。在原有上级机关核定的具有事业编制的人员以外，为满足学校发展，很多高校还发展出多样化的用人机制。比如人事代理制度，或者根据《劳动合同法》的规定，通过与教职工签订劳动合同的方式，聘用非事业编制人员，都成为常见模式。随之人事档案管理也在不同类型的教职工之间产生了差异。例如，一部分传统体制下的教职工档案由学校档案管理机构进行管理；另一部分实行人事代理的教职工档案由当地人才交流服务中心进行管理。

同时，随着国家大力推行“千人计划”“万人计划”等人才引进计划，高校新增大量外籍或者具有海外经历的教职工。这部分教职工的人事档案有的因在海外多年，已遗失了在国内的主档，无从查询；有的在国外期间的履历无佐证材料；或者，有的因为是外籍人士，在国内根本没有人事档案。因此，建立“临时档案”成为开展相关管理工作的办法之一。“临时档案”的存在具有特殊性，主要为了尽可能还原教职工履历以及针对收集今后产生的档案材料进行立卷。中国的人事管理制度规定，一个人只能有一份人事档案，因此“临时档案”不能代替人事档案。

建立临时档案会存在以下问题：第一，违反认可性的原则。人事档案的材料不是任意放进去的个人材料，而是经组织人事部门认可的个人材料。“临时档案”中反映履历的个人材料往往很难再取得相关组织部门的认定。第二，缺乏真实性。因历史材料取得往往有很大困难，常由本人补充提供或再次填写，因此真实性无法保障。第三，缺乏完整性。人事档案记录和反映了个人成长轨迹以及德能勤绩，常从中学阶段开始记录，而“临时档案”不具备这种完整性。第四，引起人事档案管理混乱。传统档案管理模式下，“一人一档”“档随人走”，人事档案在人员流动、待遇兑现等方面具有重要作用，为维护人事档案的完整与安全提供了保障。但是建立“临时档案”手段的出现，消除了因此产生的使用人才的屏障，但是也使得部分人员本身流动不再受人事档案制约，“一人多档”的现象也时有发生。

但是当前国家大力推行人才强国计划，而高等教育的发展同样取决于人才优势，要使高校保持活力和可持续发展，合理有序的人才流动和多样化的用人机制是重要保证。传统的人事档案管理制度也应当随着人事制度改革的不断深入而适应新形势的变化，否则不仅不能促进人才流动，某种程度上还会阻碍人才流动。

一、档案的收集、鉴别和整理

人事代理教职工的人事档案：档案管理工作是一项政策性、专业性很强的工作，应选择制度健全和管理规范的代理机构，明确高校和代理机构双方职责，加强沟通、协调工作，制定出切实可行、操作性强的具体程序、措施和操作流程。代理机构侧重一般的接收保管和存放，重接收轻管理，应敦促其在接收材料时按规定审查材料，反馈信息，并做好整理装订工作。同时，因人事档案的内容需要连续不断地补充与更新，高校要积极地对人事代理人员的学历变更、职务、职称变动、工资调整及年度考核等材料进行整理，并及时完整地转交给人事代理机构，由其整理并归入个人档案。

建立临时档案：临时档案一般是由引进的人才重新填写的履历表、学历证明复印件以及职称证明复印件等材料形成的。建立难度很大，档案材料也很难做到齐全、完整。传统人事档案中的材料形成于不同的时间，材料上留有的组织鉴定、群众评价等内容，这在临时档案的建立过程中是难以再现的。且外籍或具有海外经历的人员提供的其在海外期间产生的相关材料、原始材料就很难判断是否真实和准确。因此，建立临时档案最关键的是对收集的档案材料要进行仔细鉴别，审核材料的真实性。鉴别的方法可灵活多样，尽量以可获取的原件为依据，多样材料相互佐证。如，出生日期可与其有效身份证件核对，学历、职称等除与本人持有的证明原件核对无误后还应向授予单位求证；参加工作时间和工作经历等核实的难度比较大，可进行外调取证工作，避免随便填写就默认了。对于建立临时档案的材料也应严格归类，认真排序，整理立卷，使档案材料能尽可能系统地反映一个人的真实情况。

二、档案的转递和利用

高校档案管理部门对于传统体制下的教职工档案一般已建立了转递和利用的规章制度，而交由当地人才交流服务中心人事代理人员的档案有时会存在管理漏洞。高校与人事代理机构之间应对本单位所属代理人员人事档案材料收集、转递、查阅及利用等相关事宜的程序和权责进行明确约定。高校组织人事部门人员需要查阅代管档案时，需经由高校人事部门到代理机构去代为借阅或开具证明后自行前往查阅；明确人事代理人员在职称申报、开具证明等需依据档案材料进行的工作的责任方；明确档案材料收集和整理的标准；确定转递至代理机构的周期；明确档案材料损坏或缺失的责任方。人事代理机构应及时建立代管人事档案的信息化管理，与高校建立系统的信息连接，实现信息共享。高校可以借助网络平台，快捷方便地查阅本单位所属人事代理人员的电子档案，满足日常查询、统计、分析等的管理需求。

人事代理人员人事档案材料的转递要注意保持和人事关系保持同步。在人员跨单位流动时，应及时通知代理机构，转移档案至新的管理机构，避免出现“人档分离”现象。同时代理机构要注意避免代理人员在未办理与高校之间相应手续的情况下私自将档案转移至其他机构。

而“临时档案”是高校为了引进人才，解决工作中的实际问题而产生的，并不具有传统人事档案的效力，因而它不适合作为人事档案流动，只适合在建档单位利用。所以，当引进的人才调离或辞职时，“临时档案”就失去了它的效力，应当及时销毁。避免使档案重建进一步扩散，还可以避免一人多份档案的现象发生。

参考文献

［1］唐永红. 构建民办高校人力资源开发管理创新机制［J］. 中国成人教育. 2010（14）.

［2］韦伟. 我国高校薪酬管理的风险指标体系研究及风险应对［D］. 北京邮电大学，2009.

［3］张鹏飞. 用制条件下高校和谐劳动关系的构建》［J］. 天津师范大学学报（社会科学版），2007（2）.

［4］陶曼珠. 世界一流大学研究［M］. 上海：上海交通大学出版社，1993，99

［5］李仁刚. 论我国高校内部管理体制改革的目标体系构建［J］. 华中农业大学学报（社科版），1999（3）.

［6］朱小云. 广州增城民办高校教师激励机制问题研究［D］. 西南交通大学，2014.

［7］杨存荣. 香港高校人事管理考察启示［J］. 清华大学教育研究，2000（1）.

［8］袁贵仁. 建立现代大学制度推进高教改革和发展［J］. 中国高等教育，2000（3）.

［9］赵希斌. 国外发展性教师评价的趋势［J］. 比较教育研究，2003（1）.

［10］李煜宏. 高校管理队伍专业化建设研究——以西南交通大学峨眉校区为例［D］. 西南交通大学硕士学位论文，2008.

［11］冯建超. 基于高校教师分类发展的考评模型设计［J］. 宁波大学学报（教育科学版），2013（2）.

［12］春玲，高益民. 美国高校教师发展的兴起及组织化［J］. 比较教育研

究，2006（9）.

［13］林杰. 哈佛大学博克教学和学习中心——美国大学教师发展机构的标杆［J］. 清华大学教育研究，2011（4）.

［14］章建丽. 中美大学教师发展内涵比较研究［J］. 中国高等教育评估，2008（4）.

［15］杨雪. 以发展战略为导向的高校教师绩效评估体系研究［D］. 东北师范大学硕士学位论文，2006.

［16］徐谡. 高校人力资源管理［M］. 北京：清华大学出版社，2016，59－99

［17］吴磊. 论高校人力资源管理信息化建设［J］. 江西理光大学学报，2009（2）.

［18］黄幼中，黄金顺. 高校教师培训评估问题初探［J］. 中国成人教育，2004（4）.

［19］柳清秀. 论市场观念下的高校人力资源管理［J］. 湖北师范学院学报（社会科学版），2002（4）.

［20］章跃. 我国高校优化资源配置提高办学经济效益研究［D］. 河海大学博士学位论文，2001.

［21］张文华. 改革人事管理制度，加强高校人力资源管理［J］. 中央民族大学学报（社会科学版），2003（1）.

［22］黄志斌. 高校人力资源管理与开发现状分析及对策研究［D］. 合肥工业大学硕士学位论文，2002.

［23］蔡立炉，刁永锋. 高校教师教育技术校本培训的绩效模型研究［J］. 教育信息化，2006（19）.

［24］章荣琦. 论高校人力资源管理中的激励［J］. 现代管理科学，2004（7）.

［25］余霞，石贵舟. 新形势下高校人力资源管理的探讨［J］. 南京工程学院学报，2003（2）.

［26］周作宇. 高校人力资源管理中的几个理论问题［J］. 中国高等教育，2000（12）.

［27］张洪文. 浅谈高校人力资源管理的现状及对策［J］. 现代企业文化，2010（18）.

［28］吕诺. 我国每年将选派 5000 名高校青年教师出国深造［N］. 光明日报，

2005. 1. 10.
[29] 赖红英. 建立人才柔性引进机制，全面推行教师职务聘任制 [N]. 中国教育报，2006. 5. 18.
[30] 朱玲. 地方高校国家公派出国留学师资培养研究 [J]. 广东外语外贸大学学报，2010 (3)